Manon Lescaut

Prévost

Notes, questionnaires et synthèses
par Véronique BRÉMOND BORTOLI,
agrégée de Lettres classiques,
professeur au CNED

*Texte conforme à l'édition de 1753,
revu et corrigé par l'abbé Prévost.*

Conception graphique
Couverture : *Karine Nayé*
Intérieur : *ELSE*

Édition
Fabrice Pinel

Mise en page
Jouve, Saran

Dossier pédagogique téléchargeable gratuitement sur :
www.biblio-hachette.com

Sommaire

Présentation 5

Manon Lescaut (texte intégral)

Avis de l'auteur 9
Première partie 13

Questionnaires, groupement de textes et lecture d'image
La rencontre de Manon 23
Créatures de désir 25
Document : Gustave Moreau, *L'Apparition* (1876) 33

Questionnaires et groupement de textes
« *Quelle apparition surprenante !* » 56
Retrouvailles romanesques 58

Questionnaires, groupement de textes et lecture d'image
« *Une créature d'un caractère extraordinaire* » 80
Héros en question 83
Document : Honoré Daumier, *Don Quichotte* (v. 1860) 90

Questionnaires, groupement de textes et lecture d'image
« *Quelle grossièreté de sentiments !* » : la trahison de Manon ... 98
Trahisons féminines 100
Document : Edvard Munch, *Jalousie* (1896) 106
Seconde partie 147

Questionnaires, groupement de textes et lecture d'image
« *Un récit qui me tue* » 215
La mort de l'héroïne 217
Document : Camille Roqueplan, *La Mort de Manon* 223

Manon Lescaut : bilan de première lecture 226

Dossier Bibliolycée

Prévost : un abbé écrivain (biographie) 228
L'aube des Lumières (contexte) 231
Prévost en son temps (chronologie) 236
Structure de l'œuvre 237
Un roman d'un nouveau genre 246
Un roman ancré dans son époque 254
Le roman et ses personnages 266

Annexes

Lexique d'analyse littéraire 285
Bibliographie, adaptations 288

Antoine-François Prévost (1697-1763),
gravure datant de 1746.

PRÉSENTATION

Quand paraît, en 1731, l'*Histoire du Chevalier Des Grieux et de Manon Lescaut* figurant au dernier tome des *Mémoires et Aventures d'un homme de qualité qui s'est retiré du monde*, l'abbé Prévost mène une vie aussi romanesque que celle de ses héros : moine défroqué de l'abbaye de Saint-Germain-des-Prés, il s'est réfugié en Angleterre, puis en Hollande, où il est tombé amoureux d'une aventurière qui le mènera en prison pour malversation ! Autant dire qu'il a mis beaucoup de lui-même dans le jeune Des Grieux, écartelé entre sa conscience morale et ses aspirations religieuses et sa passion pour la belle et infidèle Manon qui va le conduire à fréquenter les milieux « louches » de la capitale, jusqu'à devenir criminel malgré lui.

Depuis trois siècles, les lecteurs s'interrogent sur leur fascination pour « *ce roman dont le héros est un fripon et l'héroïne une catin* », comme l'a écrit Montesquieu : comment ne pas se laisser émouvoir et séduire par ces deux jeunes amoureux qui veulent éperdument être heureux mais se heurtent aux instances tant parentales

Des Grieux et Manon, lithographie de Charles Guérin.

que sociales ? comment ne pas s'amuser de leurs stratagèmes, ne pas excuser leurs manœuvres, même douteuses, quand elles se font aux dépens de riches vieillards libidineux ? La description de la société qui les entoure, où l'argent peut tout acheter – la vertu, le plaisir ou la justice –, incline d'ailleurs le lecteur à l'indulgence face à ces êtres aspirant à l'innocence mais contraints au vice par une réalité pressante et cruelle.

Ce sont toute l'atmosphère et les idéaux du début du XVIIIe siècle que l'on retrouve dans ce roman : le goût du luxe et des plaisirs qui inspire les tableaux charmants et voluptueux du style rococo, l'aspiration au bonheur dans l'épanouissement de la sensibilité, la recherche d'une liberté individuelle détachée des normes religieuses et sociales... Prévost a su également utiliser les codes romanesques de son temps, en mêlant dans son récit les tonalités dramatiques et comiques, la peinture d'un amour malheureux et passionné, et la satire des mœurs contemporaines. Mais quelle modernité dans la reprise de *topoï** comme le coup de foudre, la scène de reconnaissance, la crise de jalousie, etc., revisités par un narrateur plein d'ambiguïtés, à la fois amoureux et repenti, qui cherche l'absolution mais prêche toujours la religion de l'amour ! Quant à Manon, lecteurs et critiques n'ont pas fini de chercher la vérité de ce personnage lacunaire, perceptible seulement à travers le regard de son amant : ange ou démon, Ève pécheresse ou Madeleine repentie, femme-enfant charmante et frivole ou héroïne luttant pour son émancipation, Manon ne cesse d'inspirer opéras, pièces et films, et de fasciner ou questionner le lecteur.

* *Cf.* Lexique.

Histoire du Chevalier Des Grieux et de Manon Lescaut

Abbé Prévost

**Illustration de Robert Bonfils
pour l'édition datée de 1928 de *Manon Lescaut*.**

Avis de l'auteur des
Mémoires d'un homme de qualité

Quoique j'eusse pu faire entrer dans mes *Mémoires* les Aventures du Chevalier Des Grieux, il m'a semblé que n'y ayant point un rapport nécessaire, le lecteur trouverait plus de satisfaction à les voir séparément[2]. Un récit de cette longueur aurait interrompu trop longtemps

5 le fil de ma propre histoire. Tout éloigné que je suis de prétendre à la qualité d'écrivain exact, je n'ignore point qu'une narration doit être déchargée des circonstances qui la rendraient pesante et embarrassée. C'est le précepte d'Horace :

      « Ut jam nunc dicat jam nunc debentia dici,

10   *Pleraque differat, ac praesens in tempus omittat. »*[3]

Il n'est pas même besoin d'une si grave autorité[4], pour prouver une vérité si simple ; car le bon sens est la première source de cette règle.

Si le public a trouvé quelque chose d'agréable et d'intéressant dans l'histoire de ma vie, j'ose lui promettre qu'il ne sera pas moins satisfait

15 de cette addition. Il verra, dans la conduite de M. Des Grieux, un

notes

1. homme de qualité : homme d'une haute classe sociale. Le narrateur est le Marquis de Renoncour ; *L'Histoire du chevalier Des Grieux et de Manon Lescaut* constitue le septième tome de ses *Mémoires*.
2. séparément : publiées de façon indépendante du reste des *Mémoires*.

3. Horace, poète latin du Ier siècle avant J.-C., a écrit ce précepte dans son *Art poétique* : *« Qu'on dise maintenant ce qui doit l'être maintenant / Et que le reste soit différé et omis pour l'instant. »*
4. si grave autorité : référence aussi sérieuse.

exemple terrible de la force des passions. J'ai à peindre un jeune aveugle, qui refuse d'être heureux, pour se précipiter volontairement dans les dernières infortunes ; qui, avec toutes les qualités dont se forme le plus brillant mérite, préfère par choix une vie obscure et
20 vagabonde à tous les avantages de la fortune et de la nature ; qui prévoit ses malheurs, sans vouloir les éviter ; qui les sent et qui en est accablé, sans profiter des remèdes qu'on lui offre sans cesse, et qui peuvent à tous moments les finir ; enfin un caractère ambigu, un mélange de vertus et de vices, un contraste perpétuel de bons
25 sentiments et d'actions mauvaises. Tel est le fond du tableau que je présente. Les personnes de bon sens ne regarderont point un ouvrage de cette nature comme un travail inutile. Outre le plaisir d'une lecture agréable, on y trouvera peu d'événements qui ne puissent servir à l'instruction des mœurs ; et c'est rendre, à mon avis, un
30 service considérable au public que de l'instruire en l'amusant.

On ne peut réfléchir sur les préceptes de la morale, sans être étonné de les voir tout à la fois estimés et négligés ; et l'on se demande la raison de cette bizarrerie du cœur humain, qui lui fait goûter des idées de bien et de perfection, dont il s'éloigne dans la pratique. Si les
35 personnes d'un certain ordre d'esprit et de politesse veulent examiner quelle est la matière la plus commune de leurs conversations, ou même de leurs rêveries solitaires, il leur sera aisé de remarquer qu'elles tournent presque toujours sur quelques considérations morales. Les plus doux moments de leur vie sont ceux qu'[elles]
40 passent, ou seul[e]s, ou avec un ami, à s'entretenir à cœur ouvert des charmes de la vertu, des douceurs de l'amitié, des moyens d'arriver au bonheur, des faiblesses de la nature qui nous en éloignent, et des remèdes qui peuvent les guérir. Horace et Boileau[1] marquent cet entretien comme un des plus beaux traits dont ils composent l'image
45 d'une vie heureuse. Comment arrive-t-il donc qu'on tombe si facilement de ces hautes spéculations[2], et qu'on se retrouve sitôt au niveau du commun des hommes ? Je suis trompé si la raison que je vais en apporter n'explique bien cette contradiction de nos idées et

notes

| **1.** Nicolas Boileau (1636-1711), écrivain moraliste français. | **2. spéculations** : réflexions. |

de notre conduite : c'est que, tous les préceptes de la morale n'étant que des principes vagues et généraux, il est très difficile d'en faire une application particulière au détail des mœurs et des actions. Mettons la chose dans un exemple. Les âmes bien nées sentent que la douceur et l'humanité sont des vertus aimables, et sont portées d'inclination[1] à les pratiquer ; mais, sont-elles au moment de l'exercice, elles demeurent souvent suspendues[2]. En est-ce réellement l'occasion ? Sait-on bien quelle en doit être la mesure ? Ne se trompe-t-on point sur l'objet ? Cent difficultés arrêtent. On craint de devenir dupe en voulant être bienfaisant et libéral[3] ; de passer pour faible en paraissant trop tendre et trop sensible ; en un mot, d'excéder ou de ne pas remplir assez des devoirs qui sont renfermés d'une manière trop obscure dans les notions générales d'humanité et de douceur. Dans cette incertitude, il n'y a que l'expérience, ou l'exemple, qui puisse déterminer raisonnablement le penchant du cœur. Or l'expérience n'est point un avantage qu'il soit libre à tout le monde de se donner ; elle dépend des situations différentes où l'on se trouve placé par la fortune[4]. Il ne reste donc que l'exemple qui puisse servir de règle à quantité de personnes, dans l'exercice de la vertu. C'est précisément pour cette sorte de lecteurs que des ouvrages tels que celui-ci peuvent être d'une extrême utilité ; du moins, lorsqu'ils sont écrits par une personne d'honneur et de bon sens. Chaque fait qu'on y rapporte est un degré de lumière[5], une instruction qui supplée à l'expérience ; chaque aventure est un modèle d'après lequel on peut se former : il n'y manque que d'être ajusté aux circonstances où l'on se trouve. L'ouvrage entier est un traité de morale, réduit agréablement en exercice.

Un lecteur sévère s'offensera peut-être de me voir reprendre la plume, à mon âge, pour écrire des aventures de fortune et d'amour ; mais si la réflexion que je viens de faire est solide, elle me justifie ; si elle est fausse, mon erreur sera mon excuse.

otes

1. **d'inclination** : spontanément.
2. **suspendues** : hésitantes.
3. **libéral** : généreux.

4. **fortune** : sort.
5. **lumière** : éclaircissement.

80   Nota. *C'est pour se rendre aux instances de ceux qui aiment ce petit ouvrage, qu'on s'est déterminé à le purger[1] d'un grand nombre de fautes grossières qui se sont glissées dans la plupart des éditions. On y a fait aussi quelques additions qui ont paru nécessaires pour la plénitude d'un des principaux caractères. La vignette[2] et les figures portent en elles-mêmes leur*
85   *recommandation et leur éloge.*

notes

1. **purger** : débarrasser.
2. **vignette** : petite gravure que l'on mettait en tête d'un livre.

Première partie

Je suis obligé de faire remonter mon lecteur au temps de ma vie où je rencontrai pour la première fois le Chevalier Des Grieux. Ce fut environ six mois avant mon départ pour l'Espagne[1]. Quoique je sortisse rarement de ma solitude, la complaisance que j'avais pour ma fille m'engageait quelquefois à divers petits voyages, que j'abrégeais autant qu'il m'était possible. Je revenais un jour de Rouen, où elle m'avait prié d'aller solliciter une affaire[2] au Parlement de Normandie, pour la succession de quelques terres auxquelles je lui avais laissé des prétentions[3] du côté de mon grand-père maternel. Ayant repris mon chemin par Évreux, où je couchai la première nuit, j'arrivai le lendemain pour dîner à Pacy, qui en est éloigné de cinq ou six lieues[4]. Je fus surpris, en entrant dans ce bourg, d'y voir tous les habitants en alarme. Ils se précipitaient de leurs maisons, pour courir en foule à la porte d'une mauvaise hôtellerie, devant laquelle étaient deux chariots couverts. Les chevaux, qui étaient encore attelés, et qui paraissaient fumants de fatigue et de chaleur, marquaient que ces deux voitures ne faisaient qu'arriver. Je m'arrêtai un moment, pour

Notes

1. Cet épisode de la première rencontre avec Manon et Des Grieux se situe en février 1715, peu de temps avant la mort de Louis XIV (septembre 1715).

2. **solliciter une affaire** : faire des démarches pour une affaire.
3. **prétentions** : droits.
4. Une lieue équivaut à 4 km.

m'informer d'où venait le tumulte ; mais je tirai peu d'éclaircissement d'une populace curieuse, qui ne faisait nulle attention à mes
20   demandes, et qui s'avançait toujours vers l'hôtellerie, en se poussant
avec beaucoup de confusion. Enfin, un archer[1], revêtu d'une
bandoulière et le mousquet[2] sur l'épaule, ayant paru à la porte, je lui
fis signe de la main de venir à moi. Je le priai de m'apprendre le sujet
de ce désordre. Ce n'est rien, Monsieur, me dit-il ; c'est une
25   douzaine de filles de joie, que je conduis avec mes compagnons,
jusqu'au Havre-de-Grâce[3], où nous les ferons embarquer pour
l'Amérique[4]. Il y en a quelques-unes de jolies, et c'est apparemment
ce qui excite la curiosité de ces bons paysans. J'aurais passé, après cette
explication, si je n'eusse été arrêté par les exclamations d'une vieille
30   femme, qui sortait de l'hôtellerie en joignant les mains, et criant que
c'était une chose barbare, une chose qui faisait horreur et compassion. De quoi s'agit-il donc ? lui dis-je. Ah ! Monsieur, entrez,
répondit-elle, et voyez si ce spectacle n'est pas capable de fendre le
cœur ! La curiosité me fit descendre de mon cheval, que je laissai à
35   mon palefrenier[5]. J'entrai avec peine, en perçant la foule, et je vis en
effet quelque chose d'assez touchant. Parmi les douze filles, qui
étaient enchaînées six à six par le milieu du corps, il y en avait une
dont l'air et la figure étaient si peu conformes à sa condition, qu'en
tout autre état je l'eusse prise pour une personne du premier rang. Sa
40   tristesse et la saleté de son linge et de ses habits l'enlaidissaient si peu,
que sa vue m'inspira du respect et de la pitié. Elle tâchait néanmoins
de se tourner, autant que sa chaîne pouvait le permettre, pour
dérober son visage aux yeux des spectateurs. L'effort qu'elle faisait
pour se cacher était si naturel, qu'il paraissait venir d'un sentiment de
45   modestie. Comme les six gardes qui accompagnaient cette malheureuse bande étaient aussi dans la chambre, je pris le chef en particulier, et je lui demandai quelques lumières sur le sort de cette belle fille.

notes

1. archer : nom de l'époque pour « policier ».
2. mousquet : arme à feu, ancêtre du fusil.
3. Havre-de-Grâce : Le Havre, grand port de Normandie.
4. Les femmes de mauvaise vie (prostituées, vagabondes ou ivrognes) pouvaient être enfermées à l'hôpital de la Salpêtrière

par sentence de police ou demande d'une personne haut placée, puis déportées dans les colonies françaises d'Amérique (Louisiane, Guyane) pour les peupler. Un convoi partit du Havre en mars 1720.
5. palefrenier : domestique qui s'occupe des chevaux.

Il ne put m'en donner que de fort générales. Nous l'avons tirée de l'Hôpital[1], me dit-il, par ordre de M. le Lieutenant général de Police.
50 Il n'y a pas d'apparence[2] qu'elle y eût été renfermée pour ses bonnes actions. Je l'ai interrogée plusieurs fois sur la route ; elle s'obstine à ne me rien répondre. Mais, quoique je n'aie pas reçu ordre de la ménager plus que les autres, je ne laisse pas[3] d'avoir quelques égards pour elle, parce qu'il me semble qu'elle vaut un peu mieux que ses
55 compagnes. Voilà un jeune homme, ajouta l'archer, qui pourrait vous instruire mieux que moi sur la cause de sa disgrâce ; il l'a suivie depuis Paris, sans cesser presque un moment de pleurer. Il faut que ce soit son frère ou son amant. Je me tournai vers le coin de la chambre où ce jeune homme était assis. Il paraissait enseveli dans une rêverie
60 profonde. Je n'ai jamais vu de plus vive image de la douleur. Il était mis fort simplement ; mais on distingue, au premier coup d'œil, un homme qui a de la naissance et de l'éducation. Je m'approchai de lui. Il se leva ; et je découvris dans ses yeux, dans sa figure et dans tous ses mouvements, un air si fin et si noble, que je me sentis porté
65 naturellement à lui vouloir du bien. Que je ne vous trouble point, lui dis-je, en m'asseyant près de lui. Voulez-vous bien satisfaire la curiosité que j'ai de connaître cette belle personne, qui ne me paraît point faite pour le triste état où je la vois ? Il me répondit honnête-ment qu'il ne pouvait m'apprendre qui elle était sans se faire
70 connaître lui-même, et qu'il avait de fortes raisons pour souhaiter de demeurer inconnu. Je puis vous dire néanmoins ce que ces miséra-bles n'ignorent point, continua-t-il en montrant les archers ; c'est que je l'aime avec une passion si violente, qu'elle me rend le plus infortuné de tous les hommes. J'ai tout employé, à Paris, pour
75 obtenir sa liberté. Les sollicitations, l'adresse et la force m'ont été inutiles ; j'ai pris le parti de la suivre, dût-elle aller au bout du monde. Je m'embarquerai avec elle. Je passerai en Amérique. Mais, ce qui est de la dernière inhumanité, ces lâches coquins, ajouta-t-il en parlant des archers, ne veulent pas me permettre d'approcher d'elle. Mon

---

1. L'hôpital de la Salpêtrière, qui fut un asile puis une prison.
2. Il n'y a pas d'apparence : il n'y a aucune vraisemblance.

3. je ne laisse pas : je ne manque pas.

80 dessein[1] était de les attaquer ouvertement, à quelques lieues de Paris.
Je m'étais associé quatre hommes, qui m'avaient promis leur secours
pour une somme considérable. Les traîtres m'ont laissé seul aux
mains[2], et sont partis avec mon argent. L'impossibilité de réussir par
la force m'a fait mettre les armes bas[3]. J'ai proposé aux archers de me
85 permettre du moins de les suivre, en leur offrant de les récompenser.
Le désir du gain les y a fait consentir. Ils ont voulu être payés, chaque
fois qu'ils m'ont accordé la liberté de parler à ma maîtresse[4]. Ma
bourse s'est épuisée en peu de temps ; et maintenant que je suis sans
un sou, ils ont la barbarie de me repousser brutalement, lorsque je fais
90 un pas vers elle. Il n'y a qu'un instant qu'ayant osé m'en approcher
malgré leurs menaces, ils ont eu l'insolence de lever contre moi le
bout du fusil. Je suis obligé, pour satisfaire leur avarice et pour me
mettre en état de continuer la route à pied, de vendre ici un mauvais
cheval qui m'a servi jusqu'à présent de monture.

95 Quoiqu'il parût faire assez tranquillement ce récit, il laissa tomber
quelques larmes en le finissant. Cette aventure me parut des plus
extraordinaires et des plus touchantes. Je ne vous presse pas, lui dis-je,
de me découvrir le secret de vos affaires ; mais si je puis vous être utile
à quelque chose, je m'offre volontiers à vous rendre service. Hélas !
100 reprit-il, je ne vois pas le moindre jour à l'espérance. Il faut que je me
soumette à toute la rigueur de mon sort. J'irai en Amérique. J'y serai
du moins libre avec ce que j'aime. J'ai écrit à un de mes amis, qui me
fera tenir[5] quelque secours au Havre-de-Grâce. Je ne suis embarrassé
que pour m'y conduire, et pour procurer à cette pauvre créature,
105 ajouta-t-il en regardant tristement sa maîtresse, quelque soulagement
sur la route. Hé bien, lui dis-je, je vais finir votre embarras. Voici
quelque argent que je vous prie d'accepter. Je suis fâché de ne
pouvoir vous servir autrement. Je lui donnai quatre louis d'or, sans
que les gardes s'en aperçussent, car je jugeais bien que, s'ils lui
110 savaient cette somme, ils lui vendraient plus chèrement leurs secours.
Il me vint même à l'esprit de faire marché avec eux, pour obtenir au

notes

1. **dessein** : but.
2. **aux mains** : au combat.
3. **mettre les armes bas** : renoncer aux armes.
4. **maîtresse** : selon le sens de l'époque, « femme qu'on aime et dont on est aimé ».
5. **tenir** : parvenir.

jeune amant la liberté de parler continuellement à sa maîtresse jusqu'au Havre. Je fis signe au chef de s'approcher, et je lui en fis la proposition. Il en parut honteux, malgré son effronterie. Ce n'est pas, Monsieur, répondit-il d'un air embarrassé, que nous refusions de le laisser parler à cette fille ; mais il voudrait être sans cesse auprès d'elle ; cela nous est incommode ; il est bien juste qu'il paie pour l'incommodité. Voyons donc, lui dis-je, ce qu'il faudrait pour vous empêcher de la sentir. Il eut l'audace de me demander deux louis. Je les lui donnai sur-le-champ. Mais prenez garde, lui dis-je, qu'il ne vous échappe quelque friponnerie ; car je vais laisser mon adresse à ce jeune homme, afin qu'il puisse m'en informer, et comptez que j'aurai le pouvoir de vous faire punir. Il m'en coûta six louis d'or. La bonne grâce et la vive reconnaissance avec laquelle ce jeune inconnu me remercia achevèrent de me persuader qu'il était né quelque chose[1], et qu'il méritait ma libéralité[2]. Je dis quelques mots à sa maîtresse, avant que de[3] sortir. Elle me répondit avec une modestie si douce et si charmante, que je ne pus m'empêcher de faire, en sortant, mille réflexions sur le caractère incompréhensible des femmes.

Étant retourné à ma solitude, je ne fus point informé de la suite de cette aventure. Il se passa près de deux ans, qui me la firent oublier tout à fait, jusqu'à ce que le hasard me fit renaître l'occasion d'en apprendre à fond toutes les circonstances. J'arrivais de Londres à Calais, avec le Marquis de... mon élève. Nous logeâmes, si je m'en souviens bien, au *Lion d'or*, où quelques raisons nous obligèrent de passer le jour entier et la nuit suivante. En marchant l'après-midi dans les rues, je crus apercevoir ce même jeune homme dont j'avais fait la rencontre à Pacy. Il était en fort mauvais équipage[4], et beaucoup plus pâle que je ne l'avais vu la première fois. Il portait sur le bras un vieux portemanteau[5], ne faisant qu'arriver dans la ville. Cependant, comme il avait la physionomie trop belle pour n'être pas reconnu facilement, je le remis[6] aussitôt. Il faut, dis-je au Marquis, que nous abordions ce

notes

1. **né quelque chose** : né d'une famille socialement élevée.
2. **libéralité** : générosité.
3. **avant que de** : avant de.

4. **équipage** : costume.
5. **portemanteau** : sac permettant de transporter des vêtements.
6. **remis** : reconnus.

jeune homme. Sa joie fut plus vive que toute expression, lorsqu'il
145   m'eut remis à son tour. Ah ! Monsieur, s'écria-t-il en me baisant la
main, je puis donc encore une fois vous marquer mon immortelle
reconnaissance ! Je lui demandai d'où il venait. Il me répondit qu'il
arrivait par mer du Havre-de-Grâce, où il était revenu de l'Amérique
peu auparavant. Vous ne me paraissez pas fort bien en argent, lui
150   dis-je ; allez-vous-en au *Lion d'or* où je suis logé, je vous rejoindrai
dans un moment. J'y retournai en effet, plein d'impatience
d'apprendre le détail de son infortune et les circonstances de son
voyage d'Amérique. Je lui fis mille caresses[1], et j'ordonnai qu'on ne
le laissât manquer de rien. Il n'attendit point que je le pressasse de me
155   raconter l'histoire de sa vie. Monsieur, me dit-il, vous en usez si
noblement avec moi, que je me reprocherais comme une basse
ingratitude d'avoir quelque chose de réservé[2] pour vous. Je veux
vous apprendre, non seulement mes malheurs et mes peines, mais
encore mes désordres et mes plus honteuses faiblesses. Je suis sûr
160   qu'en me condamnant, vous ne pourrez pas vous empêcher de me
plaindre.

Je dois avertir ici le lecteur que j'écrivis son histoire presque
aussitôt après l'avoir entendue, et qu'on peut s'assurer, par conséquent, que rien n'est plus exact et plus fidèle que cette narration. Je
165   dis fidèle jusque dans la relation des réflexions et des sentiments, que
le jeune aventurier exprimait de la meilleure grâce du monde. Voici
donc son récit, auquel je ne mêlerai, jusqu'à la fin, rien qui ne soit de
lui.

J'avais dix-sept ans, et j'achevais mes études de philosophie à
170   Amiens[3], où mes parents, qui sont d'une des meilleures maisons[4] de
P...[5], m'avaient envoyé. Je menais une vie si sage et si réglée, que mes
maîtres me proposaient pour l'exemple du collège. Non que je fisse
des efforts extraordinaires pour mériter cet éloge ; mais j'ai l'humeur
naturellement douce et tranquille : je m'appliquais à l'étude par
175   inclination[6], et l'on me comptait pour des vertus quelques marques

notes

1. caresses : amabilités.
2. réservé : secret.
3. Il y avait à Amiens un célèbre collège tenu par les jésuites.
4. maisons : familles.
5. Sans doute Péronne, petite ville proche d'Amiens.
6. inclination : goût, penchant naturel.

d'aversion naturelle pour le vice. Ma naissance, le succès de mes études et quelques agréments extérieurs m'avaient fait connaître et estimer de tous les honnêtes gens de la ville. J'achevai mes exercices publics[1] avec une approbation si générale, que Monsieur l'Évêque,
180 qui y assistait, me proposa d'entrer dans l'état ecclésiastique, où je ne manquerais pas, disait-il, de m'attirer plus de distinction que dans l'ordre de Malte[2], auquel mes parents me destinaient. Ils me faisaient déjà porter la croix, avec le nom de Chevalier Des Grieux. Les vacances arrivant, je me préparais à retourner chez mon père, qui
185 m'avait promis de m'envoyer bientôt à l'Académie[3]. Mon seul regret, en quittant Amiens, était d'y laisser un ami, avec lequel j'avais toujours été tendrement uni. Il était de quelques années plus âgé que moi. Nous avions été élevés ensemble, mais le bien de sa maison étant des plus médiocres, il était obligé de prendre l'état ecclésiastique, et
190 de demeurer à Amiens après moi, pour y faire les études qui conviennent à cette profession. Il avait mille bonnes qualités. Vous le connaîtrez par les meilleures dans la suite de mon histoire, et surtout par un zèle et une générosité en amitié, qui surpassent les plus célèbres exemples de l'Antiquité. Si j'eusse alors suivi ses conseils,
195 j'aurais toujours été sage et heureux. Si j'avais du moins profité de ses reproches dans le précipice où mes passions m'ont entraîné, j'aurais sauvé quelque chose du naufrage de ma fortune et de ma réputation. Mais il n'a point recueilli d'autre fruit de ses soins, que le chagrin de les voir inutiles, et quelquefois durement récompensés, par un ingrat
200 qui s'en offensait et qui les traitait d'importunités.

J'avais marqué le temps de mon départ d'Amiens. Hélas ! que ne le marquais-je un jour plus tôt ! j'aurais porté chez mon père toute mon innocence. La veille même de celui que je devais quitter cette ville, étant à me promener avec mon ami, qui s'appelait Tiberge, nous

notes

1. Ces exercices consistaient en soutenances publiques de thèses en philosophie et en théologie.
2. L'ordre de Malte, fondé au XIe siècle, regroupe des nobles qui se chargent de défendre et de soigner les pèlerins qui vont en Terre sainte. Au XVIIIe siècle, les fils cadets de familles nobles s'y engageaient en espérant faire ainsi une carrière dans la marine royale ou s'enrichir en obtenant une « commanderie ». On pouvait porter le titre de chevalier et la croix dès l'âge de 11 ans.
3. Académie militaire, où les jeunes nobles apprenaient l'équitation et le maniement des armes.

205 vîmes arriver le coche[1] d'Arras, et nous le suivîmes jusqu'à l'hôtellerie où ces voitures descendent. Nous n'avions pas d'autre motif que
la curiosité. Il en sortit quelques femmes, qui se retirèrent aussitôt.
Mais il en resta une, fort jeune[2], qui s'arrêta seule dans la cour,
pendant qu'un homme d'un âge avancé, qui paraissait lui servir de
210 conducteur, s'empressait pour faire tirer son équipage[3] des paniers.
Elle me parut si charmante, que moi, qui n'avais jamais pensé à la
différence des sexes, ni regardé une fille avec un peu d'attention, moi,
dis-je, dont tout le monde admirait la sagesse et la retenue, je me
trouvai enflammé tout d'un coup jusqu'au transport[4]. J'avais le défaut
215 d'être excessivement timide et facile à déconcerter ; mais loin d'être
arrêté alors par cette faiblesse, je m'avançai vers la maîtresse de mon
cœur. Quoiqu'elle fût encore moins âgée que moi, elle reçut mes
politesses sans paraître embarrassée. Je lui demandai ce qui l'amenait
à Amiens, et si elle y avait quelques personnes de connaissance. Elle
220 me répondit ingénument[5], qu'elle y était envoyée par ses parents,
pour être religieuse. L'amour me rendait déjà si éclairé, depuis un
moment qu'il était dans mon cœur, que je regardai ce dessein comme
un coup mortel pour mes désirs. Je lui parlai d'une manière qui lui fit
comprendre mes sentiments, car elle était bien plus expérimentée
225 que moi : c'était malgré elle qu'on l'envoyait au couvent, pour
arrêter sans doute son penchant au plaisir, qui s'était déjà déclaré, et
qui a causé dans la suite tous ses malheurs et les miens. Je combattis
la cruelle intention de ses parents, par toutes les raisons que mon
amour naissant et mon éloquence scolastique[6] purent me suggérer.
230 Elle n'affecta ni rigueur ni dédain. Elle me dit, après un moment de
silence, qu'elle ne prévoyait que trop qu'elle allait être malheureuse,
mais que c'était apparemment la volonté du Ciel, puisqu'il ne lui
laissait nul moyen de l'éviter. La douceur de ses regards, un air
charmant de tristesse en prononçant ces paroles, ou plutôt l'ascen-
235 dant[7] de ma destinée, qui m'entraînait à ma perte, ne me permirent

passage analysé

notes

1. coche : grande voiture tirée par des chevaux qui assurait la liaison entre des villes.
2. Manon a 15 ou 16 ans.
3. équipage : bagages.

4. transport : exaltation de la passion.
5. ingénument : avec franchise.
6. scolastique : scolaire.
7. ascendant : influence.

pas de balancer[1] un moment sur ma réponse. Je l'assurai que si elle voulait faire quelque fond sur[2] mon honneur, et sur la tendresse infinie qu'elle m'inspirait déjà, j'emploierais ma vie pour la délivrer de la tyrannie de ses parents et pour la rendre heureuse. Je me suis étonné mille fois, en y réfléchissant, d'où me venait alors tant de hardiesse et de facilité à m'exprimer ; mais on ne ferait pas une divinité de l'Amour, s'il n'opérait souvent des prodiges. J'ajoutai mille choses pressantes. Ma belle inconnue savait bien qu'on n'est point trompeur à mon âge ; elle me confessa que si je voyais quelque jour à[3] la pouvoir mettre en liberté, elle croirait m'être redevable de quelque chose de plus cher que la vie. Je lui répétai que j'étais prêt à tout entreprendre ; mais n'ayant point assez d'expérience pour imaginer tout d'un coup les moyens de la servir, je m'en tenais à cette assurance générale, qui ne pouvait être d'un grand secours pour elle et pour moi. Son vieil Argus[4] étant venu nous rejoindre, mes espérances allaient échouer, si elle n'eût eu assez d'esprit pour suppléer à la stérilité du mien. Je fus surpris, à l'arrivée de son conducteur, qu'elle m'appelât son cousin, et que sans paraître déconcertée le moins du monde, elle me dît que puisqu'elle était assez heureuse pour me rencontrer à Amiens, elle remettait au lendemain son entrée dans le couvent, afin de se procurer le plaisir de souper avec moi. J'entrai fort bien dans le sens de cette ruse : je lui proposai de se loger dans une hôtellerie dont le maître, qui s'était établi à Amiens, après avoir été longtemps cocher de mon père, était dévoué entièrement à mes ordres. Je l'y conduisis moi-même, tandis que le vieux conducteur paraissait un peu murmurer, et que mon ami Tiberge, qui ne comprenait rien à cette scène, me suivait sans prononcer une parole. Il n'avait point entendu notre entretien. Il était demeuré à se promener dans la cour, pendant que je parlais d'amour à ma belle maîtresse. Comme je redoutais sa sagesse, je me défis de lui par une commission dont je le priai de se charger. Ainsi j'eus le plaisir, en arrivant à l'auberge, d'entretenir seul la souveraine

passage analysé (marge)

Lignes : 240, 245, 250, 255, 260, 265

notes

1. balancer : hésiter.
2. faire quelque fond sur : avoir une certaine confiance en.
3. quelque jour à : quelque moyen de.

4. Argus : personnage mythologique pourvu de cent yeux ; ici, au sens de « gardien vigilant ».

de mon cœur. Je reconnus bientôt que j'étais moins enfant que je ne le croyais. Mon cœur s'ouvrit à mille sentiments de plaisir, dont je
270 n'avais jamais eu l'idée. Une douce chaleur se répandit dans toutes mes veines. J'étais dans une espèce de transport, qui m'ôta pour quelque temps la liberté de la voix, et qui ne s'exprimait que par mes yeux. Mademoiselle Manon Lescaut, c'est ainsi qu'elle me dit qu'on la nommait, parut fort satisfaite de cet effet de ses charmes. Je crus
275 apercevoir qu'elle n'était pas moins émue que moi. Elle me confessa qu'elle me trouvait aimable, et qu'elle serait ravie de m'avoir obligation de[1] sa liberté. Elle voulut savoir qui j'étais, et cette connaissance augmenta son affection, parce qu'étant d'une naissance commune[2], elle se trouva flattée d'avoir fait la conquête d'un amant
280 tel que moi. Nous nous entretînmes des moyens d'être l'un à l'autre. Après quantité de réflexions, nous ne trouvâmes point d'autre voie que celle de la fuite. Il fallait tromper la vigilance du conducteur, qui était un homme à ménager, quoiqu'il ne fût qu'un domestique. Nous réglâmes que je ferais préparer pendant la nuit une chaise de poste[3],
285 et que je reviendrais de grand matin à l'auberge, avant qu'il fût éveillé ; que nous nous déroberions secrètement, et que nous irions droit à Paris, où nous nous ferions marier en arrivant. J'avais environ cinquante écus, qui étaient le fruit de mes petites épargnes ; elle en avait à peu près le double. Nous nous imaginâmes, comme des
290 enfants sans expérience, que cette somme ne finirait jamais, et nous ne comptâmes pas moins sur le succès de nos autres mesures.

suite, p. 36

notes ....

1. m'avoir obligation de : me devoir.
2. d'une naissance commune : d'une famille modeste.

3. chaise de poste : petit véhicule dont les chevaux sont changés à chaque relais – ce qui lui permet d'être assez rapide.

La rencontre de Manon

Le coup de foudre est un *topos** du roman d'amour, c'est-à-dire une scène incontournable, constitutive du genre. Il intervient au tout début du récit de Des Grieux, après une brève présentation de celui-ci qui nous montre un jeune homme de bonne famille, âgé de 17 ans, menant une vie studieuse, « *sage et réglée* » ; son avenir paraît tout tracé puisqu'il s'engage dans la voie ecclésiastique. Tout semble donc l'écarter de l'amour et de ses folies ! Mais, justement, la rencontre avec Manon bouleverse le personnage et fait voler en éclats les cadres sociaux qui le constituent. Si cette rencontre intervient si tôt dans le récit, c'est bien qu'elle constitue une sorte de nouvelle naissance du héros...

Mais cette rencontre amoureuse est biaisée dans la mesure où le lecteur connaît déjà les héros, par l'intermédiaire de Renoncour, le narrateur du récit-cadre* ; nous savons l'issue fatale de la passion des deux amants, et la première apparition de Manon dans le convoi de déportées nous a interrogés sur la nature du personnage. De plus, Des Grieux, en tant que narrateur, ajoute son regard rétrospectif sur cette scène, qui l'oriente au gré de ses intentions. Nous pourrons donc nous demander en quoi ce récit de première rencontre est à la fois conforme au *topos* mais aussi un peu décalé, puis comment il fait apparaître Manon d'une façon assez ambiguë, qui contient en germe beaucoup d'éléments de la suite.

La mise en scène d'un souvenir

❶ Dégagez les étapes de l'extrait et commentez sa progression.
❷ Comment le narrateur donne-t-il de l'importance au moment de la rencontre ?

* *Cf.* Lexique.

❸ Relevez les passages où le narrateur porte un regard rétrospectif sur la rencontre. Que veut-il montrer ?

❹ Quel rôle jouent les personnages secondaires dans cette scène ?

Un coup de foudre

❺ Quels sont les traits de caractère du narrateur ? Quelle image donne-t-il de lui ?

❻ En relevant précisément les expressions du texte, montrez les effets de l'amour sur le héros. Quelles transformations cet amour opère-t-il en lui ?

❼ En observant le fonctionnement du discours indirect*, montrez comment les paroles de Des Grieux expriment son amour.

❽ Des Grieux a-t-il ici toutes les caractéristiques d'un amoureux romanesque typique ?

❾ En quoi ce coup de foudre annonce-t-il la suite du destin de Des Grieux ?

Manon : un personnage ambigu

❿ Relevez et commentez les deux périphrases* par lesquelles le narrateur désigne l'héroïne.

⓫ En distinguant ce qu'il a appris au moment même de la rencontre de ce qu'il a découvert par la suite, relevez les renseignements que nous donne le narrateur sur l'héroïne. Quelle idée nous faisons-nous d'elle ?

⓬ Que semble-t-elle éprouver pour Des Grieux ?

⓭ Quels détails dans sa conduite ou ses attitudes peuvent paraître inquiétants ? En quoi annoncent-ils le personnage tel qu'il se révélera par la suite ?

* Cf. Lexique.

Créatures de désir

Lectures croisées et travaux d'écriture

La femme se trouve souvent au centre du roman, comme objet de fascination, de désir ou de quête. Moteur dramatique de l'intrigue, elle peut aussi incarner toutes sortes de figures mythiques : créatures du Bien, initiatrices, dames que le héros sert pour s'accomplir... mais aussi créatures diaboliques, séductrices perverses ou femmes fatales entraînant l'homme à sa perte morale. La femme apparaît comme sainte ou sorcière, rédemptrice ou corruptrice, apportant félicité ou malheur, mais toujours mystérieuse et toujours puissante !

Ce corpus regroupe des extraits de romans présentant des personnages de jeunes filles ou de très jeunes femmes suscitant plus ou moins inconsciemment le désir des hommes qui les contemplent et se laissent prendre à leur séduction. Il nous permettra d'observer comment le texte romanesque met en valeur la femme, par le décor choisi ou les attitudes de celle-ci. Nous verrons ainsi que chaque auteur enrichit son personnage de références mythiques ou religieuses, pour la transformer en une « créature » à la fois fascinante et dangereuse et en faire ressortir toute l'ambiguïté.

Texte A : Extrait de *Manon Lescaut* de l'abbé Prévost (p. 19, l. 201, à p. 21, l. 263)

Texte B : Victor Hugo, *Notre-Dame de Paris*
On peut dire que Victor Hugo (1802-1885) incarne le XIXᵉ siècle, tant par ses luttes politiques pour plus de démocratie et d'égalité que par son génie qui a su s'illustrer à travers tous les genres littéraires ainsi que dans le dessin et la peinture...
Dans cet extrait de Notre-Dame de Paris, roman qui se déroule au XVᵉ siècle, la jeune bohémienne Esméralda danse sur la place de Grève[1], sous les yeux de la foule. Deux spectateurs se détachent : Gringoire, un jeune étudiant, et un homme mystérieux, dont on saura plus tard qu'il s'agit de Claude Frollo,

archidiacre de la cathédrale. Celui-ci, brûlant d'un amour interdit pour la bohémienne, la fera condamner et pendre pour sorcellerie.

Autour d'elle tous les regards étaient fixes, toutes les bouches ouvertes ; et en effet, tandis qu'elle dansait ainsi, au bourdonnement du tambour de basque[2] que ses deux bras ronds et purs élevaient au-dessus de sa tête, mince, frêle et vive comme une guêpe, avec son corsage d'or sans pli, sa robe bariolée qui se gonflait, avec ses épaules nues, ses jambes fines que sa jupe découvrait par moments, ses cheveux noirs, ses yeux de flamme, c'était une surnaturelle créature.

– En vérité, pensa Gringoire, c'est une salamandre, c'est une nymphe, c'est une déesse, c'est une bacchante[3] du mont Ménaléen !

En ce moment une des nattes de la chevelure de la « salamandre » se détacha, et une pièce de cuivre jaune qui y était attachée roula à terre.

– Hé non ! dit-il, c'est une bohémienne.

Toute illusion avait disparu.

Elle se remit à danser. Elle prit à terre deux épées dont elle appuya la pointe sur son front et qu'elle fit tourner dans un sens tandis qu'elle tournait dans l'autre. C'était en effet tout bonnement une bohémienne. Mais, quelque désenchanté que fût Gringoire, l'ensemble de ce tableau n'était pas sans prestige et sans magie ; le feu de joie l'éclairait d'une lumière crue et rouge qui tremblait toute vive sur le cercle des visages de la foule, sur le front brun de la jeune fille, et au fond de la place jetait un blême reflet mêlé aux vacillations de leurs ombres, d'un côté sur la vieille façade noire et ridée de la Maison-aux-Piliers, de l'autre sur les bras de pierre du gibet.

Parmi les mille visages que cette lueur teignait d'écarlate, il y en avait un qui semblait plus encore que tous les autres absorbé dans la contemplation de la danseuse. C'était une figure d'homme, austère, calme et sombre. Cet homme, dont le costume était caché par la foule qui l'entourait, ne paraissait pas avoir plus de trente-cinq ans ; cependant il était chauve ; à peine avait-il aux tempes quelques touffes de cheveux rares et déjà gris ; son front large et haut commençait à se creuser de rides ; mais dans ses yeux enfoncés éclatait une jeunesse extraordinaire, une vie ardente, une passion profonde. Il les tenait sans cesse attachés sur la bohémienne, et tandis que la folle jeune fille de seize ans dansait et voltigeait au plaisir de tous, sa rêverie, à lui, semblait devenir de plus en plus sombre. De temps en temps un sourire et un soupir se rencontraient sur ses lèvres, mais le sourire était plus douloureux que le soupir.

Victor Hugo, extrait de *Notre-Dame de Paris* (II, 3), 1831.

1. Actuelle place de l'Hôtel-de-Ville, où avaient lieu les exécutions ; un gibet y était installé en permanence. **2. tambour de basque :** instrument à percussion composé d'une peau tendue sur un cercle de bois dans lequel sont insérés des grelots ou des petites cymbales. **3. bacchante :** femme qui célébrait le culte de Bacchus (dieu du Vin et de la Fête) par des danses et des transes. Le mont Ménale est une montagne d'Arcadie, région de la Grèce antique.

Texte C : Gustave Flaubert, « Hérodias »

Gustave Flaubert (1821-1880), fils d'un chirurgien réputé de Rouen, a voué sa vie essentiellement à la littérature : hanté par la perfection formelle, il consacre plusieurs années à écrire chacune de ses œuvres (L'Éducation sentimentale, Salammbô...). *Ses romans sont empreints de réalisme pessimiste (qui lui vaudra d'ailleurs, en 1857, un procès pour immoralité, à propos de la peinture de l'adultère dans* Madame Bovary*), mais aussi d'une ironie* qui les rend très modernes. Il est aussi passionné par les récits flamboyants et cruels de l'Antiquité, comme on le voit dans « Hérodias ». Hérode Antipas II (21 av. J.-C.-39 ap. J.-C.) est le tétrarque (c'est-à-dire « le gouverneur ») de la Galilée. Pour des raisons d'ambition politique, il a épousé Hérodias, la femme de son frère, qui a déjà une fille, Salomé, de son premier mariage. Hérodias, maudite par le prophète Iaokanann (le Jean-Baptiste des Évangiles), se sert des charmes de sa fille pour obtenir d'Hérode la tête du prophète.*

Mais il arriva du fond de la salle un bourdonnement de surprise et d'admiration. Une jeune fille venait d'entrer.

Sous un voile bleuâtre lui cachant la poitrine et la tête, on distinguait les arcs de ses yeux, les calcédoines[1] de ses oreilles, la blancheur de sa peau. Un carré de soie gorge-de-pigeon, en couvrant les épaules, tenait aux reins par une ceinture d'orfèvrerie. Ses caleçons noirs étaient semés de mandragores[2], et d'une manière indolente elle faisait claquer de petites pantoufles en duvet de colibri.

Sur le haut de l'estrade, elle retira son voile. C'était Hérodias, comme autrefois dans sa jeunesse. Puis elle se mit à danser.

Ses pieds passaient l'un devant l'autre, au rythme de la flûte et d'une paire de crotales[3]. Ses bras arrondis appelaient quelqu'un, qui s'enfuyait toujours. Elle le poursuivait, plus légère qu'un papillon, comme une

* *Cf.* Lexique

Psyché[4] curieuse, comme une âme vagabonde, et semblait prête à s'envoler.

Les sons funèbres de la gingras[5] remplacèrent les crotales. L'accablement avait suivi l'espoir. Ses attitudes exprimaient des soupirs, et toute sa personne une telle langueur qu'on ne savait pas si elle pleurait un dieu, ou se mourait dans sa caresse. Les paupières entrecloses, elle se tordait la taille, balançait son ventre avec des ondulations de houle, faisait trembler ses deux seins, et son visage demeurait immobile, et ses pieds n'arrêtaient pas.

[...]

Puis ce fut l'emportement de l'amour qui veut être assouvi. Elle dansa comme les prêtresses des Indes, comme les Nubiennes[6] des cataractes, comme les Bacchantes de Lydie[7]. Elle se renversait de tous les côtés, pareille à une fleur que la tempête agite. Les brillants de ses oreilles sautaient, l'étoffe de son dos chatoyait ; de ses bras, de ses pieds, de ses vêtements jaillissaient d'invisibles étincelles qui enflammaient les hommes. Une harpe chanta ; la multitude y répondit par des acclamations. Sans fléchir ses genoux en écartant les jambes, elle se courba si bien que son menton frôlait le plancher ; et les nomades habitués à l'abstinence, les soldats de Rome experts en débauches, les avares publicains[8], les vieux prêtres aigris par les disputes, tous, dilatant leurs narines, palpitaient de convoitise.

Ensuite elle tourna autour de la table d'Antipas, frénétiquement, comme le rhombe[9] des sorcières ; et d'une voix que des sanglots de volupté entrecoupaient, il lui disait : « Viens ! viens ! » Elle tournait toujours ; les tympanons[10] sonnaient à éclater, la foule hurlait. Mais le Tétrarque criait plus fort : « Viens ! viens ! Tu auras Capharnaüm ! la plaine de Tibérias[11] ! mes citadelles ! la moitié de mon royaume ! »

Elle se jeta sur les mains, les talons en l'air, parcourut ainsi l'estrade comme un grand scarabée ; et s'arrêta, brusquement.

Sa nuque et ses vertèbres faisaient un angle droit. Les fourreaux de couleur qui enveloppaient ses jambes, lui passant par-dessus l'épaule, comme des arcs-en-ciel, accompagnaient sa figure, à une coudée du sol. Ses lèvres étaient peintes, ses sourcils très noirs, ses yeux presque terribles, et des gouttelettes à son front semblaient une vapeur sur du marbre blanc.

Elle ne parlait pas. Ils se regardaient.

Un claquement de doigts se fit dans la tribune. Elle y monta, reparut ; et, en zézayant un peu, prononça ces mots, d'un air enfantin.

« Je veux que tu me donnes, dans un plat, la tête... » Elle avait oublié le nom, mais reprit en souriant : « La tête de Iaokanann ! »

Le Tétrarque s'affaissa sur lui-même, écrasé.

Gustave Flaubert, extrait de « Hérodias » (III), *in Trois Contes*, 1877.

1. calcédoines : pierres précieuses. **2. mandragores** : plantes auxquelles on prêtait des vertus magiques. **3. crotales** : petites cymbales en bronze. **4. Psyché** : personnage mythologique (dont le nom signifie « âme ») qui chercha son époux Cupidon dont elle avait été séparée. **5. gingras** : petite flûte orientale. **6.** La Nubie est une région du Soudan et de l'Égypte, le long du Nil. **7. Lydie** : région d'Asie Mineure. **8. publicains** : collecteurs d'impôts. **9. rhombe** : instrument de musique lié au culte, qui produit un vrombissement quand on le fait tourner. **10. tympanons** : tambourins. **11. Capharnaüm, Tibérias** : localités de Palestine.

Texte D : Émile Zola, *Nana*

Émile Zola (1840-1902) est célèbre pour son immense œuvre Les Rougon-Macquart, ensemble de 20 romans écrits entre 1871 et 1893, qui porte comme sous-titre « Histoire naturelle et sociale d'une famille sous le Second Empire ». Zola veut faire une peinture exhaustive de la société de son temps, tout en développant une théorie sur la transmission héréditaire des tares à l'intérieur d'une famille. Cette volonté d'allier réalisme et science en fait le chef de file du mouvement naturaliste, mais Zola sait aussi donner sa place à une imagination visionnaire et à une écriture foisonnante.

Nana, fille de Gervaise dans L'Assommoir, se prostitue très jeune pour échapper à la misère. Elle devient ainsi la maîtresse du comte Muffat, haut dignitaire du Second Empire, homme d'une grande piété que Nana, sûre de son pouvoir sur lui, humilie et amène à renoncer à toutes ses valeurs.

Alors, il leva les yeux. Nana s'était absorbée dans son ravissement d'elle-même. Elle pliait le cou, regardant avec attention dans la glace un petit signe brun qu'elle avait au-dessus de la hanche droite ; et elle le touchait du bout du doigt, elle le faisait saillir en se renversant davantage, le trouvant sans doute drôle et joli, à cette place. Puis elle étudia d'autres parties de son corps, amusée, reprise de ses curiosités vicieuses d'enfant. Ça la surprenait toujours de se voir ; elle avait l'air étonné et séduit d'une jeune fille qui découvre sa puberté. Lentement, elle ouvrit les bras pour développer son torse de Vénus grasse, elle ploya la taille, s'examinant de dos et de face, s'arrêtant au profil de sa gorge, aux rondeurs fuyantes de ses cuisses. Et elle finit par se plaire au singulier jeu de se balancer, à droite, à gauche, les genoux écartés, la taille roulant sur les reins, avec le frémissement continu d'une almée[1] dansant la danse du ventre.

Muffat la contemplait. Elle lui faisait peur. Le journal était tombé de ses mains. Dans cette minute de vision nette, il se méprisait. C'était cela : en trois mois, elle avait corrompu sa vie, il se sentait déjà gâté jusqu'aux moelles par des ordures qu'il n'aurait pas soupçonnées. Tout allait pourrir en lui, à cette heure. Il eut un instant conscience des accidents du mal, il vit la désorganisation apportée par ce ferment, lui empoisonné, sa famille détruite, un coin de société qui craquait et s'effondrait. Et, ne pouvant détourner les yeux, il la regardait fixement, il tâchait de s'emplir du dégoût de sa nudité.

Nana ne bougea plus. Un bras derrière la nuque, une main prise dans l'autre, elle renversait la tête, les coudes écartés. Il voyait en raccourci ses yeux demi-clos, sa bouche entrouverte, son visage noyé d'un rire amoureux ; et, par-derrière, son chignon de cheveux jaunes dénoué lui couvrait le dos d'un poil de lionne. Ployée et le flanc tendu, elle montrait les reins solides, la gorge dure d'une guerrière, aux muscles forts sous le grain satiné de la peau. Une ligne fine, à peine ondée par l'épaule et la hanche, filait d'un de ses coudes à son pied. Muffat suivait ce profil si tendre, ces fuites de chair blonde se noyant dans des lueurs dorées, ces rondeurs où la flamme des bougies mettait des reflets de soie. Il songeait à son ancienne horreur de la femme, au monstre de l'Écriture[2], lubrique[3], sentant le fauve. Nana était toute velue, un duvet de rousse faisait de son corps un velours ; tandis que, dans sa croupe et ses cuisses de cavale, dans les renflements charnus creusés de plis profonds, qui donnaient au sexe le voile troublant de leur ombre, il y avait de la bête. C'était la bête d'or, inconsciente comme une force, et dont l'odeur seule gâtait le monde. Muffat regardait toujours, obsédé, possédé, au point qu'ayant fermé les paupières, pour ne plus voir, l'animal reparut au fond des ténèbres, grandi, terrible, exagérant sa posture. Maintenant, il serait là, devant ses yeux, dans sa chair, à jamais.

Émile Zola, Nana, extrait du chapitre VII, 1880.

---

1. **almée** : danseuse orientale.
2. Dans l'*Apocalypse*, le dernier livre de la Bible qui décrit la fin des temps, les forces du Mal sont incarnées dans une bête monstrueuse.
3. **lubrique** : débauché, obscène.

Texte E : Julien Gracq, « Le Roi Cophétua »

Julien Gracq (1910-2007), inspiré par le surréalisme, crée des romans oniriques et initiatiques (Au château d'Argol, Le Rivage des Syrtes) *centrés sur la magie d'un lieu et le motif de l'attente, dans une écriture ample et cadencée, nourrie de fantastique poétique.*

« Le Roi Cophétua » est la dernière des trois nouvelles du recueil La Presqu'île *et s'inspire d'une vieille ballade anglaise (et d'un tableau de Burne-Jones de 1884) évoquant un roi amoureux d'une mendiante. À la Toussaint 1917, le narrateur a rendez-vous avec un ancien ami dans la demeure de celui-ci, La Fougeraie, non loin du front. Mais l'ami est absent et le narrateur est accueilli par une femme mystérieuse qui semble être la servante... Celle-ci va lui servir à dîner, puis venir le chercher pour le conduire à sa chambre, dans une sorte d'étrange rituel où elle se donnera à lui.*

Elle semblait tenir à la ténèbre dont elle était sortie par une attache nourricière qui l'irriguait toute ; le flot répandu des cheveux noirs, l'ombre qui mangeait le contour de la joue, le vêtement sombre en cet instant encore sortaient moins de la nuit qu'ils ne la prolongeaient.

Elle était vêtue d'un ample peignoir de teinte foncée, serré à la taille par une cordelière, et qui laissait apercevoir seulement quand elle marchait la pointe des pieds nus ; les cheveux noirs rejetés en arrière retombaient sur le col en masse sombre, leur flot soulevé par une collerette qui se redressait sur la nuque et venait envelopper le cou très haut ; un manteau de nuit plutôt qu'un peignoir, retombant au-dessous de la taille en plis rigides – hiératique[1], vaguement solennel, avec ce rien de souligné à plaisir, d'imperceptiblement théâtral, qui rendait si intrigant son accoutrement de servante : dévêtue pour la nuit comme on s'habille pour un bal.

Il n'y eut pas de mot échangé. Depuis que j'étais entré à *La Fougeraie*, elle m'imposait son rituel sans paroles : elle décidait, elle *savait*, et je la suivais. Je n'étais même pas troublé, ni perplexe : pris en charge seulement, tiré de moment en moment par un fil léger que je ne songeais plus à rompre. Je montais les marches derrière elle ; le mouvement des lumières[2] animait tout l'escalier, allumait l'un après l'autre les miroirs, les panneaux lisses qui faisaient de cette maison un palais des glaces éveillé jusqu'en ses recoins par la moindre étincelle. La plante étroite des pieds blancs et mats ondulait et volait devant moi de marche en marche comme une flamme vive, dardée[3] un instant et aussitôt replongée dans les plis de la lourde étoffe de suie ; le reste de la silhouette contre la clarté des bougies remuait avec une grâce ténébreuse et enfouie, le manteau de nuit soudé à la tête petite par le flot épais et animal des cheveux noirs. Le remous de cette torche onduleuse qu'un vent semblait soulever et emporter vers le haut sans toucher le sol m'aspirait silencieusement ; nous allions sans aucun bruit sur le tapis sourd. Le sang battait à mes oreilles, et pourtant il me semblait que j'assistais à cette ascension silencieuse. Je la désirais. Je l'avais désirée, je le savais maintenant, dès la première seconde, dès que mon pas à côté du sien avait fait craquer le gravier de la cour. Mais en ce moment cela ne comptait plus qu'à peine. Il n'y avait plus que cette tension fixe qui me roidissait la nuque, ce vent qui semblait fouetter ses chevilles dans les remous de la robe tout au long de l'escalier.

Julien Gracq, extrait du « Roi Cophétua », *in La Presqu'île*, José Corti, 1970.

1. **hiératique** : qui relève du sacré, du rite.
2. La jeune femme porte un chandelier.
3. **dardée** : qui émet un rayon lumineux intense.

Document : Gustave Moreau, *L'Apparition* (aquarelle), 1876

Gustave Moreau (1826-1898), peintre, dessinateur et graveur, est un des maîtres du symbolisme*. Nourri par les grands mythes antiques et le monde oriental, il est inspiré aussi bien par les peintres de la Renaissance que par les estampes japonaises. Avec une fascinante précision dans le dessin, il imagine des scènes souvent oniriques, dans des décors à la fois féeriques et inspirés de lieux réels. Pour lui, la peinture, « miroir des beautés physiques, réfléchit également les grands élans de l'âme, de l'esprit, du cœur et de l'imagination et répond à ces besoins divins de l'être humain de tous les temps. C'est la langue de Dieu ! »

Gustave Moreau illustre ici la danse de Salomé, qui voit, dans une sorte d'hallucination ou d'apparition surnaturelle, la tête coupée de Jean-Baptiste. Le décor somptueux s'inspire de l'Alhambra de Grenade.

Document ci-contre.

* *Cf.* Lexique

Corpus

Texte A : Extrait de *Manon Lescaut* de l'abbé Prévost (p. 19, l. 201, à p. 21, l. 263).

Texte B : Extrait de *Notre-Dame de Paris* de Victor Hugo (pp. 25-27).

Texte C : Extrait de « Hérodias » de Gustave Flaubert (pp. 27-29).

Texte D : Extrait de *Nana* d'Émile Zola (pp. 29-30).

Texte E : Extrait du « Roi Cophétua » de Julien Gracq (pp. 31-32).

Document : *L'Apparition* de Gustave Moreau (pp. 32-33).

Examen des textes et de l'image

❶ Comment le décor met-il en valeur le personnage féminin dans les textes d'Hugo et de Gracq (textes B et E), ainsi que dans l'aquarelle de Gustave Moreau ?

❷ Comment s'exprime la sensualité de l'héroïne dans les textes de Flaubert et de Zola (textes C et D) ?

❸ Montrez en quoi les personnages de Manon, d'Esméralda et de la servante (textes A, B et E) sont perçus par le narrateur ou le lecteur comme ambigus ou « doubles ».

❹ Dans les textes B, C, D et E, quelles sont les réactions des hommes face au personnage féminin ?

❺ Dans les textes B, C, D et E, quelles références mythiques, légendaires ou religieuses viennent enrichir le personnage féminin ?

Travaux d'écriture

Question préliminaire

Dans l'ensemble des textes du corpus, ainsi que dans l'aquarelle de Gustave Moreau, comment les auteurs transfigurent-ils le personnage féminin et quelle vision en donnent-ils ?

Commentaire

Vous ferez le commentaire de l'extrait de *Notre-Dame de Paris* de Victor Hugo (texte B).

Dissertation

Pourquoi le roman propose-t-il des personnages hors du commun ? Vous répondrez à cette question en vous appuyant sur les textes du corpus et sur vos lectures personnelles.

Écriture d'invention

Manon écrit une lettre à une de ses amies pour raconter sa rencontre avec Des Grieux. Imaginez cette lettre en vous inspirant des détails narratifs présents dans le texte de Prévost (texte A). Vous aurez soin de préciser les motivations de Manon et de respecter un niveau de langue soigné.

Après avoir soupé avec plus de satisfaction que je n'en avais jamais ressenti, je me retirai pour exécuter notre projet. Mes arrangements furent d'autant plus faciles, qu'ayant eu dessein de retourner le 295 lendemain chez mon père, mon petit équipage était déjà préparé. Je n'eus donc nulle peine à faire transporter ma malle, et à faire tenir une chaise prête pour cinq heures du matin, qui étaient le temps où les portes de la ville devaient être ouvertes[1] ; mais je trouvai un obstacle dont je ne me défiais point, et qui faillit de rompre entièrement mon 300 dessein.

Tiberge, quoique âgé seulement de trois ans plus que moi, était un garçon d'un sens mûr et d'une conduite fort réglée. Il m'aimait avec une tendresse extraordinaire. La vue d'une aussi jolie fille que Mademoiselle Manon, mon empressement à la conduire, et le soin 305 que j'avais eu de me défaire de lui en l'éloignant, lui firent naître quelques soupçons de mon amour. Il n'avait osé revenir à l'auberge où il m'avait laissé, de peur de m'offenser par son retour ; mais il était allé m'attendre à mon logis, où je le trouvai en arrivant quoiqu'il fût dix heures du soir. Sa présence me chagrina[2]. Il s'aperçut facilement 310 de la contrainte qu'elle me causait. Je suis sûr, me dit-il sans déguisement, que vous méditez quelque dessein que vous me voulez cacher ; je le vois à votre air. Je lui répondis assez brusquement que je n'étais pas obligé de lui rendre compte de tous mes desseins. Non, reprit-il, mais vous m'avez toujours traité en ami, et cette qualité 315 suppose un peu de confiance et d'ouverture. Il me pressa si fort et si longtemps de lui découvrir mon secret, que n'ayant jamais eu de réserve avec lui, je lui fis l'entière confidence de ma passion. Il la reçut avec une apparence de mécontentement qui me fit frémir. Je me repentis surtout de l'indiscrétion[3] avec laquelle je lui avais 320 découvert le dessein de ma fuite. Il me dit qu'il était trop parfaitement mon ami pour ne pas s'y opposer de tout son pouvoir ; qu'il voulait me représenter[4] d'abord tout ce qu'il croyait capable de m'en détourner, mais que si je ne renonçais pas ensuite à cette misérable

notes ....

1. Les portes qui donnaient accès aux grandes villes étaient généralement closes pendant la nuit.	**2. me chagrina :** me fut désagréable.
	3. indiscrétion : manque de discernement.
	4. représenter : faire voir, montrer.

résolution, il avertirait des personnes qui pourraient l'arrêter à coup
sûr. Il me tint là-dessus un discours sérieux, qui dura plus d'un quart
d'heure, et qui finit encore par la menace de me dénoncer, si je ne lui
donnais ma parole de me conduire avec plus de sagesse et de raison.
J'étais au désespoir de m'être trahi si mal à propos. Cependant,
l'amour m'ayant ouvert extrêmement l'esprit depuis deux ou trois
heures, je fis attention que je ne lui avais pas découvert que mon
dessein devait s'exécuter le lendemain, et je résolus de le tromper à la
faveur d'une équivoque[1] : Tiberge, lui dis-je, j'ai cru jusqu'à présent
que vous étiez mon ami, et j'ai voulu vous éprouver par cette
confidence. Il est vrai que j'aime, je ne vous ai pas trompé ; mais pour
ce qui regarde ma fuite, ce n'est point une entreprise à former au
hasard. Venez me prendre demain à neuf heures ; je vous ferai voir,
s'il se peut, ma maîtresse, et vous jugerez si elle mérite que je fasse
cette démarche pour elle. Il me laissa seul, après mille protestations[2]
d'amitié. J'employai la nuit à mettre ordre à mes affaires, et m'étant
rendu à l'hôtellerie de Mademoiselle Manon vers la pointe du jour,
je la trouvai qui m'attendait. Elle était à sa fenêtre, qui donnait sur la
rue, de sorte que, m'ayant aperçu, elle vint m'ouvrir elle-même.
Nous sortîmes sans bruit. Elle n'avait point d'autre équipage que son
linge, dont je me chargeai moi-même. La chaise était en état de
partir ; nous nous éloignâmes aussitôt de la ville. Je rapporterai dans
la suite quelle fut la conduite de Tiberge, lorsqu'il s'aperçut que je
l'avais trompé. Son zèle n'en devint pas moins ardent. Vous verrez à
quel excès il le porta, et combien je devrais verser de larmes, en
songeant quelle en a toujours été la récompense.

Nous nous hâtâmes tellement d'avancer, que nous arrivâmes à
Saint-Denis avant la nuit. J'avais couru à cheval, à côté de la chaise,
ce qui ne nous avait guère permis de nous entretenir qu'en changeant
de chevaux ; mais lorsque nous nous vîmes si proches de Paris,
c'est-à-dire presque en sûreté, nous prîmes le temps de nous rafraî-
chir, n'ayant rien mangé depuis notre départ d'Amiens. Quelque
passionné que je fusse pour Manon, elle sut me persuader qu'elle ne
l'était pas moins pour moi. Nous étions si peu réservés dans nos

notes ....

| **1. équivoque** : phrase ambiguë, à double sens. | **2. protestations** : déclarations.

caresses, que nous n'avions pas la patience d'attendre que nous fussions seuls. Nos postillons[1] et nos hôtes nous regardaient avec
360 admiration ; et je remarquais qu'ils étaient surpris de voir deux enfants de notre âge, qui paraissaient s'aimer jusqu'à la fureur. Nos projets de mariage furent oubliés à Saint-Denis ; nous fraudâmes les droits de l'Église[2], et nous nous trouvâmes époux sans y avoir fait réflexion. Il est sûr que du naturel tendre et constant dont je suis,
365 j'étais heureux pour toute ma vie, si Manon m'eût été fidèle. Plus je la connaissais, plus je découvrais en elle de nouvelles qualités aimables. Son esprit, son cœur, sa douceur et sa beauté formaient une chaîne si forte et si charmante, que j'aurais mis tout mon bonheur à n'en sortir jamais. Terrible changement ! Ce qui fait mon désespoir
370 a pu faire ma félicité. Je me trouve le plus malheureux de tous les hommes, par cette même constance dont je devais attendre le plus doux de tous les sorts, et les plus parfaites récompenses de l'amour.

Nous prîmes un appartement meublé à Paris. Ce fut dans la rue V[3]..., et pour mon malheur, auprès de la maison de M. de B...,
375 célèbre fermier général[4]. Trois semaines se passèrent, pendant lesquelles j'avais été si rempli de ma passion, que j'avais peu songé à ma famille, et au chagrin que mon père avait dû ressentir de mon absence. Cependant, comme la débauche n'avait nulle part à ma conduite, et que Manon se comportait aussi avec beaucoup de
380 retenue, la tranquillité où nous vivions servit à me faire rappeler peu à peu l'idée de mon devoir. Je résolus de me réconcilier, s'il était possible, avec mon père. Ma maîtresse était si aimable, que je ne doutai point qu'elle ne pût lui plaire, si je trouvais moyen de lui faire connaître sa sagesse et son mérite : en un mot, je me flattai d'obtenir
385 de lui la liberté de l'épouser[5], ayant été désabusé[6] de l'espérance de le

notes

1. postillons : conducteurs d'une voiture de poste.
2. nous fraudâmes les droits de l'Église : nous ne respectâmes pas l'obligation de nous marier à l'Église et nous devînmes amants (le mariage religieux était à l'époque le seul valable).
3. Sans doute rue Vivienne, dans l'actuel quartier de la Bourse, où se trouvait la maison du fermier général Melchior de Blair, qui a peut-être inspiré M. de B...

4. fermier général : financier chargé par le roi de la collecte des impôts ; c'était un personnage puissant et généralement très riche.
5. Le consentement du père était obligatoire pour se marier.
6. désabusé : détrompé.

pouvoir sans son consentement. Je communiquai ce projet à Manon ; et je lui fis entendre qu'outre les motifs de l'amour et du devoir, celui de la nécessité pouvait y entrer aussi pour quelque chose, car nos fonds étaient extrêmement altérés[1], et je commençais à revenir de l'opinion qu'ils étaient inépuisables. Manon reçut froidement cette proposition. Cependant, les difficultés qu'elle y opposa n'étant prises que de sa tendresse même, et de la crainte de me perdre si mon père n'entrait point dans notre dessein, après avoir connu le lieu de notre retraite[2], je n'eus pas le moindre soupçon du coup cruel qu'on se préparait à me porter. À l'objection de la nécessité, elle répondit qu'il nous restait encore de quoi vivre quelques semaines, et qu'elle trouverait après cela des ressources dans l'affection de quelques parents, à qui elle écrirait en province. Elle adoucit son refus par des caresses si tendres et si passionnées, que moi qui ne vivais que dans elle, et qui n'avais pas la moindre défiance de son cœur, j'applaudis à toutes ses réponses et à toutes ses résolutions. Je lui avais laissé la disposition de notre bourse et le soin de payer notre dépense ordinaire. Je m'aperçus, peu après, que notre table était mieux servie, et qu'elle s'était donné quelques ajustements[3] d'un prix considérable. Comme je n'ignorais pas qu'il devait nous rester à peine douze ou quinze pistoles[4], je lui marquai mon étonnement de cette augmentation apparente de notre opulence. Elle me pria, en riant, d'être sans embarras. Ne vous ai-je pas promis, me dit-elle, que je trouverais des ressources ? Je l'aimais avec trop de simplicité[5] pour m'alarmer facilement.

Un jour que j'étais sorti l'après-midi, et que je l'avais avertie que je serais dehors plus longtemps qu'à l'ordinaire, je fus étonné qu'à mon retour on me fit attendre deux ou trois minutes à la porte. Nous n'étions servis que par une petite fille, qui était à peu près de notre âge. Étant venue m'ouvrir, je[6] lui demandai pourquoi elle avait tardé si longtemps. Elle me répondit, d'un air embarrassé, qu'elle ne

---

notes

1. **nos fonds étaient extrêmement altérés** : nos ressources étaient très diminuées.
2. **retraite** : cachette.
3. **ajustements** : vêtements et bijoux.
4. **pistoles** : monnaie de l'époque.

5. **simplicité** : naïveté.
6. Cette tournure serait fautive aujourd'hui, où le participe passé en apposition (« *venue* ») doit se rapporter au sujet.

m'avait point entendu frapper. Je n'avais frappé qu'une fois ; je lui dis : mais si vous ne m'avez pas entendu, pourquoi êtes-vous donc venue m'ouvrir ? Cette question la déconcerta si fort que, n'ayant
420 point assez de présence d'esprit pour y répondre, elle se mit à pleurer, en m'assurant que ce n'était point sa faute, et que Madame lui avait défendu d'ouvrir la porte jusqu'à ce que M. de B... fût sorti par l'autre escalier, qui répondait[1] au cabinet[2]. Je demeurai si confus, que je n'eus point la force d'entrer dans l'appartement. Je pris le parti de
425 descendre sous prétexte d'une affaire, et j'ordonnai à cet enfant de dire à sa maîtresse que je retournerais dans le moment[3], mais de ne pas faire connaître qu'elle m'eût parlé de M. de B...

Ma consternation fut si grande, que je versais des larmes en descendant l'escalier, sans savoir encore de quel sentiment elles
430 partaient. J'entrai dans le premier café[4] ; et m'y étant assis près d'une table, j'appuyai la tête sur mes deux mains, pour y développer[5] ce qui se passait dans mon cœur. Je n'osais rappeler ce que je venais d'entendre. Je voulais le considérer comme une illusion, et je fus prêt deux ou trois fois de retourner au logis, sans marquer[6] que j'y eusse
435 fait attention. Il me paraissait si impossible que Manon m'eût trahi, que je craignais de lui faire injure en la soupçonnant. Je l'adorais, cela était sûr ; je ne lui avais pas donné plus de preuves d'amour que je n'en avais reçu d'elle ; pourquoi l'aurais-je accusée d'être moins sincère et moins constante que moi ? Quelle raison aurait-elle eue de
440 me tromper ? Il n'y avait que trois heures qu'elle m'avait accablé de ses plus tendres caresses, et qu'elle avait reçu les miennes avec transport ; je ne connaissais pas mieux mon cœur que le sien. Non, non, repris-je, il n'est pas possible que Manon me trahisse. Elle n'ignore pas que je ne vis que pour elle. Elle sait trop bien que je
445 l'adore. Ce n'est pas là un sujet de me haïr.

Cependant la visite et la sortie furtive de M. de B... me causaient de l'embarras. Je rappelais aussi les petites acquisitions de Manon, qui me semblaient surpasser nos richesses présentes. Cela paraissait sentir

notes

1. répondait : correspondait.
2. cabinet : petite pièce d'un appartement.
3. je retournerais dans le moment : je reviendrais dans un moment.
4. Il se créait beaucoup de cafés à Paris à cette époque.
5. développer : analyser.
6. marquer : montrer.

les libéralités d'un nouvel amant. Et cette confiance qu'elle m'avait
marquée pour des ressources qui m'étaient inconnues ; j'avais peine
à donner à tant d'énigmes un sens aussi favorable que mon cœur le
souhaitait. D'un autre côté, je ne l'avais presque pas perdue de vue
depuis que nous étions à Paris. Occupations, promenades, divertissements, nous avions toujours été l'un à côté de l'autre : mon Dieu !
un instant de séparation nous aurait trop affligés. Il fallait nous dire
sans cesse que nous nous aimions ; nous serions morts d'inquiétude
sans cela. Je ne pouvais donc m'imaginer presque un seul moment où
Manon pût s'être occupée d'un autre que moi. À la fin, je crus avoir
trouvé le dénouement de ce mystère. M. de B..., dis-je en
moi-même, est un homme qui fait de grosses affaires, et qui a de
grandes relations ; les parents de Manon se seront servis de cet
homme pour lui faire tenir quelque argent. Elle en a peut-être déjà
reçu de lui ; il est venu aujourd'hui lui en apporter encore. Elle s'est
fait sans doute un jeu de me le cacher, pour me surprendre agréablement. Peut-être m'en aurait-elle parlé si j'étais rentré à l'ordinaire,
au lieu de venir ici m'affliger ; elle ne me le cachera pas du moins,
lorsque je lui en parlerai moi-même.

Je me remplis si fortement de cette opinion, qu'elle eut la force de
diminuer beaucoup ma tristesse. Je retournai sur-le-champ au logis.
J'embrassai Manon avec ma tendresse ordinaire. Elle me reçut fort
bien. J'étais tenté d'abord de lui découvrir mes conjectures[1], que je
regardais plus que jamais comme certaines ; je me retins, dans
l'espérance qu'il lui arriverait peut-être de me prévenir, en m'apprenant tout ce qui s'était passé. On nous servit à souper. Je me mis à
table d'un air fort gai ; mais à la lumière de la chandelle qui était entre
elle et moi, je crus apercevoir de la tristesse sur le visage et dans les
yeux de ma chère maîtresse. Cette pensée m'en inspira aussi. Je
remarquai que ses regards s'attachaient sur moi, d'une autre façon
qu'ils n'avaient accoutumé. Je ne pouvais démêler si c'était de
l'amour ou de la compassion, quoiqu'il me parût que c'était un
sentiment doux et languissant. Je la regardai avec la même attention ;
et peut-être n'avait-elle pas moins de peine à juger de la situation de

note

| **1. conjectures** : suppositions.

mon cœur par mes regards. Nous ne pensions ni à parler ni à manger. Enfin, je vis tomber des larmes de ses beaux yeux : perfides larmes !
485 Ah Dieux ! m'écriai-je, vous pleurez, ma chère Manon ; vous êtes affligée jusqu'à pleurer, et vous ne me dites pas un seul mot de vos peines. Elle ne me répondit que par quelques soupirs, qui augmentèrent mon inquiétude. Je me levai en tremblant ; je la conjurai, avec tous les empressements de l'amour, de me découvrir le sujet de ses
490 pleurs ; j'en versai moi-même en essuyant les siens ; j'étais plus mort que vif. Un barbare aurait été attendri des témoignages de ma douleur et de ma crainte. Dans le temps que j'étais ainsi tout occupé d'elle, j'entendis le bruit de plusieurs personnes qui montaient l'escalier. On frappa doucement à la porte. Manon me donna un
495 baiser ; et s'échappant de mes bras, elle entra rapidement dans le cabinet, qu'elle ferma aussitôt sur elle. Je me figurai qu'étant un peu en désordre, elle voulait se cacher aux yeux des étrangers qui avaient frappé. J'allai leur ouvrir moi-même. À peine avais-je ouvert, que je me vis saisir par trois hommes, que je reconnus pour les laquais[1] de
500 mon père. Ils ne me firent point de violence ; mais deux d'entre eux m'ayant pris par les bras, le troisième visita mes poches, dont il tira un petit couteau, qui était le seul fer que j'eusse sur moi. Ils me demandèrent pardon de la nécessité où ils étaient de me manquer de respect ; ils me dirent naturellement qu'ils agissaient par l'ordre de
505 mon père, et que mon frère aîné m'attendait en bas dans un carrosse. J'étais si troublé, que je me laissai conduire sans résister et sans répondre. Mon frère était effectivement à m'attendre. On me mit dans le carrosse, auprès de lui, et le cocher, qui avait ses ordres, nous conduisit à grand train jusqu'à Saint-Denis[2]. Mon frère m'embrassa
510 tendrement, mais il ne me parla point, de sorte que j'eus tout le loisir dont j'avais besoin, pour rêver à mon infortune.

J'y trouvai d'abord tant d'obscurité, que je ne voyais pas de jour à la moindre conjecture. J'étais trahi cruellement ; mais par qui ? Tiberge fut le premier qui me vint à l'esprit. Traître ! disais-je, c'est
515 fait de ta vie si mes soupçons se trouvent justes. Cependant je fis

réflexion qu'il ignorait le lieu de ma demeure, et qu'on ne pouvait par conséquent l'avoir appris de lui. Accuser Manon, c'est de quoi mon cœur n'osait se rendre coupable. Cette tristesse extraordinaire dont je l'avais vue comme accablée, ses larmes, le tendre baiser qu'elle m'avait donné en se retirant, me paraissaient bien une énigme ; mais je me sentais porté à l'expliquer comme un pressentiment de notre malheur commun ; et dans le temps que je me désespérais de l'accident qui m'arrachait à elle, j'avais la crédulité de m'imaginer qu'elle était encore plus à plaindre que moi. Le résultat de ma méditation fut de me persuader que j'avais été aperçu dans les rues de Paris par quelques personnes de connaissance, qui en avaient donné avis à mon père. Cette pensée me consola. Je comptais d'en être quitte pour des reproches, ou pour quelques mauvais traitements qu'il me faudrait essuyer de l'autorité paternelle. Je résolus de les souffrir[1] avec patience, et de promettre tout ce qu'on exigerait de moi, pour me faciliter l'occasion de retourner plus promptement à Paris, et d'aller rendre la vie et la joie à ma chère Manon.

Nous arrivâmes, en peu de temps, à Saint-Denis. Mon frère, surpris de mon silence, s'imagina que c'était un effet de ma crainte. Il entreprit de me consoler, en m'assurant que je n'avais rien à redouter de la sévérité de mon père, pourvu que je fusse disposé à rentrer doucement dans le devoir, et à mériter l'affection qu'il avait pour moi. Il me fit passer la nuit à Saint-Denis, avec la précaution de faire coucher les trois laquais dans ma chambre. Ce qui me causa une peine sensible, fut de me voir dans la même hôtellerie où je m'étais arrêté avec Manon, en venant d'Amiens à Paris. L'hôte et les domestiques me reconnurent, et devinèrent en même temps la vérité de mon histoire. J'entendis dire à l'hôte : Ah ! c'est ce joli monsieur qui passait, il y a six semaines, avec une petite demoiselle qu'il aimait si fort. Qu'elle était charmante ! Les pauvres enfants, comme ils se caressaient ! Pardi, c'est dommage qu'on les ait séparés. Je feignais de ne rien entendre, et je me laissais voir le moins qu'il m'était possible.

---

1. souffrir : supporter.

Mon frère avait, à Saint-Denis, une chaise à deux[1], dans laquelle nous partîmes de grand matin, et nous arrivâmes chez nous le lendemain
550 au soir. Il vit mon père avant moi, pour le prévenir en ma faveur en lui apprenant avec quelle douceur je m'étais laissé conduire, de sorte que j'en fus reçu moins durement que je ne m'y étais attendu. Il se contenta de me faire quelques reproches généraux sur la faute que j'avais commise en m'absentant sans sa permission. Pour ce qui
555 regardait ma maîtresse, il me dit que j'avais bien mérité ce qui venait de m'arriver, en me livrant à une inconnue ; qu'il avait eu meilleure opinion de ma prudence ; mais qu'il espérait que cette petite aventure me rendrait plus sage. Je ne pris ce discours que dans le sens qui s'accordait avec mes idées. Je remerciai mon père de la bonté
560 qu'il avait de me pardonner, et je lui promis de prendre une conduite plus soumise et plus réglée. Je triomphais au fond du cœur, car de la manière dont les choses s'arrangeaient, je ne doutais point que je n'eusse la liberté de me dérober de la maison, même avant la fin de la nuit.

565 On se mit à table pour souper ; on me railla sur ma conquête d'Amiens, et sur ma fuite avec cette fidèle maîtresse. Je reçus les coups de bonne grâce. J'étais même charmé qu'il me fût permis de m'entretenir de ce qui m'occupait continuellement l'esprit. Mais quelques mots lâchés par mon père me firent prêter l'oreille avec la
570 dernière attention : il parla de perfidie, et de service intéressé, rendu par Monsieur B...[2] Je demeurai interdit[3] en lui entendant prononcer ce nom, et je le priai humblement de s'expliquer davantage. Il se tourna vers mon frère, pour lui demander s'il ne m'avait pas raconté toute l'histoire. Mon frère lui répondit que je lui avais paru si
575 tranquille sur la route, qu'il n'avait pas cru que j'eusse besoin de ce remède pour me guérir de ma folie. Je remarquai que mon père balançait s'il achèverait de s'expliquer. Je l'en suppliai si instamment, qu'il me satisfit, ou plutôt, qu'il m'assassina cruellement par le plus horrible de tous les récits.

Il me demanda d'abord si j'avais toujours eu la simplicité de croire que je fusse aimé de ma maîtresse. Je lui dis hardiment que j'en étais si sûr, que rien ne pouvait m'en donner la moindre défiance. Ha, ha, ha, s'écria-t-il en riant de toute sa force, cela est excellent ! Tu es une jolie dupe, et j'aime à te voir dans ces sentiments-là. C'est grand dommage, mon pauvre Chevalier, de te faire entrer dans l'ordre de Malte, puisque tu as tant de disposition à faire un mari patient et commode[1]. Il ajouta mille railleries de cette force, sur ce qu'il appelait ma sottise et ma crédulité. Enfin, comme je demeurais dans le silence, il continua de me dire que suivant le calcul qu'il pouvait faire du temps, depuis mon départ d'Amiens, Manon m'avait aimé environ douze jours : car, ajouta-t-il, je sais que tu partis d'Amiens le 28 de l'autre mois ; nous sommes au 29 du présent ; il y en a onze que Monsieur B... m'a écrit ; je suppose qu'il lui en ait fallu huit pour lier une parfaite connaissance avec ta maîtresse ; ainsi, qui ôte onze et huit de trente et un jours qu'il y a depuis le 28 d'un mois jusqu'au 29 de l'autre, reste douze, un peu plus ou moins. Là-dessus, les éclats de rire recommencèrent. J'écoutais tout avec un saisissement de cœur auquel j'appréhendais de ne pouvoir résister jusqu'à la fin de cette triste comédie. Tu sauras donc, reprit mon père, puisque tu l'ignores, que Monsieur B... a gagné le cœur de ta princesse ; car il se moque de moi, de prétendre me persuader que c'est par un zèle désintéressé pour mon service, qu'il a voulu te l'enlever. C'est bien d'un homme tel que lui, de qui d'ailleurs je ne suis pas connu, qu'il faut attendre des sentiments si nobles. Il a su d'elle que tu es mon fils ; et pour se délivrer de tes importunités, il m'a écrit le lieu de ta demeure et le désordre[2] où tu vivais, en me faisant entendre qu'il fallait main-forte[3] pour s'assurer de toi. Il s'est offert de me faciliter les moyens de te saisir au collet[4], et c'est par sa direction et celle de ta maîtresse même, que ton frère a trouvé le moment de te prendre sans vert[5]. Félicite-toi maintenant de la durée de ton triomphe. Tu sais vaincre assez rapidement, Chevalier, mais tu ne sais pas conserver tes conquêtes.

Notes

1. commode : complaisant, facile à tromper.
2. désordre : manquement aux règles morales et sociales.

3. main-forte : force armée.
4. te saisir au collet : s'emparer de toi.
5. sans vert : au dépourvu.

Je n'eus pas la force de soutenir plus longtemps un discours dont chaque mot m'avait percé le cœur. Je me levai de table, et je n'avais pas fait quatre pas pour sortir de la salle, que je tombai sur le plancher,
615 sans sentiment et sans connaissance. On me les rappela par de prompts secours. J'ouvris les yeux pour verser un torrent de pleurs, et la bouche pour proférer les plaintes les plus tristes et les plus touchantes. Mon père, qui m'a toujours aimé tendrement, s'employa avec toute son affection pour me consoler. Je l'écoutais, mais sans
620 l'entendre. Je me jetais à ses genoux ; je le conjurai[1], en joignant les mains, de me laisser retourner à Paris pour aller poignarder B... Non, disais-je, il n'a pas gagné le cœur de Manon ; il lui a fait violence ; il l'a séduite par un charme[2] ou par un poison ; il l'a peut-être forcée brutalement. Manon m'aime. Ne le sais-je pas bien ? Il l'aura
625 menacée, le poignard à la main, pour la contraindre de m'abandonner. Que n'aura-t-il pas fait pour me ravir une si charmante maîtresse ? Ô Dieux ! Dieux ! serait-il possible que Manon m'eût trahi et qu'elle eût cessé de m'aimer !

Comme je parlais toujours de retourner promptement à Paris, et
630 que je me levais même à tous moments pour cela, mon père vit bien que dans le transport où j'étais, rien ne serait capable de m'arrêter. Il me conduisit dans une chambre haute, où il laissa deux domestiques avec moi pour me garder à vue. Je ne me possédais point[3]. J'aurais donné mille vies, pour être seulement un quart d'heure à Paris. Je
635 compris que m'étant déclaré si ouvertement, on ne me permettrait pas aisément de sortir de ma chambre. Je mesurai des yeux la hauteur des fenêtres ; ne voyant nulle possibilité de m'échapper par cette voie, je m'adressai doucement à mes deux domestiques. Je m'engageai, par mille serments, à faire un jour leur fortune, s'ils voulaient
640 consentir à mon évasion. Je les pressai, je les caressai[4], je les menaçai ; mais cette tentative fut encore inutile.

Je perdis alors toute espérance. Je résolus de mourir, et je me jetai sur un lit, avec le dessein de ne le quitter qu'avec la vie. Je passai la

notes

1. **conjurai** : suppliai.
2. **charme** : enchantement, envoûtement.
3. **Je ne me possédais point** : j'étais hors de moi-même.
4. **caressai** : flattai, couvris d'amabilités.

46

nuit et le jour suivant dans cette situation. Je refusai la nourriture
qu'on m'apporta le lendemain. Mon père vint me voir l'après-midi.
Il eut la bonté de flatter[1] mes peines par les plus douces consolations.
Il m'ordonna si absolument de manger quelque chose, que je le fis
par respect pour ses ordres. Quelques jours se passèrent, pendant
lesquels je ne pris rien qu'en sa présence et pour lui obéir. Il
continuait toujours de m'apporter les raisons qui pouvaient me
ramener au bon sens et m'inspirer du mépris pour l'infidèle Manon.
Il est certain que je ne l'estimais plus : comment aurais-je estimé la
plus volage[2] et la plus perfide de toutes les créatures ? Mais son image,
les traits charmants que je portais au fond du cœur, y subsistaient
toujours. Je le sentais bien. Je puis mourir, disais-je ; je le devrais
même, après tant de honte et de douleur ; mais je souffrirais mille
morts sans pouvoir oublier l'ingrate Manon.

Mon père était surpris de me voir toujours si fortement touché. Il
me connaissait des principes d'honneur ; et ne pouvant douter que sa
trahison ne me la fît mépriser, il s'imagina que ma constance venait
moins de cette passion en particulier, que d'un penchant général
pour les femmes. Il s'attacha tellement à cette pensée, que, ne
consultant que sa tendre affection, il vint un jour m'en faire l'ouverture[3]. Chevalier, me dit-il, j'ai eu dessein, jusqu'à présent, de te faire
porter la croix de Malte ; mais je vois que tes inclinations ne sont
point tournées de ce côté-là. Tu aimes les jolies femmes. Je suis d'avis
de t'en chercher une qui te plaise. Explique-moi naturellement ce
que tu penses là-dessus. Je lui répondis que je ne mettais plus de
distinction entre les femmes, et qu'après le malheur qui venait de
m'arriver, je les détestais toutes également. Je t'en chercherai une,
reprit mon père en souriant, qui ressemblera à Manon, et qui sera plus
fidèle. Ah ! si vous avez quelque bonté pour moi, lui dis-je, c'est elle
qu'il faut me rendre. Soyez sûr, mon cher père, qu'elle ne m'a point
trahi ; elle n'est pas capable d'une si noire et si cruelle lâcheté. C'est
le perfide B... qui nous trompe, vous, elle et moi. Si vous saviez
combien elle est tendre et sincère, si vous la connaissiez, vous

otes ....

1. flatter : adoucir.
2. volage : infidèle.

3. m'en faire l'ouverture : me l'exposer.

l'aimeriez vous-même. Vous êtes un enfant, repartit mon père. Comment pouvez-vous vous aveugler jusqu'à ce point, après ce que je vous ai raconté d'elle ? C'est elle-même qui vous a livré à votre
680 frère. Vous devriez oublier jusqu'à son nom, et profiter, si vous êtes sage, de l'indulgence que j'ai pour vous. Je reconnaissais trop clairement qu'il avait raison. C'était un mouvement involontaire qui me faisait prendre ainsi le parti de mon infidèle. Hélas ! repris-je, après un moment de silence, il n'est que trop vrai que je suis le
685 malheureux objet de la plus lâche de toutes les perfidies. Oui, continuai-je, en versant des larmes de dépit, je vois bien que je ne suis qu'un enfant. Ma crédulité ne leur coûtait guère à tromper. Mais je sais bien ce que j'ai à faire pour me venger. Mon père voulut savoir quel était mon dessein. J'irai à Paris, lui dis-je, je mettrai le feu à la
690 maison de B..., et je le brûlerai tout vif avec la perfide Manon. Cet emportement fit rire mon père, et ne servit qu'à me faire garder plus étroitement dans ma prison.

J'y passai six mois entiers, pendant le premier desquels il y eut peu de changement dans mes dispositions. Tous mes sentiments n'étaient
695 qu'une alternative perpétuelle de haine et d'amour, d'espérance ou de désespoir, selon l'idée sous laquelle Manon s'offrait à mon esprit. Tantôt je ne considérais en elle que la plus aimable de toutes les filles, et je languissais[1] du désir de la revoir ; tantôt je n'y apercevais qu'une lâche et perfide maîtresse, et je faisais mille serments de ne la chercher
700 que pour la punir. On me donna des livres, qui servirent à rendre un peu de tranquillité à mon âme. Je relus tous mes auteurs. J'acquis de nouvelles connaissances. Je repris un goût infini pour l'étude. Vous verrez de quelle utilité il me fut dans la suite. Les lumières que je devais à l'amour me firent trouver de la clarté dans quantité
705 d'endroits d'Horace et de Virgile[2], qui m'avaient paru obscurs auparavant. Je fis un commentaire amoureux sur le quatrième Livre de l'*Énéide* ; je le destine à voir le jour, et je me flatte que le public en

---

notes

1. languissais : dépérissais.

2. Horace et Virgile sont deux poètes latins du Ier siècle avant J.-C., qui ont écrit sur le sentiment amoureux.

sera satisfait. Hélas ! disais-je en le faisant, c'était un cœur tel que le mien qu'il fallait à la fidèle Didon[1].

10   Tiberge vint me voir un jour dans ma prison. Je fus surpris du transport avec lequel il m'embrassa. Je n'avais point encore eu de preuves de son affection, qui pussent me la faire regarder autrement que comme une simple amitié de collège, telle qu'elle se forme entre de jeunes gens qui sont à peu près du même âge. Je le trouvai si

15 changé et si formé[2], depuis cinq ou six mois que j'avais passés sans le voir, que sa figure et le ton de son discours m'inspirèrent du respect. Il me parla en conseiller sage, plutôt qu'en ami d'école. Il plaignit l'égarement où j'étais tombé. Il me félicita de ma guérison, qu'il croyait avancée ; enfin il m'exhorta à profiter de cette erreur de

20 jeunesse, pour ouvrir les yeux sur la vanité des plaisirs. Je le regardai avec étonnement. Il s'en aperçut. Mon cher Chevalier, me dit-il, je ne vous dis rien qui ne soit solidement vrai, et dont je ne me sois convaincu par un sérieux examen. J'avais autant de penchant que vous vers la volupté ; mais le Ciel m'avait donné, en même temps, du

25 goût pour la vertu. Je me suis servi de ma raison pour comparer les fruits de l'une et de l'autre et je n'ai pas tardé longtemps à découvrir leurs différences. Le secours du Ciel s'est joint à mes réflexions. J'ai conçu pour le monde un mépris auquel il n'y a rien d'égal. Devineriez-vous ce qui m'y retient, ajouta-t-il, et ce qui m'empêche

30 de courir à la solitude ? C'est uniquement la tendre amitié que j'ai pour vous. Je connais l'excellence de votre cœur et de votre esprit ; il n'y a rien de bon dont vous ne puissiez vous rendre capable. Le poison du plaisir vous a fait écarter du chemin. Quelle perte pour la vertu ! Votre fuite d'Amiens m'a causé tant de douleur, que je n'ai pas

35 goûté, depuis, un seul moment de satisfaction. Jugez-en par les démarches qu'elle m'a fait faire. Il me raconta qu'après s'être aperçu que je l'avais trompé, et que j'étais parti avec ma maîtresse, il était monté à cheval pour me suivre ; mais qu'ayant sur lui quatre ou cinq heures d'avance, il lui avait été impossible de me joindre ; qu'il était

otes

1. Didon est l'héroïne de l'*Énéide* de Virgile : elle se suicide après avoir été abandonnée par son amant Énée. | **2. formé :** mûri.

740 arrivé néanmoins à Saint-Denis une demi-heure après mon départ ;
qu'étant bien certain que je me serais arrêté à Paris, il y avait passé six
semaines à me chercher inutilement ; qu'il allait dans tous les lieux où
il se flattait de pouvoir me trouver, et qu'un jour enfin il avait
reconnu ma maîtresse à la Comédie ; qu'elle y était dans une parure[1]
745 si éclatante qu'il s'était imaginé qu'elle devait cette fortune à un
nouvel amant ; qu'il avait suivi son carrosse jusqu'à sa maison, et qu'il
avait appris d'un domestique qu'elle était entretenue par les libéralités
de Monsieur B... Je ne m'arrêtai point là, continua-t-il. J'y retournai
le lendemain, pour apprendre d'elle-même ce que vous étiez
750 devenu ; elle me quitta brusquement, lorsqu'elle m'entendit parler de
vous, et je fus obligé de revenir en province sans aucun autre
éclaircissement. J'y appris votre aventure et la consternation extrême
qu'elle vous a causée ; mais je n'ai pas voulu vous voir, sans être assuré
de vous trouver plus tranquille.

755 Vous avez donc vu Manon, lui répondis-je en soupirant. Hélas !
vous êtes plus heureux que moi, qui suis condamné à ne la revoir
jamais. Il me fit des reproches de ce soupir, qui marquait encore de
la faiblesse pour elle. Il me flatta si adroitement sur la bonté de mon
caractère et sur mes inclinations, qu'il me fit naître, dès cette
760 première visite, une forte envie de renoncer comme lui à tous les
plaisirs du siècle[2] pour entrer dans l'état ecclésiastique.

Je goûtai[3] tellement cette idée, que, lorsque je me trouvai seul, je
ne m'occupai plus d'autre chose. Je me rappelai les discours de
M. l'Évêque d'Amiens, qui m'avait donné le même conseil, et les
765 présages heureux qu'il avait formés en ma faveur, s'il m'arrivait
d'embrasser ce parti. La piété[4] se mêla aussi dans mes considérations.
Je mènerai une vie sage et chrétienne, disais-je ; je m'occuperai de
l'étude et de la religion, qui ne me permettront point de penser aux
dangereux plaisirs de l'amour. Je mépriserai ce que le commun des
770 hommes admire ; et comme je sens assez que mon cœur ne désirera
que ce qu'il estime, j'aurai aussi peu d'inquiétudes que de désirs. Je

notes

1. parure : tenue.
2. siècle : le monde et ses occupations frivoles, considérés comme ce qui détourne de Dieu.
3. Je goûtai : j'appréciai.
4. piété : sentiment religieux.

formai là-dessus, d'avance, un système de vie paisible et solitaire. J'y faisais entrer une maison écartée, avec un petit bois et un ruisseau d'eau douce au bout du jardin, une bibliothèque composée de livres 775 choisis, un petit nombre d'amis vertueux et de bon sens, une table propre[1], mais frugale[2] et modérée. J'y joignais un commerce[3] de lettres avec un ami qui ferait son séjour à Paris, et qui m'informerait des nouvelles publiques, moins pour satisfaire ma curiosité que pour me faire un divertissement des folles agitations des hommes. Ne 780 serai-je pas heureux ? ajoutais-je ; toutes mes prétentions[4] ne seront-elles point remplies ? Il est certain que ce projet flattait extrêmement mes inclinations. Mais, à la fin d'un si sage arrangement, je sentais que mon cœur attendait encore quelque chose ; et que pour n'avoir rien à désirer dans la plus charmante solitude, il y fallait être avec Manon.

785 Cependant, Tiberge continuant de me rendre de fréquentes visites, dans le dessein qu'il m'avait inspiré, je pris l'occasion d'en faire l'ouverture à mon père. Il me déclara que son intention était de laisser ses enfants libres dans le choix de leur condition[5] et que, de quelque manière que je voulusse disposer de moi, il ne se réserverait que le 790 droit de m'aider de ses conseils. Il m'en donna de fort sages, qui tendaient moins à me dégoûter de mon projet, qu'à me le faire embrasser avec connaissance[6]. Le renouvellement de l'année scolastique[7] approchait. Je convins avec Tiberge de nous mettre ensemble au séminaire[8] de Saint-Sulpice, lui pour achever ses études de 795 théologie, et moi pour commencer les miennes. Son mérite, qui était connu de l'évêque du diocèse[9], lui fit obtenir de ce prélat[10] un bénéfice[11] considérable avant notre départ.

Mon père, me croyant tout à fait revenu de ma passion, ne fit aucune difficulté de me laisser partir. Nous arrivâmes à Paris. L'habit 800 ecclésiastique prit la place de la croix de Malte, et le nom d'Abbé Des

notes

1. table propre : nourriture saine.
2. frugale : sobre.
3. commerce : relation.
4. prétentions : aspirations.
5. condition : situation sociale.
6. avec connaissance : en connaissance de cause.
7. année scolastique : année scolaire, qui débute en septembre.

8. séminaire : lieu de formation pour les futurs prêtres.
9. diocèse : circonscription ecclésiastique sous l'autorité d'un évêque.
10. prélat : haut dignitaire ecclésiastique (évêque, cardinal...).
11. bénéfice : revenu accordé à un ecclésiastique.

Grieux celle de Chevalier. Je m'attachai à l'étude avec tant d'application, que je fis des progrès extraordinaires en peu de mois. J'y employais une partie de la nuit, et je ne perdais pas un moment du jour. Ma réputation eut tant d'éclat, qu'on me félicitait déjà sur les
805 dignités que je ne pouvais manquer d'obtenir ; et sans l'avoir sollicité, mon nom fut couché sur la feuille des bénéfices[1]. La piété n'était pas plus négligée ; j'avais de la ferveur pour tous les exercices. Tiberge était charmé de ce qu'il regardait comme son ouvrage, et je l'ai vu plusieurs fois répandre des larmes, en s'applaudissant de ce qu'il
810 nommait ma conversion. Que les résolutions humaines soient sujettes à changer, c'est ce qui ne m'a jamais causé d'étonnement ; une passion les fait naître, une autre passion peut les détruire ; mais quand je pense à la sainteté de celles qui m'avaient conduit à Saint-Sulpice, et à la joie intérieure que le Ciel m'y faisait goûter en
815 les exécutant, je suis effrayé de la facilité avec laquelle j'ai pu les rompre. S'il est vrai que les secours célestes sont à tous moments d'une force égale à celle des passions, qu'on m'explique donc par quel funeste ascendant on se trouve emporté tout d'un coup loin de son devoir, sans se trouver capable de la moindre résistance et sans
820 ressentir le moindre remords. Je me croyais absolument délivré des faiblesses de l'amour. Il me semblait que j'aurais préféré la lecture d'une page de saint Augustin[2], ou un quart d'heure de méditation chrétienne à tous les plaisirs des sens ; sans excepter ceux qui m'auraient été offerts par Manon. Cependant un instant malheureux
825 me fit retomber dans le précipice ; et ma chute fut d'autant plus irréparable, que me trouvant tout d'un coup au même degré de profondeur d'où j'étais sorti, les nouveaux désordres où je tombai me portèrent bien plus loin vers le fond de l'abîme.

J'avais passé près d'un an à Paris, sans m'informer des affaires de
830 Manon. Il m'en avait d'abord coûté beaucoup pour me faire cette violence ; mais les conseils toujours présents de Tiberge, et mes propres réflexions, m'avaient fait obtenir la victoire. Les derniers mois s'étaient écoulés si tranquillement que je me croyais sur le point

notes

| 1. **la feuille des bénéfices** : la liste des bénéfices vacants, établie par le roi. | 2. Saint Augustin (354-430), grand théologien chrétien. |

d'oublier éternellement cette charmante et perfide créature. Le
temps arriva auquel je devais soutenir un exercice public dans l'École
de Théologie ; je fis prier plusieurs personnes de considération de
m'honorer de leur présence. Mon nom fut ainsi répandu dans tous les
quartiers de Paris ; il alla jusqu'aux oreilles de mon infidèle. Elle ne
le reconnut pas avec certitude, sous le titre d'abbé ; mais un reste de
curiosité, ou peut-être quelque repentir de m'avoir trahi (je n'ai
jamais pu démêler lequel de ces deux sentiments), lui fit prendre
intérêt à un nom si semblable au mien ; elle vint en Sorbonne[1] avec
quelques autres dames. Elle fut présente à mon exercice, et sans doute
qu'elle eut peu de peine à me remettre.

Je n'eus pas la moindre connaissance de cette visite. On sait qu'il y
a, dans ces lieux, des cabinets particuliers pour les dames, où elles sont
cachées derrière une jalousie[2]. Je retournai à Saint-Sulpice, couvert
de gloire et chargé de compliments. Il était six heures du soir. On vint
m'avertir, un moment après mon retour, qu'une dame demandait à
me voir. J'allai au parloir sur-le-champ. Dieux ! quelle apparition
surprenante ! j'y trouvai Manon. C'était elle, mais plus aimable et
plus brillante que je ne l'avais jamais vue. Elle était dans sa
dix-huitième année. Ses charmes surpassaient tout ce qu'on peut
décrire. C'était un air si fin, si doux, si engageant ! l'air de l'Amour
même. Toute sa figure me parut un enchantement.

Je demeurai interdit à sa vue ; et ne pouvant conjecturer quel était
le dessein de cette visite, j'attendais, les yeux baissés et avec tremble-
ment, qu'elle s'expliquât. Son embarras fut pendant quelque temps
égal au mien ; mais voyant que mon silence continuait, elle mit la
main devant ses yeux, pour cacher quelques larmes. Elle me dit, d'un
ton timide, qu'elle confessait que son infidélité méritait ma haine ;
mais que s'il était vrai que j'eusse jamais eu quelque tendresse pour
elle, il y avait eu, aussi, bien de la dureté à laisser passer deux ans sans
prendre soin de m'informer de son sort, et qu'il y en avait beaucoup
encore à la voir dans l'état où elle était en ma présence, sans lui dire

---

notes

1. La Sorbonne, faculté parisienne de théologie.

2. jalousie : treillis de fer ou de bois permettant de voir sans être vu.

53

une parole. Le désordre de mon âme, en l'écoutant, ne saurait être exprimé.

Elle s'assit. Je demeurai debout, le corps à demi tourné, n'osant l'envisager[1] directement. Je commençai plusieurs fois une réponse, que je n'eus pas la force d'achever. Enfin, je fis un effort pour m'écrier douloureusement : Perfide Manon ! Ah ! perfide ! perfide ! Elle me répéta, en pleurant à chaudes larmes, qu'elle ne prétendait point justifier sa perfidie. Que prétendez-vous donc ? m'écriai-je encore. Je prétends mourir, répondit-elle, si vous ne me rendez votre cœur, sans lequel il est impossible que je vive. Demande donc ma vie, infidèle ! repris-je en versant moi-même des pleurs, que je m'efforçai en vain de retenir ; demande ma vie, qui est l'unique chose qui me reste à te sacrifier ; car mon cœur n'a jamais cessé d'être à toi. À peine eus-je achevé ces derniers mots, qu'elle se leva avec transport, pour venir m'embrasser. Elle m'accabla de mille caresses passionnées. Elle m'appela par tous les noms que l'amour invente pour exprimer ses plus vives tendresses. Je n'y répondais encore qu'avec langueur[2]. Quel passage, en effet, de la situation tranquille où j'avais été, aux mouvements tumultueux que je sentais renaître ! J'en étais épouvanté. Je frémissais, comme il arrive lorsqu'on se trouve la nuit dans une campagne écartée : on se croit transporté dans un nouvel ordre de choses ; on y est saisi d'une horreur secrète, dont on ne se remet qu'après avoir considéré longtemps tous les environs.

Nous nous assîmes, l'un près de l'autre. Je pris ses mains dans les miennes. Ah ! Manon, lui dis-je en la regardant d'un œil triste, je ne m'étais pas attendu à la noire trahison dont vous avez payé mon amour. Il vous était bien facile de tromper un cœur dont vous étiez la souveraine absolue, et qui mettait toute sa félicité à vous plaire et à vous obéir. Dites-moi maintenant si vous en avez trouvé d'aussi tendres et d'aussi soumis. Non, non, la Nature n'en fait guère de la même trempe[3] que le mien. Dites-moi du moins si vous l'avez quelquefois regretté. Quel fond dois-je faire sur ce retour de bonté qui vous ramène aujourd'hui pour le consoler ? Je ne vois que trop

passage analysé

notes

1. **l'envisager** : la dévisager.
2. **langueur** : mollesse, froideur.

3. **trempe** : sorte.

que vous êtes plus charmante que jamais ; mais au nom de toutes les
peines que j'ai souffertes pour vous, belle Manon, dites-moi si vous
serez plus fidèle.

Elle me répondit des choses si touchantes sur son repentir, et elle
s'engagea à la fidélité par tant de protestations et de serments, qu'elle
m'attendrit à un degré inexprimable. Chère Manon ! lui dis-je, avec
un mélange profane d'expressions amoureuses et théologiques, tu es
trop adorable pour une créature. Je me sens le cœur emporté par une
délectation[1] victorieuse. Tout ce qu'on dit de la liberté, à Saint-
Sulpice, est une chimère[2]. Je vais perdre ma fortune et ma réputation
pour toi, je le prévois bien ; je lis ma destinée dans tes beaux yeux ;
mais de quelles pertes ne serai-je pas consolé par ton amour ! Les
faveurs de la fortune ne me touchent point ; la gloire me paraît une
fumée ; tous mes projets de vie ecclésiastique étaient de folles
imaginations ; enfin tous les biens différents de ceux que j'espère avec
toi sont des biens méprisables, puisqu'ils ne sauraient tenir un
moment, dans mon cœur, contre un seul de tes regards.

suite, p. 67

passage analysé

---

notes ....

| **1. délectation :** plaisir incitant la volonté à agir (sens théologique). | **2. chimère :** rêverie trompeuse. |

« Quelle apparition surprenante ! »

Lecture analytique de l'extrait, p. 53, l. 848, à p. 55, l. 915.

Des Grieux, après avoir été trahi par Manon, revient à sa vie rangée et, sur les conseils de Tiberge, entreprend des études de théologie au séminaire de Saint-Sulpice. Au bout de plusieurs mois, il se croit « *absolument délivré des faiblesses de l'amour* » (p. 52). Mais, à l'issue d'un exercice public, Manon demande à le voir et la passion reprend immédiatement ses droits...

Dans les lignes qui précèdent le récit proprement dit de ces retrouvailles après deux ans de séparation, le narrateur dramatise ce moment en annonçant : « *un instant malheureux me fit retomber dans le précipice* » (p. 52). Ce passage illustre bien la façon dont Des Grieux opère une reconstruction de son passé car il oriente la lecture de cette scène dans le sens d'une réflexion morale, en se demandant « *par quel funeste ascendant on se trouve emporté tout d'un coup loin de son devoir, sans se trouver capable de la moindre résistance et sans ressentir le moindre remords* » (p. 52). En effet, on pourra observer comment il théâtralise la rencontre pour en faire une sorte de second coup de foudre et montrer la force irrépressible et tragique de sa passion ; mais, surtout, la scène fascine par la présentation équivoque du personnage de Manon, repentie ou tentatrice...

Une scène théâtrale

❶ Comment le narrateur souligne-t-il son émotion dans les deux premiers paragraphes (l. 848 à 867, pp. 53-54) ?

❷ Quelle évolution remarquez-vous dans la place occupée par les personnages et leurs différentes positions ?

❸ Relevez les indications de gestes ou de physionomie. Que veut suggérer le narrateur ?

④ Observez la répartition des discours direct* et indirect* et commentez le choix du narrateur.

⑤ En quoi les passages au discours direct relèvent-ils du langage théâtral ?

Le retour de la passion

⑥ Comment les sentiments de Des Grieux à l'égard de Manon évoluent-ils au cours de la scène ?

⑦ Comment se marque le caractère absolu de l'amour de Des Grieux pour Manon ?

⑧ Quel regard le narrateur porte-t-il sur son propre bouleversement ?

⑨ Qu'est-ce qui rend cette passion tragique ?

Les ambiguïtés de la scène

⑩ Quels reproches Des Grieux adresse-t-il à Manon ?

⑪ Montrez l'habileté de Manon dans cette scène. Quelles armes utilise-t-elle ?

⑫ Quelles sont les références religieuses dans ce passage et comment sont-elles utilisées ?

* *Cf.* Lexique.

Retrouvailles romanesques
Lectures croisées et travaux d'écriture

Depuis son origine dans l'Antiquité grecque, le roman est souvent fondé sur une intrigue amoureuse contrariée où le couple se voit sans cesse séparé par des aventures, des rivaux ou des obstacles sociaux. La scène de retrouvailles constitue donc un *topos** du roman traditionnel, en forme de happy end, où les héros vont enfin pouvoir être heureux, à la satisfaction générale. Ce type de scène illustre une conception positive du roman selon laquelle l'ordre initial, perturbé par des péripéties, se voit rétabli ; la fidélité et l'amour des héros se trouvent fortifiés par les épreuves qui les ont séparés, et finalement récompensés par les dieux, le hasard ou la Providence…

Si certains auteurs respectent les codes du *topos* et utilisent les procédés dramatiques pour susciter l'émotion du lecteur, d'autres prennent leurs distances en insistant sur le décalage temporel ou psychologique, sur la déception…

À travers ces extraits d'époques très différentes, nous verrons comment les auteurs exploitent le modèle antique, quels registres ils emploient pour traiter cette scène très codifiée, et quelles conceptions du temps, de l'amour et même de l'être humain y sont développées.

Texte A : Extrait de *Manon Lescaut* de l'abbé Prévost (p. 53, l. 848, à p. 55, l. 915)

Texte B : Chariton, *Le Roman de Chairéas et Callirhoé*
Chariton est aujourd'hui considéré comme le premier auteur de roman dont nous avons conservé le texte. On ne sait quasiment rien de lui : il serait originaire d'Aphrodisias, au Sud de l'Asie Mineure, et aurait vécu au début du IIe siècle après J.-C. Le Roman de Chairéas et Callirhoé, la seule œuvre que nous lui connaissons, relate « une histoire d'amour qui est arrivée à

* *Cf.* Lexique.

Syracuse », *qui emmènera ses personnages dans tout le monde méditerra-néen.*

Les deux héros, après un saisissant coup de foudre, se marient, mais la jeune femme se fait enlever par des pirates, puis acheter par l'intendant de Dionysios, gouverneur de l'Ionie, qui tombe amoureux au premier regard. Mais, après maintes épreuves, les deux époux seront réunis...

Lorsque Chairéas se fut bien justifié devant Éros, par ses errances du levant au couchant, à travers mille souffrances, Aphrodite[1] eut pitié de lui ; après avoir éprouvé sur terre et sur mer ce couple fait des deux êtres les plus beaux, qu'elle avait unis dès le début, elle voulut les rendre l'un à l'autre. Je pense que ce dernier livre sera très agréable aux lecteurs, car il est exempt des tristes événements contenus dans les premiers : finis piraterie, esclavage, procès, batailles, tentatives de suicide, guerre et emprisonnements ! voici maintenant des amours permises et des mariages légitimes. Comment donc la déesse dévoila la vérité et montra l'un à l'autre les époux qui s'étaient perdus, c'est ce que je vais dire. C'était le soir ; beaucoup de prisonniers étaient encore restés à terre. Fatigué, Chairéas entreprend les préparatifs de l'appareillage ; comme il passait sur la place, l'Égyptien[2] lui dit : « Voici la femme, maître, qui ne veut pas partir et se laisse mourir de faim[3] ; peut-être la persuaderas-tu de se lever ; pourquoi faut-il que tu abandonnes la plus belle part du butin ? » Polycharme[4] aussi renchérit, voulant engager son ami, si c'était possible, dans un nouvel amour pour le consoler de Callirhoé. « Allons-y, Chairéas », dit-il. Le seuil franchi, dès qu'il la vit étendue sur le sol et dissimulée dans ses voiles, il eut le souffle coupé et l'âme troublée, et se sentit hors de lui-même ; il l'aurait même tout à fait reconnue s'il n'avait été absolument persuadé que Callirhoé avait été rendue à Dionysios. S'étant approché doucement : « Courage, femme, dit-il, qui que tu sois, nous ne te ferons aucune violence ; tu auras le mari que tu veux. » Comme il parlait encore, Callirhoé, qui l'avait reconnu à sa voix, se dévoila, et tous deux s'écrièrent en même temps : « Chairéas ! », « Callirhoé ! ». Se jetant dans les bras l'un de l'autre, ils tombèrent évanouis ; Polycharme aussi resta d'abord sans voix devant cet événement incroyable, puis, après quelques instants : « Relevez-vous, dit-il, vous vous êtes retrouvés ; les dieux ont exaucé vos prières à tous deux. Toutefois, rappelez-vous que vous n'êtes pas dans votre patrie mais sur une terre étrangère : il faut d'abord tout régler avec soin pour que personne ne vous sépare désormais. » À ces exhortations, comme des gens plongés au fond d'un puits qui entendent à peine une voix venue d'en haut, ils revinrent lentement à eux ; puis, se revoyant et s'embrassant, ils s'évanouirent à nouveau et recommencèrent deux, trois fois, tout en laissant échapper ces seuls mots : « Je t'ai retrouvé(e), si vraiment tu es Callirhoé ; si vraiment tu es Chairéas. »

Chariton, extrait du *Roman de Chairéas et Callirhoé* (VIII, 1), IIe siècle ap. J.-C., traduction de Véronique Brémond.

1. **Aphrodite :** déesse de l'Amour (Vénus en latin).
2. Chairéas s'est mis au service de l'armée égyptienne contre Dionysios. Il vient de remporter une bataille navale et de s'emparer d'un grand nombre de femmes parmi lesquelles se trouve Callirhoé, sans qu'il le sache.
3. Callirhoé se laisse mourir de faim plutôt que d'être obligée d'épouser le vainqueur de la bataille et d'être ainsi infidèle à Chairéas.
4. **Polycharme :** ami de Chairéas.

Texte C : Voltaire, *Candide*

François-Marie Arouet, dit Voltaire (1694-1778), s'est illustré dans tous les combats du XVIIIe siècle pour la liberté de penser, la justice, la diffusion du savoir... Il s'engagea, par ses nombreux écrits, contre le fanatisme et l'obscurantisme, et dut subir à maintes reprises censure et exil.

Candide est un conte philosophique dans lequel le héros éponyme* est confronté à toutes sortes d'épreuves qui lui feront renier le principe selon lequel « tout est pour le mieux dans le meilleur des mondes possibles ». Voltaire utilise les schémas des romans héroïques aux multiples péripéties invraisemblables pour s'en moquer et les parodier. Dans ce passage, Candide, qui a cherché dans le monde entier la belle Cunégonde, son unique amour, la retrouve enfin esclave en Turquie...

Les premiers objets qui se présentèrent furent Cunégonde et la vieille[1], qui étendaient des serviettes sur des ficelles pour les faire sécher.

Le baron[2] pâlit à cette vue. Le tendre amant Candide, en voyant sa belle Cunégonde rembrunie[3], les yeux éraillés[4], la gorge sèche[5], les joues ridées, les bras rouges et écaillés[6], recula trois pas, saisi d'horreur, et avança ensuite par bon procédé[7]. Elle embrassa Candide et son frère ; on embrassa la vieille : Candide les racheta toutes deux.

Il y avait une petite métairie[8] dans le voisinage ; la vieille proposa à Candide de s'en accommoder, en attendant que toute la troupe eût une meilleure destinée. Cunégonde ne savait pas qu'elle était enlaidie ; personne ne l'en avait avertie : elle fit souvenir Candide de ses promesses avec un ton si absolu que le bon Candide n'osa pas la refuser. Il signifia donc au baron qu'il allait se marier avec sa sœur. « Je ne souffrirai jamais,

* Cf. Lexique

dit le baron, une telle bassesse de sa part, et une telle insolence de la vôtre ; cette infamie ne me sera jamais reprochée : les enfants de ma sœur ne pourraient entrer dans les chapitres[9] d'Allemagne. Non, jamais ma sœur n'épousera qu'un baron de l'Empire. » Cunégonde se jeta à ses pieds, et les baigna de larmes ; il fut inflexible. « Maître fou, lui dit Candide, je t'ai réchappé[10] des galères, j'ai payé ta rançon, j'ai payé celle de ta sœur ; elle lavait ici des écuelles, elle est laide, j'ai la bonté d'en faire ma femme ; et tu prétends encore t'y opposer ! Je te retuerais[11] si j'en croyais ma colère. [...] »

Voltaire, *Candide*, extrait du chapitre 29, 1759.

1. Vieille femme qui a accompagné Cunégonde dans toutes ses mésaventures. 2. Le Baron est le frère de Cunégonde, personnage borné et très attaché à ses titres de noblesse ; il s'est toujours opposé à ce que sa sœur épouse Candide car celui-ci n'est pas noble. 3. **rembrunie** : vieillie. 4. **éraillés** : rougis. 5. **la gorge sèche** : les seins flétris. 6. **écaillés** : couverts d'écailles, desséchés. 7. **par bon procédé** : par politesse. 8. **métairie** : ferme. 9. **chapitres** : assemblées où l'on délibère. 10. **réchappé** : sauvé. 11. Candide a déjà « tué » le baron ; mais, en fait, celui-ci n'était pas mort !

Texte D : Stendhal, *Le Rouge et le Noir*

Stendhal, de son vrai nom Henri Beyle (1783-1842), fait partie des romanciers dits « réalistes ». Il confronte ses personnages aux clivages sociaux de la Restauration, mais s'attache aussi à la peinture très fine du sentiment amoureux. Il peint des personnages romanesques et romantiques, à la fois fiers et candides, prêts à tout pour leur passion et préférant la mort à la médiocrité ou à la bassesse.

Dans Le Rouge et le Noir, le héros Julien Sorel, jeune provincial plein d'ambition, éprouve une vive passion pour Mme de Rênal, femme un peu plus âgée, tendre et passionnée. Cependant le jeune homme, monté à Paris, séduit la fière Mathilde de La Mole qui, enceinte de lui, est prête à l'épouser ; mais son père refuse à cause d'une lettre de Mme de Rênal écrite sous l'influence de son confesseur et qui dénonce l'immoralité de Julien. Celui-ci, fou de colère, part aussitôt et en pleine messe tire deux coups de feu sur Mme de Rênal, sans la tuer. Arrêté puis condamné, il découvre dans sa cellule que l'amour pour Mme de Rênal est la seule chose qui compte pour lui. De son côté, l'héroïne s'est décidée à aller voir le jeune homme en prison, bravant les lois sociales et morales...

Une heure après, comme [Julien] dormait profondément, il fut éveillé par des larmes qu'il sentait couler sur sa main. Ah ! c'est encore Mathilde, pensa-t-il à demi éveillé. Elle vient, fidèle à la théorie, attaquer ma résolution[1] par les sentiments tendres. Ennuyé de la perspective de cette nouvelle scène dans le genre pathétique*, il n'ouvrit pas les yeux. Les vers de Belphégor[2] fuyant sa femme lui revinrent à la pensée.

Il entendit un soupir singulier ; il ouvrit les yeux, c'était Mme de Rênal.

– Ah ! je te revois avant que de mourir, est-ce une illusion ? s'écria-t-il en se jetant à ses pieds.

Mais pardon, madame, je ne suis qu'un assassin à vos yeux, dit-il à l'instant, en revenant à lui.

– Monsieur… je viens vous conjurer d'appeler, je sais que vous ne le voulez pas… Ses sanglots l'étouffaient ; elle ne pouvait parler.

– Daignez me pardonner.

– Si tu veux que je te pardonne, lui dit-elle en se levant et se jetant dans ses bras, appelle tout de suite de ta sentence de mort.

Julien la couvrait de baisers.

– Viendras-tu me voir tous les jours pendant ces deux mois ?

– Je te le jure. Tous les jours, à moins que mon mari ne me le défende.

– Je signe ! s'écria Julien. Quoi ! tu me pardonnes ! est-il possible !

Il la serrait dans ses bras ; il était fou. Elle jeta un petit cri.

– Ce n'est rien, lui dit-elle, tu m'as fait mal.

– À ton épaule, s'écria Julien fondant en larmes. Il s'éloigna un peu, et couvrit sa main de baisers de flamme. Qui me l'eût dit la dernière fois que je te vis, dans ta chambre, à Verrières[3] ?…

– Qui m'eût dit alors que j'écrirais à M. de La Mole cette lettre infâme ?…

– Sache que je t'ai toujours aimée, que je n'ai aimé que toi.

– Est-il bien possible ! s'écria Mme de Rênal, ravie à son tour. Elle s'appuya sur Julien, qui était à ses genoux, et longtemps ils pleurèrent en silence. À aucune époque de sa vie, Julien n'avait trouvé un moment pareil.

Bien longtemps après, quand on put parler :

– Et cette jeune Mme Michelet[4], dit Mme de Rênal ou plutôt cette Mlle de La Mole, car je commence en vérité à croire cet étrange roman !

– Il n'est vrai qu'en apparence, répondit Julien. C'est ma femme, mais ce n'est pas ma maîtresse…

En s'interrompant cent fois l'un l'autre, ils parvinrent à grand-peine à se raconter ce qu'ils ignoraient. La lettre écrite à M. de La Mole avait été faite par le jeune prêtre qui dirigeait la conscience de Mme de Rênal, et ensuite copiée par elle.

– Quelle horreur m'a fait commettre la religion ! lui disait-elle ; et encore j'ai adouci les passages les plus affreux de cette lettre…

* *Cf.* Lexique.

Les transports et le bonheur de Julien lui prouvaient combien il lui pardonnait. Jamais il n'avait été aussi fou d'amour.

Stendhal, extrait du *Rouge et le Noir* (II, 43), 1830.

1. Julien refuse de faire appel de son jugement. **2.** Allusion à un conte de La Fontaine où un démon s'incarne et vit un enfer avec sa femme. **3.** Petite ville d'où est originaire Julien et où réside Mme de Rênal. **4.** Mathilde vient voir Julien sous le nom de Mme Michelet.

Texte E : Gustave Flaubert, *L'Éducation sentimentale*

L'Éducation sentimentale suit l'évolution de Frédéric Moreau, jeune provincial qui monte à Paris en 1840 pour y faire ses études. Il y sera confronté à une grande passion pour Mme Arnoux, qui ne connaîtra jamais d'accomplissement, et à une période historique troublée, dans laquelle il ne parviendra jamais à trouver sa place. À l'extrême fin du roman, Frédéric revoit Mme Arnoux après plusieurs années.

Vers la fin de mars 1867, à la nuit tombante, comme il était seul dans son cabinet, une femme entra.

– Madame Arnoux !

– Frédéric !

Elle le saisit par les mains, l'attira doucement vers la fenêtre, et elle le considérait tout en répétant :

– C'est lui ! C'est donc lui !

Dans la pénombre du crépuscule, il n'apercevait que ses yeux sous la voilette de dentelle noire qui masquait sa figure.

Quand elle eut déposé au bord de la cheminée un petit portefeuille de velours grenat, elle s'assit. Tous deux restèrent sans pouvoir parler, se souriant l'un à l'autre.

Enfin, il lui adressa quantité de questions sur elle et son mari.

Ils habitaient le fond de la Bretagne, pour vivre économiquement et payer leurs dettes. Arnoux, presque toujours malade, semblait un vieillard maintenant. Sa fille était mariée à Bordeaux, et son fils en garnison à Mostaganem. Puis elle releva la tête :

– Mais je vous revois ! Je suis heureuse !

Il ne manqua pas de lui dire qu'à la nouvelle de leur catastrophe[1], il était accouru chez eux.

– Je le savais !

– Comment ?

Elle l'avait aperçu dans la cour, et s'était cachée.

– Pourquoi ?

Alors, d'une voix tremblante, et avec de longs intervalles entre ses mots :

– J'avais peur ! Oui... peur de vous... de moi !

Cette révélation lui donna comme un saisissement de volupté. Son cœur battait à grands coups.

[Les deux personnages font une courte promenade dans la rue.]

Quand ils rentrèrent, Mme Arnoux ôta son chapeau. La lampe, posée sur une console, éclaira ses cheveux blancs. Ce fut comme un heurt en pleine poitrine.

Pour lui cacher cette déception, il se posa par terre à ses genoux, et, prenant ses mains, se mit à lui dire des tendresses.

– Votre personne, vos moindres mouvements me semblaient avoir dans le monde une importance extra-humaine. Mon cœur, comme de la poussière, se soulevait derrière vos pas. Vous me faisiez l'effet d'un clair de lune par une nuit d'été, quand tout est parfums, ombres douces, blancheurs, infini ; et les délices de la chair et de l'âme étaient contenues pour moi dans votre nom que je me répétais, en tâchant de le baiser sur mes lèvres. Je n'imaginais rien au-delà. C'était Mme Arnoux telle que vous étiez, avec ses deux enfants, tendre, sérieuse, belle à éblouir, et si bonne ! Cette image-là effaçait toutes les autres. Est-ce que j'y pensais, seulement ! puisque j'avais toujours au fond de moi-même la musique de votre voix et la splendeur de vos yeux !

Elle acceptait avec ravissement ces adorations pour la femme qu'elle n'était plus. Frédéric, se grisant par ses paroles, arrivait à croire ce qu'il disait. Mme Arnoux, le dos tourné à la lumière, se penchait vers lui. Il sentait sur son front la caresse de son haleine, à travers ses vêtements le contact indécis de tout son corps. Leurs mains se serrèrent [...].

Onze heures sonnèrent.

– Déjà ! dit-elle ; au quart, je m'en irai.

Elle se rassit ; mais elle observait la pendule, et il continuait à marcher en fumant. Tous les deux ne trouvaient plus rien à se dire. Il y a un moment, dans les séparations, où la personne aimée n'est déjà plus avec nous.

Enfin, l'aiguille ayant dépassé les vingt-cinq minutes, elle prit son chapeau par les brides, lentement.

– Adieu, mon ami, mon cher ami ! Je ne vous reverrai jamais ! C'était ma dernière démarche de femme. Mon âme ne vous quittera pas. Que toutes les bénédictions du ciel soient sur vous !

Et elle le baisa au front comme une mère.

Mais elle parut chercher quelque chose, et lui demanda des ciseaux.

Elle défit son peigne ; tous ses cheveux blancs tombèrent.

Elle s'en coupa, brutalement, à la racine, une longue mèche.

– Gardez-les ! Adieu !

Quand elle fut sortie, Frédéric ouvrit sa fenêtre ; Mme Arnoux, sur le trottoir, fit signe d'avancer à un fiacre qui passait. Elle monta dedans. La voiture disparut.

Et ce fut tout.

Gustave Flaubert, extrait de L'Éducation sentimentale (III, 6), 1869.

1. La faillite de son mari.

Corpus

Texte A : Extrait de *Manon Lescaut* de l'abbé Prévost (p. 53, l. 848, à p. 55, l. 915).

Texte B : Extrait du *Roman de Chairéas et Callirhoé* de Chariton (pp. 58-60).

Texte C : Extrait de *Candide* de Voltaire (pp. 60-61).

Texte D : Extrait du *Rouge et le Noir* de Stendhal (pp. 61-63).

Texte E : Extrait de *L'Éducation sentimentale* de Gustave Flaubert (pp. 63-65).

Examen des textes

❶ Quels sont les éléments du texte B (le *topos**) originel) repris dans les textes A et D ?

❷ En quoi l'extrait de Voltaire (texte C) constitue-t-il une subversion du *topos* ?

❸ Comment les retrouvailles fortifient-elles l'amour entre Julien et Mme de Rênal (texte D) ?

❹ Montrez en quoi les retrouvailles entre Frédéric et Mme Arnoux constituent une déception (texte E).

* *Cf.* Lexique.

.... **Travaux d'écriture** ....

Question préliminaire

Comment les auteurs de ces cinq extraits utilisent-ils le *topos**
des retrouvailles pour illustrer différentes conceptions de
l'amour ?

Commentaire

Vous ferez le commentaire de l'extrait du *Rouge et le Noir* de
Stendhal (texte D).

Dissertation

Dans quelle mesure l'émotion contribue-t-elle au plaisir et à
l'intérêt d'un roman ? Pour répondre à cette question, vous vous
appuierez sur les textes du corpus ainsi que sur vos lectures
personnelles.

Écriture d'invention

Réécrivez l'extrait de *Candide* de Voltaire (texte C) en en
gardant tous les éléments narratifs, mais en le transformant en
une scène de retrouvailles conforme au *topos* traditionnel, qui
magnifie l'amour des deux héros. Vous utiliserez le point de vue
d'un narrateur omniscient*.

* Cf. Lexique.

En lui promettant néanmoins un oubli général de ses fautes, je voulus être informé de quelle manière elle s'était laissé séduire par B... Elle m'apprit que, l'ayant vue à sa fenêtre, il était devenu passionné pour elle ; qu'il avait fait sa déclaration en fermier général, 920 c'est-à-dire en lui marquant dans une lettre que le paiement serait proportionné aux faveurs ; qu'elle avait capitulé d'abord, mais sans autre dessein que de tirer de lui quelque somme considérable, qui pût servir à nous faire vivre commodément ; qu'il l'avait éblouie par de si magnifiques promesses, qu'elle s'était laissé ébranler par degrés ; 925 que je devais juger pourtant de ses remords par la douleur dont elle m'avait laissé voir des témoignages, la veille de notre séparation ; que malgré l'opulence dans laquelle il l'avait entretenue, elle n'avait jamais goûté de bonheur avec lui, non seulement parce qu'elle n'y trouvait point, me dit-elle, la délicatesse de mes sentiments et 930 l'agrément de mes manières ; mais parce qu'au milieu même des plaisirs qu'il lui procurait sans cesse, elle portait au fond du cœur le souvenir de mon amour et le remords de son infidélité. Elle me parla de Tiberge et de la confusion extrême que sa visite lui avait causée. Un coup d'épée dans le cœur, ajouta-t-elle, m'aurait moins ému le 935 sang. Je lui tournai le dos, sans pouvoir soutenir un moment sa présence. Elle continua de me raconter par quels moyens elle avait été instruite de mon séjour à Paris, du changement de ma condition, et de mes exercices de Sorbonne. Elle m'assura qu'elle avait été si agitée pendant la dispute[1], qu'elle avait eu beaucoup de peine, non 940 seulement à retenir ses larmes, mais ses gémissements mêmes et ses cris, qui avaient été plus d'une fois sur le point d'éclater. Enfin, elle me dit qu'elle était sortie de ce lieu la dernière, pour cacher son désordre[2], et que ne suivant que le mouvement de son cœur et l'impétuosité[3] de ses désirs, elle était venue droit au séminaire, avec 945 la résolution d'y mourir, si elle ne me trouvait pas disposé à lui pardonner.

notes

1. dispute : échange d'arguments contradictoires sur un sujet donné ; c'est en quoi consiste l'exercice de théologie que vient d'effectuer Des Grieux.

2. désordre : ici au sens d'« émotion ».
3. impétuosité : vivacité.

Où trouver un barbare qu'un repentir si vif et si tendre n'eût pas touché ? Pour moi, je sentis dans ce moment que j'aurais sacrifié pour Manon tous les évêchés[1] du monde chrétien. Je lui demandai quel

950 nouvel ordre elle jugeait à propos de mettre dans nos affaires. Elle me dit qu'il fallait sur-le-champ sortir du séminaire, et remettre[2] à nous arranger dans un lieu plus sûr. Je consentis à toutes ses volontés sans réplique. Elle entra dans son carrosse, pour aller m'attendre au coin de la rue. Je m'échappai un moment après, sans être aperçu du

955 portier. Je montai avec elle. Nous passâmes à la friperie[3]. Je repris les galons[4] et l'épée. Manon fournit aux frais, car j'étais sans un sou ; et dans la crainte que je ne trouvasse de l'obstacle à ma sortie de Saint-Sulpice, elle n'avait pas voulu que je retournasse un moment à ma chambre pour y prendre mon argent. Mon trésor d'ailleurs était

960 médiocre[5], et elle assez riche des libéralités de B... pour mépriser ce qu'elle me faisait abandonner. Nous conférâmes[6], chez le fripier même, sur le parti que nous allions prendre. Pour me faire valoir davantage le sacrifice qu'elle me faisait de B..., elle résolut de ne pas garder avec lui le moindre ménagement. Je veux lui laisser ses

965 meubles, dit-elle, ils sont à lui ; mais j'emporterai, comme de justice, les bijoux et près de soixante mille francs que j'ai tirés de lui depuis deux ans. Je ne lui ai donné nul pouvoir sur moi, ajouta-t-elle ; ainsi nous pouvons demeurer sans crainte à Paris, en prenant une maison commode, où nous vivrons heureusement. Je lui représentai que, s'il

970 n'y avait point de péril pour elle, il y en avait beaucoup pour moi, qui ne manquerais point tôt ou tard d'être reconnu, et qui serais continuellement exposé au malheur que j'avais déjà essuyé. Elle me fit entendre qu'elle aurait du regret à quitter Paris. Je craignais tant de la chagriner, qu'il n'y avait point de hasards[7] que je ne méprisasse

---

notes

1. évêchés : circonscriptions ecclésiastiques placées sous l'autorité d'évêques.
2. remettre : remettre à plus tard.
3. friperie : boutique où l'on vend des vêtements neufs ou d'occasion. Des Grieux doit se débarrasser de son costume de séminariste pour reprendre l'habit civil.

4. galons : bandes de tissu qui ornent les vêtements et servent souvent de signes de distinction d'un statut social.
5. médiocre : moyen.
6. conférâmes : discutâmes.
7. hasards : risques.

975 pour lui plaire ; cependant nous trouvâmes un tempérament[1] raisonnable, qui fut de louer une maison dans quelque village voisin de
Paris, d'où il nous serait aisé d'aller à la ville, lorsque le plaisir ou le
besoin nous y appellerait. Nous choisîmes Chaillot[2], qui n'en est pas
éloigné. Manon retourna sur-le-champ chez elle. J'allai l'attendre à la
980 petite porte du jardin des Tuileries. Elle revint une heure après, dans
un carrosse de louage[3], avec une fille qui la servait, et quelques malles
où ses habits et tout ce qu'elle avait de précieux était renfermé.

Nous ne tardâmes point à gagner Chaillot. Nous logeâmes la
première nuit à l'auberge, pour nous donner le temps de chercher
985 une maison, ou du moins un appartement commode. Nous en
trouvâmes, dès le lendemain, un de notre goût.

Mon bonheur me parut d'abord établi d'une manière inébranlable.
Manon était la douceur et la complaisance même. Elle avait pour moi
des attentions si délicates, que je me crus trop parfaitement dédom-
990 magé de toutes mes peines. Comme nous avions acquis tous deux un
peu d'expérience, nous raisonnâmes sur la solidité de notre fortune.

Soixante mille francs, qui faisaient le fond de nos richesses,
n'étaient pas une somme qui pût s'étendre autant que le cours d'une
longue vie. Nous n'étions pas disposés d'ailleurs à resserrer trop notre
995 dépense. La première vertu de Manon, non plus que la mienne,
n'était pas l'économie. Voici le plan que je me proposai : Soixante
mille francs, lui dis-je, peuvent nous soutenir pendant dix ans. Deux
mille écus nous suffiront chaque année, si nous continuons de vivre
à Chaillot. Nous y mènerons une vie honnête, mais simple. Notre
1000 unique dépense sera pour l'entretien d'un carrosse, et pour les
spectacles. Nous nous réglerons[4]. Vous aimez l'opéra : nous irons
deux fois la semaine. Pour le jeu, nous nous bornerons tellement que
nos pertes ne passeront jamais deux pistoles. Il est impossible que dans
l'espace de dix ans, il n'arrive point de changement dans ma famille ;
1005 mon père est âgé, il peut mourir. Je me trouverai du bien, et nous
serons alors au-dessus de toutes nos autres craintes.

notes

1. **tempérament** : solution mesurée.
2. **Chaillot**, actuellement quartier du 16e arrondissement de Paris, était à l'époque un village à quelque distance de la capitale. Prévost lui-même s'y installera en 1746.
3. **louage** : location.
4. **réglerons** : modérerons.

Cet arrangement n'eût pas été la plus folle action de ma vie, si nous eussions été assez sages pour nous y assujettir[1] constamment. Mais nos résolutions ne durèrent guère plus d'un mois. Manon était passionnée pour le plaisir. Je l'étais pour elle. Il nous naissait, à tous moments, de nouvelles occasions de dépense ; et loin de regretter les sommes qu'elle employait quelquefois avec profusion, je fus le premier à lui procurer tout ce que je croyais propre à lui plaire. Notre demeure de Chaillot commença même à lui devenir à charge. L'hiver approchait ; tout le monde retournait à la ville, et la campagne devenait déserte. Elle me proposa de reprendre une maison à Paris. Je n'y consentis point ; mais pour la satisfaire en quelque chose, je lui dis que nous pouvions y louer un appartement meublé, et que nous y passerions la nuit lorsqu'il nous arriverait de quitter trop tard l'assemblée[2] où nous allions plusieurs fois la semaine ; car l'incommodité de revenir si tard à Chaillot était le prétexte qu'elle apportait pour le vouloir quitter. Nous nous donnâmes ainsi deux logements, l'un à la ville, et l'autre à la campagne. Ce changement mit bientôt le dernier désordre dans nos affaires, en faisant naître deux aventures qui causèrent notre ruine.

Manon avait un frère, qui était garde du corps[3]. Il se trouva malheureusement logé, à Paris, dans la même rue que nous. Il reconnut sa sœur, en la voyant le matin à sa fenêtre. Il accourut aussitôt chez nous. C'était un homme brutal, et sans principes d'honneur. Il entra dans notre chambre en jurant horriblement ; et comme il savait une partie des aventures de sa sœur, il l'accabla d'injures et de reproches. J'étais sorti un moment auparavant, ce qui fut sans doute un bonheur pour lui ou pour moi, qui n'étais rien moins que[4] disposé à souffrir une insulte. Je ne retournai au logis qu'après son départ. La tristesse de Manon me fit juger qu'il s'était passé quelque chose d'extraordinaire. Elle me raconta la scène fâcheuse qu'elle venait d'essuyer, et les menaces brutales de son frère. J'en eus tant de ressentiment, que j'eusse couru sur-le-champ à la

vengeance si elle ne m'eût arrêté par ses larmes. Pendant que je
040   m'entretenais avec elle de cette aventure, le garde du corps rentra
dans la chambre où nous étions, sans s'être fait annoncer. Je ne l'aurais
pas reçu aussi civilement[1] que je fis, si je l'eusse connu ; mais nous
ayant salués d'un air riant, il eut le temps de dire à Manon qu'il venait
lui faire des excuses de son emportement ; qu'il l'avait crue dans le
045   désordre, et que cette opinion avait allumé sa colère ; mais que s'étant
informé qui j'étais, d'un de nos domestiques, il avait appris de moi
des choses si avantageuses, qu'elles lui faisaient désirer de bien vivre
avec nous. Quoique cette information, qui lui venait d'un de mes
laquais, eût quelque chose de bizarre et de choquant, je reçus son
050   compliment avec honnêteté[2]. Je crus faire plaisir à Manon. Elle
paraissait charmée de le voir porté à se réconcilier. Nous le retînmes
à dîner. Il se rendit en peu de moments si familier, que nous ayant
entendus parler de notre retour à Chaillot, il voulut absolument nous
tenir compagnie. Il fallut lui donner une place dans notre carrosse. Ce
055   fut une prise de possession, car il s'accoutuma bientôt à nous voir
avec tant de plaisir, qu'il fit sa maison de la nôtre et qu'il se rendit le
maître, en quelque sorte, de tout ce qui nous appartenait. Il m'appelait son frère ; et sous prétexte de la liberté fraternelle, il se mit sur le
pied[3] d'amener tous ses amis dans notre maison de Chaillot, et de les
060   y traiter[4] à nos dépens. Il se fit habiller magnifiquement à nos frais. Il
nous engagea même à payer toutes ses dettes. Je fermais les yeux sur
cette tyrannie, pour ne pas déplaire à Manon ; jusqu'à feindre de ne
pas m'apercevoir qu'il tirait d'elle, de temps en temps, des sommes
considérables. Il est vrai qu'étant grand joueur, il avait la fidélité de lui
065   en remettre une partie lorsque la fortune le favorisait ; mais la nôtre
était trop médiocre pour fournir longtemps à des dépenses si peu
modérées. J'étais sur le point de m'expliquer fortement avec lui, pour
nous délivrer de ses importunités, lorsqu'un funeste accident
m'épargna cette peine, en nous en causant une autre qui nous abîma[5]
070   sans ressource.

notes
....

1. **civilement** : poliment.
2. **honnêteté** : politesse.
3. **il se mit sur le pied** : il se mit dans la situation.

4. **traiter** : recevoir.
5. **abîma** : fit sombrer.

Nous étions demeurés un jour à Paris, pour y coucher, comme il nous arrivait fort souvent. La servante, qui restait seule à Chaillot dans ces occasions, vint m'avertir le matin que le feu avait pris pendant la nuit dans ma maison, et qu'on avait eu beaucoup de
1075 difficulté à l'éteindre. Je lui demandai si nos meubles avaient souffert quelque dommage ; elle me répondit qu'il y avait eu une si grande confusion, causée par la multitude d'étrangers qui étaient venus au secours, qu'elle ne pouvait être assurée de rien. Je tremblai pour notre argent, qui était renfermé dans une petite caisse. Je me rendis
1080 promptement à Chaillot. Diligence inutile, la caisse avait disparu. J'éprouvai alors qu'on peut aimer l'argent sans être avare. Cette perte me pénétra d'une si vive douleur, que j'en pensai perdre la raison. Je compris tout d'un coup à quels nouveaux malheurs j'allais me trouver exposé ; l'indigence[1] était le moindre. Je connaissais Manon ;
1085 je n'avais déjà que trop éprouvé que quelque fidèle et quelque attachée qu'elle me fût[2] dans la bonne fortune, il ne fallait pas compter sur elle dans la misère. Elle aimait trop l'abondance et les plaisirs pour me les sacrifier. Je la perdrai, m'écriai-je. Malheureux Chevalier ! tu vas donc perdre encore tout ce que tu aimes ! Cette
1090 pensée me jeta dans un trouble si affreux, que je balançai, pendant quelques moments, si je ne ferais pas mieux de finir tous mes maux par la mort. Cependant je conservai assez de présence d'esprit pour vouloir examiner auparavant s'il ne me restait nulle ressource. Le Ciel me fit naître une idée, qui arrêta mon désespoir. Je crus qu'il ne
1095 me serait pas impossible de cacher notre perte à Manon, et que par industrie[3], ou par quelque faveur du hasard, je pourrais fournir assez honnêtement[4] à son entretien, pour l'empêcher de sentir la nécessité. J'ai compté, disais-je pour me consoler, que vingt mille écus nous suffiraient pendant dix ans : supposons que les dix ans soient écoulés,
1100 et que nul des changements que j'espérais ne soit arrivé dans ma famille. Quel parti prendrais-je ? Je ne le sais pas trop bien, mais ce que je ferais alors, qui m'empêche de le faire aujourd'hui ? Combien

notes

1. **indigence** : pauvreté.
2. **quelque fidèle et quelque attachée qu'elle me fût** : bien qu'elle me fût fidèle et attachée.
3. **industrie** : ingéniosité.
4. **assez honnêtement** : convenablement.

de personnes vivent à Paris, qui n'ont ni mon esprit, ni mes qualités
naturelles, et qui doivent néanmoins leur entretien à leurs talents, tels
105 qu'ils les ont ! La Providence, ajoutais-je, en réfléchissant sur les
différents états de la vie, n'a-t-elle pas arrangé les choses fort sage-
ment ? La plupart des grands et des riches sont des sots : cela est clair
à qui connaît un peu le monde. Or il y a là-dedans une justice
admirable. S'ils joignaient l'esprit aux richesses, ils seraient trop
110 heureux, et le reste des hommes trop misérable. Les qualités du corps
et de l'âme sont accordées à ceux-ci, comme des moyens pour se tirer
de la misère et de la pauvreté. Les uns prennent part aux richesses des
grands, en servant à leurs plaisirs ; ils en font des dupes ; d'autres
servent à leur instruction, ils tâchent d'en faire d'honnêtes gens ; il est
115 rare, à la vérité, qu'ils y réussissent, mais ce n'est pas là le but de la
divine Sagesse : ils tirent toujours un fruit de leurs soins, qui est de
vivre aux dépens de ceux qu'ils instruisent ; et de quelque façon
qu'on le prenne, c'est un fond excellent de revenu pour les petits,
que la sottise des riches et des grands.

120 Ces pensées me remirent un peu le cœur et la tête. Je résolus
d'abord d'aller consulter M. Lescaut, frère de Manon. Il connaissait
parfaitement Paris ; et je n'avais eu que trop d'occasions de reconnaître que ce n'était ni de son bien, ni de la paye du roi qu'il tirait son
plus clair revenu. Il me restait à peine vingt pistoles, qui s'étaient
125 trouvées heureusement dans ma poche. Je lui montrai ma bourse, en
lui expliquant mon malheur et mes craintes ; et je lui demandai s'il y
avait pour moi un parti à choisir, entre celui de mourir de faim, ou
de me casser la tête de désespoir. Il me répondit que se casser la tête
était la ressource des sots ; pour mourir de faim, qu'il y avait quantité
130 de gens d'esprit qui s'y voyaient réduits, quand ils ne voulaient pas
faire usage de leurs talents ; que c'était à moi d'examiner de quoi
j'étais capable ; qu'il m'assurait de son secours et de ses conseils, dans
toutes mes entreprises.

Cela est bien vague, M. Lescaut, lui dis-je ; mes besoins deman-
135 deraient un remède plus présent ; car que voulez-vous que je dise à
Manon ? À propos de Manon, reprit-il, qu'est-ce qui vous embar-
rasse ? N'avez-vous pas toujours avec elle, de quoi finir vos inquiétudes quand vous le voudrez ? Une fille comme elle devrait nous

entretenir, vous, elle et moi. Il me coupa la réponse que cette
1140 impertinence méritait, pour continuer de me dire qu'il me garantissait avant le soir mille écus à partager entre nous, si je voulais suivre
son conseil ; qu'il connaissait un seigneur, si libéral sur le chapitre des
plaisirs, qu'il était sûr que mille écus ne lui coûteraient rien pour
obtenir les faveurs d'une fille telle que Manon. Je l'arrêtai. J'avais
1145 meilleure opinion de vous, lui répondis-je ; je m'étais figuré que le
motif que vous aviez eu pour m'accorder votre amitié, était un
sentiment tout opposé à celui où vous êtes maintenant. Il me confessa
impudemment[1] qu'il avait toujours pensé de même, et que sa sœur
ayant une fois violé les lois de son sexe, quoique en faveur de
1150 l'homme qu'il aimait le plus, il ne s'était réconcilié avec elle que dans
l'espérance de tirer parti de sa mauvaise conduite. Il me fut aisé de
juger que jusqu'alors, nous avions été ses dupes. Quelque émotion
néanmoins que ce discours m'eût causée, le besoin que j'avais de lui
m'obligea de répondre en riant, que son conseil était une dernière
1155 ressource, qu'il fallait remettre à l'extrémité. Je le priai de m'ouvrir
quelque autre voie. Il me proposa de profiter de ma jeunesse et de la
figure avantageuse que j'avais reçue de la nature, pour me mettre en
liaison[2] avec quelque dame vieille et libérale. Je ne goûtai pas non
plus ce parti, qui m'aurait rendu infidèle à Manon ; je lui parlai du
1160 jeu, comme du moyen le plus facile, et le plus convenable à ma
situation. Il me dit que le jeu, à la vérité, était une ressource ; mais que
cela demandait d'être expliqué ; qu'entreprendre de jouer simplement, avec les espérances communes, c'était le vrai moyen d'achever
ma perte ; que de prétendre exercer seul, et sans être soutenu, les
1165 petits moyens qu'un habile homme emploie pour corriger la fortune,
était un métier trop dangereux ; qu'il y avait une troisième voie, qui
était celle de l'Association[3], mais que ma jeunesse lui faisait craindre
que Messieurs les Confédérés ne me jugeassent point encore les
qualités propres à la Ligue. Il me promit néanmoins ses bons offices
1170 auprès d'eux ; et ce que je n'aurais pas attendu de lui, il m'offrit

notes ....

1. impudemment : avec effronterie, avec
cynisme.
2. me mettre en liaison : avoir une liaison.

3. L'Association (ou la Ligue de l'industrie, ou
les Confédérés) est une association de tricheurs
professionnels.

quelque argent, lorsque je me trouverais pressé du besoin. L'unique grâce que je lui demandai, dans les circonstances, fut de ne rien apprendre à Manon de la perte que j'avais faite, et du sujet de notre conversation.

Je sortis de chez lui, moins satisfait encore que je n'y étais entré. Je me repentis même de lui avoir confié mon secret. Il n'avait rien fait, pour moi, que je n'eusse pu obtenir de même sans cette ouverture, et je craignais mortellement qu'il ne manquât à la promesse qu'il m'avait faite de ne rien découvrir à Manon. J'avais lieu d'appréhender aussi, par la déclaration de ses sentiments, qu'il ne formât le dessein de tirer parti d'elle, suivant ses propres termes, en l'enlevant de mes mains ; ou du moins, en lui conseillant de me quitter, pour s'attacher à quelque amant plus riche et plus heureux. Je fis là-dessus mille réflexions, qui n'aboutirent qu'à me tourmenter et à renouveler le désespoir où j'avais été le matin. Il me vint plusieurs fois à l'esprit d'écrire à mon père, et de feindre une nouvelle conversion, pour obtenir de lui quelque secours d'argent ; mais je me rappelai aussitôt que malgré toute sa bonté, il m'avait resserré[1] six mois dans une étroite prison, pour ma première faute ; j'étais bien sûr qu'après un éclat tel que l'avait dû causer ma fuite de Saint-Sulpice, il me traiterait beaucoup plus rigoureusement. Enfin, cette confusion de pensées en produisit une qui remit le calme tout d'un coup dans mon esprit, et que je m'étonnai de n'avoir pas eue plus tôt. Ce fut de recourir à mon ami Tiberge, dans lequel j'étais bien certain de retrouver toujours le même fond de zèle et d'amitié. Rien n'est plus admirable et ne fait plus d'honneur à la vertu, que la confiance avec laquelle on s'adresse aux personnes dont on connaît parfaitement la probité[2]. On sent qu'il n'y a point de risque à courir. Si elles ne sont pas toujours en état d'offrir du secours, on est sûr qu'on en obtiendra du moins de la bonté et de la compassion. Le cœur, qui se ferme avec tant de soin au reste des hommes, s'ouvre naturellement en leur présence, comme une fleur s'épanouit à la lumière du soleil, dont elle n'attend qu'une douce influence.

ɔteſ

1. resserré : enfermé.   **2. probité** : honnêteté.

Je regardai comme un effet de la protection du Ciel de m'être
1205   souvenu si à propos de Tiberge, et je résolus de chercher les moyens
de le voir avant la fin du jour. Je retournai sur-le-champ au logis,
pour lui écrire un mot, et lui marquer un lieu propre à notre
entretien. Je lui recommandai le silence et la discrétion, comme un
des plus importants services qu'il pût me rendre, dans la situation de
1210   mes affaires. La joie que l'espérance de le voir m'inspirait effaça les
traces du chagrin que Manon n'aurait pas manqué d'apercevoir sur
mon visage. Je lui parlai de notre malheur de Chaillot comme d'une
bagatelle[1] qui ne devait pas l'alarmer ; et Paris étant le lieu du monde
où elle se voyait avec le plus de plaisir, elle ne fut pas fâchée de
1215   m'entendre dire qu'il était à propos d'y demeurer, jusqu'à ce qu'on
eût réparé, à Chaillot, quelques légers effets de l'incendie. Une heure
après, je reçus la réponse de Tiberge, qui me promettait de se rendre
au lieu de l'assignation[2]. J'y courus avec impatience. Je sentais
néanmoins quelque honte d'aller paraître aux yeux d'un ami, dont la
1220   seule présence devait être un reproche de mes désordres ; mais
l'opinion que j'avais de la bonté de son cœur, et l'intérêt de Manon,
soutinrent ma hardiesse.

Je l'avais prié de se trouver au jardin du Palais-Royal. Il y était avant
moi. Il vint m'embrasser, aussitôt qu'il m'eut aperçu. Il me tint serré
1225   longtemps entre ses bras, et je sentis mon visage mouillé de ses larmes.
Je lui dis que je ne me présentais à lui qu'avec confusion, et que je
portais dans le cœur un vif sentiment de mon ingratitude ; que la
première chose dont je le conjurais était de m'apprendre s'il m'était
encore permis de le regarder comme mon ami, après avoir mérité si
1230   justement de perdre son estime et son affection. Il me répondit, du
ton le plus tendre, que rien n'était capable de le faire renoncer à cette
qualité ; que mes malheurs mêmes, et si je lui permettais de le dire,
mes fautes et mes désordres, avaient redoublé sa tendresse pour moi ;
mais que c'était une tendresse mêlée de la plus vive douleur, telle
1235   qu'on la sent pour une personne chère, qu'on voit toucher à sa perte
sans pouvoir la secourir.

notes ....

| **1. bagatelle** : fait sans importance. | **2. assignation** : rendez-vous.

Nous nous assîmes sur un banc. Hélas ! lui dis-je, avec un soupir parti du fond du cœur, votre compassion doit être excessive, mon cher Tiberge, si vous m'assurez qu'elle est égale à mes peines. J'ai honte de vous les laisser voir, car je confesse que la cause n'en est pas glorieuse, mais l'effet en est si triste, qu'il n'est pas besoin de m'aimer autant que vous faites pour en être attendri. Il me demanda, comme une marque d'amitié, de lui raconter sans déguisement ce qui m'était arrivé depuis mon départ de Saint-Sulpice. Je le satisfis ; et loin d'altérer[1] quelque chose à la vérité, ou de diminuer mes fautes pour les faire trouver plus excusables, je lui parlai de ma passion avec toute la force qu'elle m'inspirait. Je la lui représentai comme un de ces coups particuliers du destin, qui s'attache à la ruine d'un misérable, et dont il est aussi impossible à la vertu de se défendre, qu'il l'a été à la sagesse de les prévoir. Je lui fis une vive peinture de mes agitations, de mes craintes, du désespoir où j'étais deux heures avant que de le voir, et de celui dans lequel j'allais retomber, si j'étais abandonné par mes amis aussi impitoyablement que par la fortune ; enfin, j'attendris tellement le bon Tiberge, que je le vis aussi affligé par la compassion, que je l'étais par le sentiment de mes peines. Il ne se lassait point de m'embrasser, et de m'exhorter à prendre du courage et de la consolation ; mais comme il supposait toujours qu'il fallait me séparer de Manon, je lui fis entendre nettement que c'était cette séparation même que je regardais comme la plus grande de mes infortunes ; et que j'étais disposé à souffrir, non seulement le dernier excès de la misère, mais la mort la plus cruelle, avant que de recevoir un remède plus insupportable que tous mes maux ensemble.

Expliquez-vous donc, me dit-il : quelle espèce de secours suis-je capable de vous donner, si vous vous révoltez contre toutes mes propositions ? Je n'osais lui déclarer que c'était de sa bourse que j'avais besoin. Il le comprit pourtant à la fin ; et m'ayant confessé qu'il croyait m'entendre, il demeura quelque temps suspendu, avec l'air d'une personne qui balance. Ne croyez pas, reprit-il bientôt, que ma rêverie vienne d'un refroidissement de zèle et d'amitié. Mais à quelle alternative me réduisez-vous, s'il faut que je vous refuse le seul

---

. **altérer :** changer.

secours que vous voulez accepter, ou que je blesse mon devoir en vous l'accordant ? car n'est-ce pas prendre part à votre désordre, que de vous y faire persévérer ? Cependant, continua-t-il après avoir réfléchi un moment, je m'imagine que c'est peut-être l'état violent

1275 où l'indigence vous jette, qui ne vous laisse pas assez de liberté pour choisir le meilleur parti ; il faut un esprit tranquille pour goûter la sagesse et la vérité. Je trouverai le moyen de vous faire avoir quelque argent. Permettez-moi, mon cher Chevalier, ajouta-t-il en m'embrassant, d'y mettre seulement une condition : c'est que vous

1280 m'apprendrez le lieu de votre demeure, et que vous souffrirez que je fasse du moins mes efforts pour vous ramener à la vertu, que je sais que vous aimez, et dont il n'y a que la violence de vos passions qui vous écarte. Je lui accordai sincèrement tout ce qu'il souhaitait, et je le priai de plaindre la malignité[1] de mon sort, qui me faisait profiter

1285 si mal des conseils d'un ami si vertueux. Il me mena aussitôt chez un banquier de sa connaissance, qui m'avança cent pistoles sur son billet[2], car il n'était rien moins qu'en argent comptant. J'ai déjà dit qu'il n'était pas riche. Son bénéfice valait mille écus, mais comme c'était la première année qu'il le possédait, il n'avait encore rien

1290 touché du revenu : c'était sur les fruits futurs qu'il me faisait cette avance.

Je sentis tout le prix de sa générosité. J'en fus touché, jusqu'au point de déplorer l'aveuglement d'un amour fatal, qui me faisait violer tous les devoirs. La vertu eut assez de force, pendant quelques moments,

1295 pour s'élever dans mon cœur contre ma passion, et j'aperçus du moins, dans cet instant de lumière, la honte et l'indignité de mes chaînes. Mais ce combat fut léger et dura peu. La vue de Manon m'aurait fait précipiter du ciel, et je m'étonnai, en me retrouvant près d'elle, que j'eusse pu traiter un moment de honteuse, une tendresse

1300 si juste pour un objet si charmant.

Manon était une créature d'un caractère extraordinaire. Jamais fille n'eut moins d'attachement qu'elle pour l'argent, mais elle ne pouvait être tranquille un moment avec la crainte d'en manquer. C'était du

passage analysé

notes

| **1. malignité** : malheur. | **2. billet** : reconnaissance de dette.

plaisir et des passe-temps qu'il lui fallait. Elle n'eût jamais voulu
toucher un sou, si l'on pouvait se divertir sans qu'il en coûte. Elle ne
s'informait pas même quel était le fonds[1] de nos richesses, pourvu
qu'elle pût passer agréablement la journée ; de sorte que, n'étant ni
excessivement livrée au jeu, ni capable d'être éblouie par le faste des
grandes dépenses, rien n'était plus facile que de la satisfaire, en lui
faisant naître tous les jours des amusements de son goût. Mais c'était
une chose si nécessaire pour elle d'être ainsi occupée par le plaisir,
qu'il n'y avait pas le moindre fond à faire, sans cela, sur son humeur
et sur ses inclinations. Quoiqu'elle m'aimât tendrement, et que je
fusse le seul, comme elle en convenait volontiers, qui pût lui faire
goûter parfaitement les douceurs de l'amour, j'étais presque certain
que sa tendresse ne tiendrait point contre de certaines[2] craintes. Elle
m'aurait préféré à toute la terre avec une fortune médiocre ; mais
je ne doutais nullement qu'elle ne m'abandonnât pour quelque
nouveau B... lorsqu'il ne me resterait que de la constance et de la
fidélité à lui offrir. Je résolus donc de régler si bien ma dépense
particulière, que je fusse toujours en état de fournir aux siennes, et de
me priver plutôt de mille choses nécessaires que de la borner[3] même
pour le superflu. Le carrosse m'effrayait plus que tout le reste, car il
n'y avait point d'apparence de pouvoir entretenir des chevaux et un
cocher. Je découvris ma peine à M. Lescaut. Je ne lui avais point
caché que j'eusse reçu cent pistoles d'un ami. Il me répéta que si je
voulais tenter le hasard du jeu, il ne désespérait point qu'en sacrifiant
de bonne grâce une centaine de francs pour traiter ses associés, je ne
pusse être admis, à sa recommandation, dans la Ligue de l'industrie[4].
Quelque répugnance que j'eusse à tromper, je me laissai entraîner par
une cruelle nécessité.

suite, p. 92

otes

1. fonds : capital disponible.
2. de certaines : certaines.
3. borner : limiter.

4. Ligue de l'industrie : autre nom de
l'Association des tricheurs.

« Une créature d'un caractère extraordinaire »

Lecture analytique de l'extrait, p. 78, l. 1297, à p. 79, l. 1323.

Ce portrait paradoxal de Manon est un des passages les plus célèbres du roman, puisqu'on y voit à l'œuvre l'effort de « réhabilitation » du personnage par le narrateur. Il constitue le seul portrait moral de l'héroïne et intervient à un moment tardif du récit, quand le lecteur a déjà pu se rendre compte du caractère ambigu du personnage.

Après sa fuite du séminaire de Saint-Sulpice, Des Grieux s'installe avec Manon à Chaillot, où les deux amants mènent une vie tranquille et honnête. Mais un terrible coup du sort – l'incendie de leur maison – les ruine complètement. Des Grieux, déjà trahi pour le riche fermier général M. B., sait ce qui l'attend : « *Je connaissais Manon ; je n'avais déjà que trop éprouvé que quelque fidèle et quelque attachée qu'elle me fût dans la bonne fortune, il ne fallait pas compter sur elle dans la misère. Elle aimait trop l'abondance et les plaisirs pour me les sacrifier. Je la perdrai, m'écriai-je. Malheureux Chevalier ! tu vas donc perdre encore tout ce que tu aimes !* » (p. 72). Le héros, aux abois, cherche d'abord de l'aide auprès de Lescaut, qui lui propose une série de solutions totalement immorales : Manon pourrait être entretenue par un riche amant, Des Grieux devenir le « gigolo » d'une vieille fortunée, ou encore, moindre mal, se livrer au jeu ! Après ces conseils diaboliques, Des Grieux se retourne vers son ange gardien, Tiberge, et lui demande de l'argent. Cette double démarche lui fait sentir toutes les aspirations contradictoires qui l'habitent et apercevoir, « *dans cet instant de lumière, la honte et l'indignité de* [ses] *chaînes* » (p. 78), mais aussi son amour indéfectible pour Manon.

Le portrait de Manon qui suit immédiatement est donc marqué par les tensions du narrateur, qui va tenter de justifier l'objet de son amour : au portrait moral se mêle alors l'argumentation, puisque l'objet aimé apparaît à travers le regard et la mauvaise foi de l'énonciateur* amoureux. Nous étudierons comment celui-ci, tout en révélant l'ambiguïté de son amante, propose un véritable plaidoyer pour Manon ; et nous pourrons observer également dans ce passage le portrait en creux du narrateur et l'image meurtrie de l'amoureux.

« Un caractère extraordinaire »

❶ Relevez et commentez les trois substantifs qui désignent Manon dans les trois premières phrases de l'extrait (de « *La vue de Manon* » à « *la crainte d'en manquer* »).

❷ Relevez les hyperboles* du texte. Pourquoi le narrateur en fait-il un emploi si fréquent ?

❸ Comment Des Grieux présente-t-il l'amour que lui porte Manon ?

Un plaidoyer pour Manon

❹ Dégagez et commentez le plan de l'extrait. Que veut montrer le narrateur à travers ce plan ?

❺ Par quel raisonnement le narrateur Des Grieux dédouane-t-il Manon de l'accusation d'être intéressée ou cupide ? Est-il convaincant ?

❻ Quelle est la motivation principale de Manon ? Relevez-en le champ lexical*. Quelle image donne-t-elle du personnage ?

❼ Des lignes 1301 à 1313 (pp. 78-79), relevez et observez les occurrences du verbe *pouvoir* et des termes exprimant l'obligation. Comment orientent-ils notre interprétation à propos de Manon ?

* *Cf.* Lexique.

Le portrait biaisé du narrateur

8 Relevez les verbes dont le narrateur est le sujet. Dans quelle partie de l'extrait interviennent-ils ? Que veut ainsi montrer le narrateur ?

9 Quelles sont les craintes de Des Grieux vis-à-vis de Manon ? Comment s'expriment-elles ?

10 Comment, par cet extrait, le narrateur justifie-t-il sa conduite avec Manon ?

**Manon Lescaut rend visite à Des Grieux à Saint-Sulpice.
Gravure d'Hubert Gravelot pour l'édition de 1753.**

Héros en question
Lectures croisées et travaux d'écriture

À l'origine du roman, le héros est un être d'exception, doué de nombreuses qualités et confronté à des aventures, elles aussi extraordinaires, qui le confortent dans son statut. Mais celui-ci va évoluer avec l'histoire du genre, et d'autres types de héros vont apparaître : le héros négatif, mettant ses qualités au service du mal (Valmont dans *Les Liaisons dangereuses* de Laclos) ; le héros déceptif qui, malgré ses qualités ou ses idéaux, n'arrive pas à se réaliser (Frédéric Moreau dans *L'Éducation sentimentale* de Flaubert) ; et l'anti-héros, personnage banal et sans qualités particulières, qui peut même devenir figure de l'échec, comme certains personnages de Balzac ou de Zola, trop faibles pour résister à la société, et bon nombre de héros de romans du xxe siècle (Meursault dans *L'Étranger* de Camus, par exemple).

Le héros se voit également contesté « de l'intérieur » : sans être forcément un anti-héros, le personnage romanesque perd de son unité et de sa transparence, et devient problématique, ambigu, difficile à classer et à juger ; l'écriture peut aussi brouiller volontairement les pistes à son sujet, en jouant sur son statut d'être purement de papier ou en en faisant un narrateur réticent et décalé...

Ce corpus réunissant des extraits de romans du xviiie au xxie siècle nous permettra donc de voir tous les décalages par rapport au héros de roman classique et d'observer comment ces personnages peuvent être aussi les reflets d'une certaine vision du monde et de l'écriture romanesque.

Texte A : Extrait de *Manon Lescaut* de l'abbé Prévost (p. 78, l. 1297, à p. 79, l. 1323)

Texte B : Denis Diderot, *Jacques le Fataliste et son Maître*

Denis Diderot (1713-1784) est une figure caractéristique du Siècle des lumières par son engagement pour la liberté de penser, son esprit critique et sa curiosité intellectuelle. Il fut le directeur de l'Encyclopédie, et son œuvre, très variée (dialogues philosophiques, théâtre, romans, essais, critiques d'art...), est avant tout une invitation à la réflexion plutôt que la construction d'un système de pensée figé.

Son roman Jacques le Fataliste et son Maître, *inclassable et déconcertant, raconte les déambulations d'un maître escorté de Jacques, son valet philosophe, qui, pour tromper l'ennui du voyage, essaie de raconter ses amours... Mais le récit est constamment interrompu par des digressions, des rencontres, et les interventions intempestives d'un narrateur qui se moque à la fois de son lecteur et des pratiques conventionnelles de l'écriture romanesque. Il s'agit ici de l'*incipit *du roman.*

Comment s'étaient-ils rencontrés ? Par hasard, comme tout le monde. Comment s'appelaient-ils ? Que vous importe ? D'où venaient-ils ? Du lieu le plus prochain. Où allaient-ils ? Est-ce que l'on sait où l'on va ? Que disaient-ils ? Le maître ne disait rien, et Jacques disait que son capitaine disait que tout ce qui nous arrive de bien et de mal ici-bas était écrit là-haut.

Le Maître – C'est un grand mot que cela.

Jacques – Mon capitaine ajoutait que chaque balle qui partait d'un fusil avait son billet.

Le Maître – Et il avait raison...

Après une courte pause, Jacques s'écria : « Que le diable emporte le cabaretier et son cabaret ! »

Le Maître – Pourquoi donner au diable son prochain ? Cela n'est pas chrétien.

Jacques – C'est que, tandis que je m'enivre de son mauvais vin, j'oublie de mener nos chevaux à l'abreuvoir. Mon père s'en aperçoit ; il se fâche. Je hoche de la tête : il prend un bâton et m'en frotte un peu durement les épaules. Un régiment passait pour aller au camp devant Fontenoy[1], de dépit je m'enrôle. Nous arrivons ; la bataille se donne...

Le Maître – Et tu reçois la balle à ton adresse.

JACQUES – Vous l'avez deviné ; un coup de feu au genou ; et Dieu sait les bonnes et mauvaises aventures amenées par ce coup de feu. Elles se tiennent ni plus ni moins que les chaînons d'une gourmette. Sans ce coup de feu, par exemple, je crois que je n'aurais été amoureux de ma vie, ni boiteux.

LE MAÎTRE – Tu as donc été amoureux ?

JACQUES – Si je l'ai été !

LE MAÎTRE – Et cela par un coup de feu ?

JACQUES – Par un coup de feu.

LE MAÎTRE – Tu ne m'en as jamais dit un mot.

JACQUES – Je le crois bien.

LE MAÎTRE – Et pourquoi cela ?

JACQUES – C'est que cela ne pouvait être dit ni plus tôt ni plus tard.

LE MAÎTRE – Et le moment d'apprendre ces amours est-il venu ?

JACQUES – Qui le sait ?

LE MAÎTRE – À tout hasard, commence toujours...

Jacques commença l'histoire de ses amours. C'était l'après-dîner. Il faisait un temps lourd, son maître s'endormit. La nuit les surprit au milieu des champs ; les voilà fourvoyés[2]. Voilà le maître dans une colère terrible et tombant à grands coups de fouet sur son valet, et le pauvre diable disant à chaque coup : « Celui-là était apparemment encore écrit là-haut. »
Vous voyez, lecteur, que je suis en beau chemin, et qu'il ne tiendrait qu'à moi de vous faire attendre un an, deux ans, trois ans, le récit des amours de Jacques, en le séparant de son maître et en leur faisant courir à chacun tous les hasards qu'il me plairait. Qu'est-ce qui m'empêcherait de marier le maître et de le faire cocu ? d'embarquer Jacques pour les îles ? d'y conduire son maître ? de les ramener tous les deux en France sur le même vaisseau ? Qu'il est facile de faire des contes ! mais ils en seront quittes l'un et l'autre pour une mauvaise nuit, et vous pour ce délai.

Denis Diderot, extrait de l'incipit de Jacques le Fataliste, 1791 (édition posthume).

1. La bataille de Fontenoy eut lieu le 11 mai 1745 dans les Pays-Bas autrichiens (Belgique actuelle). **2. fourvoyés** : égarés.

Texte C : Gustave Flaubert, *Bouvard et Pécuchet*

Avec Bouvard et Pécuchet, *roman inachevé, Flaubert voulait faire une « encyclopédie de la bêtise humaine » : ses deux héros, personnages insignifiants, vont se lancer dans toutes sortes de projets d'agriculture, de chimie, de littérature, etc., dans lesquels ils vont échouer systématiquement, faute de connaissances et d'intelligence. Voici la rencontre des deux héros, à la première page du roman.*

Une rumeur confuse montait au loin dans l'atmosphère tiède ; et tout semblait engourdi par le désœuvrement du dimanche et la tristesse des jours d'été.

Deux hommes parurent.

L'un venait de la Bastille, l'autre du Jardin des plantes. Le plus grand, vêtu de toile, marchait le chapeau en arrière, le gilet déboutonné et sa cravate à la main. Le plus petit, dont le corps disparaissait dans une redingote marron, baissait la tête sous une casquette à visière pointue.

Quand ils furent arrivés au milieu du boulevard, ils s'assirent, à la même minute, sur le même banc.

Pour s'essuyer le front, ils retirèrent leurs coiffures, que chacun posa près de soi ; et le petit homme aperçut, écrit dans le chapeau de son voisin : Bouvard ; pendant que celui-ci distinguait aisément dans la casquette du particulier en redingote le mot : Pécuchet.

– Tiens, dit-il, nous avons eu la même idée, celle d'inscrire notre nom dans nos couvre-chefs.

– Mon Dieu, oui, on pourrait prendre le mien à mon bureau !

– C'est comme moi, je suis employé.

Alors ils se considérèrent.

L'aspect aimable de Bouvard charma de suite Pécuchet.

Ses yeux bleuâtres, toujours entre-clos, souriaient dans son visage coloré. Un pantalon à grand-pont[1], qui godait[2] par le bas sur des souliers de castor, moulait son ventre, faisait bouffer sa chemise à la ceinture ; et ses cheveux blonds, frisés d'eux-mêmes en boucles légères, lui donnaient quelque chose d'enfantin.

Il poussait du bout des lèvres une espèce de sifflement continu.

L'air sérieux de Pécuchet frappa Bouvard.

On aurait dit qu'il portait une perruque, tant les mèches garnissant son crâne élevé étaient plates et noires. Sa figure semblait toute en profil, à cause du nez qui descendait très bas. Ses jambes, prises dans des tuyaux de lasting[3], manquaient de proportion avec la longueur du buste, et il avait une voix forte, caverneuse.

Gustave Flaubert, *Bouvard et Pécuchet*, extrait du chapitre I, 1881 (édition posthume).

1. grand-pont : pan de tissu qui ferme un pantalon sur le devant.
2. godait : faisait un mauvais pli.
3. lasting : étoffe de laine.

Texte D : Louis-Ferdinand Céline, *Voyage au bout de la nuit*

Louis-Ferdinand Destouches, dit Céline (1894-1961), médecin et écrivain, révolutionna le roman par son écriture originale, très travaillée, qui veut « retrouver l'émotion du parlé à travers l'écrit », la véhémence de son expression maniant la dérision, l'humour noir, le grotesque comme le tragique, et la noirceur de sa vision.
Voyage au bout de la nuit raconte les errances du héros-narrateur, Ferdinand Bardamu, à travers la guerre de 14, les colonies d'Afrique noire, New York, puis la banlieue parisienne où il exerce la médecine. L'extrait suivant se situe peu avant la fin du roman.

J'avais beau essayer de me perdre pour ne plus me retrouver devant ma vie, je la retrouvais partout simplement. Je revenais sur moi-même. Mon trimbalage à moi, il était bien fini. À d'autres !... Le monde était refermé ! Au bout qu'on était arrivés nous autres ! [...] C'est la jeunesse qu'on redemande comme ça sans en avoir l'air... Pas gênés !... D'abord pour endurer davantage j'étais plus prêt non plus !... Et cependant j'avais même pas été aussi loin que Robinson[1] moi dans la vie !... J'avais pas réussi en définitive. J'en avais pas acquis moi une seule idée bien solide comme celle qu'il avait eue pour se faire dérouiller[2]. Plus grosse encore une idée que ma grosse tête, plus grosse que toute la peur qui était dedans, une belle idée, magnifique et bien commode pour mourir... Combien il m'en faudrait à moi des vies pour que je m'en fasse ainsi une idée plus forte que tout au monde ? C'était impossible à dire ! C'était raté ! Les miennes d'idées elles vadrouillaient plutôt dans ma tête avec plein d'espace entre, c'étaient comme des petites bougies pas fières et clignoteuses à trembler toute la vie au milieu d'un abominable univers bien horrible...
Ça allait peut-être un peu mieux qu'il y a vingt ans, on pouvait pas dire que j'avais pas fait des débuts de progrès mais enfin c'était pas à envisager que je parvienne jamais moi, comme Robinson, à me remplir la tête avec une seule idée, mais alors une superbe pensée tout à fait plus forte que la

mort et que j'en arrive rien qu'avec mon idée à en juter partout de plaisir, d'insouciance et de courage. Un héros juteux.

Louis-Ferdinand Céline, *Voyage au bout de la nuit*, Gallimard, 1932.

1. Robinson est l'ami de Bardamu et, en quelque sorte, son double. Il vient de se faire tuer par sa maîtresse, pour avoir refusé de jouer la comédie de l'amour, et a ainsi bravé et accepté la mort. **2. dérouiller :** tuer.

Texte E : Philippe Claudel, *Le Rapport de Brodeck*

Né en 1962, Philippe Claudel, d'origine lorraine (une terre particulièrement marquée par la guerre), a été professeur de lettres. Son premier grand succès de librairie Les Âmes grises *(2003) a été adapté au cinéma.* Le Rapport de Brodeck, *paru en 2007, est couronné par le Prix Goncourt des lycéens. Ce roman se déroule dans une région et à une époque non précisées, mais qui évoquent la Seconde Guerre mondiale et un pays germanique. À travers le rapport que doit écrire le narrateur Brodeck sur un événement violent et mystérieux, le roman traite des thèmes de la violence, de la culpabilité, de la différence. Voici l'incipit du roman.*

Je m'appelle Brodeck et je n'y suis pour rien. Je tiens à le dire. Il faut que tout le monde le sache.

Moi je n'ai rien fait, et lorsque j'ai su ce qui venait de se passer, j'aurais aimé ne jamais en parler, ligoter ma mémoire, la tenir bien serrée dans ses liens de façon à ce qu'elle demeure tranquille comme une fouine dans une nasse de fer.

Mais les autres m'ont forcé : « Toi, tu sais écrire, m'ont-ils dit, tu as fait des études. » J'ai répondu que c'étaient de toutes petites études, des études même pas terminées d'ailleurs, et qui ne m'ont pas laissé un grand souvenir. Ils n'ont rien voulu savoir : « Tu sais écrire, tu sais les mots, et comment on les utilise, et comment aussi ils peuvent dire les choses. Ça suffira. Nous on ne sait pas faire cela. On s'embrouillerait, mais toi, tu diras, et alors ils te croiront. Et en plus, tu as la machine. »

La machine, elle est très vieille. Plusieurs de ses touches sont cassées. Je n'ai rien pour la réparer. Elle est capricieuse. Elle est éreintée. Il lui arrive de se bloquer comme si elle se cabrait. Mais cela, je ne l'ai pas dit car je n'avais pas envie de finir comme l'*Anderer*.

Ne me demandez pas son nom, on ne l'a jamais su. Très vite les gens l'ont appelé avec des expressions inventées de toutes pièces dans le dialecte et que je traduis : *Vollaugä* – yeux pleins – en raison de son regard qui lui sortait un peu du visage ; *De Murmelnër* – le murmurant – car il parlait très peu et toujours d'une petite voix qu'on aurait dit un souffle ; *Mondlich* – Lunaire – à cause de son air d'être de chez nous tout en n'y étant pas ; G*ekandörhin* – celui qui est venu de là-bas.

Mais pour moi, il a toujours été *De Anderer* – l'Autre – peut-être parce qu'en plus d'arriver de nulle part, il était différent, et cela, je connaissais bien : parfois même, je dois l'avouer, j'avais l'impression que lui, c'était un peu moi.

Son véritable nom, aucun d'entre nous ne le lui a jamais demandé, à part le Maire une fois peut-être, mais il n'a pas, je crois, obtenu de réponse. Maintenant, on ne saura plus. C'est trop tard et c'est sans doute mieux ainsi. La vérité, ça peut couper les mains et laisser des entailles à ne plus pouvoir vivre avec, et la plupart d'entre nous, ce qu'on veut, c'est vivre. Le moins douloureusement possible. C'est humain. Je suis certain que vous seriez comme nous si vous aviez connu la guerre, ce qu'elle a fait ici, et surtout ce qui a suivi la guerre, ces semaines et ces quelques mois, notamment les derniers, durant lesquels cet homme est arrivé dans notre village, et s'y est installé, comme ça, d'un coup. Pourquoi avoir choisi notre village ? Il y en a tellement des villages dans le contrefort de la montagne, posés entre les forêts comme des œufs dans les nids, et beaucoup qui ressemblent au nôtre. Pourquoi avoir choisi justement le nôtre, qui est si loin de tout, qui est perdu ?

Philippe Claudel, *Le Rapport de Brodeck*, extrait de l'*incipit*, Stock, 2007.

Document : Honoré Daumier, *Don Quichotte* (v. 1860)
Honoré Daumier (1808-1879) se lance très tôt dans la caricature pour différentes revues ; il s'en prend aux politiciens de la monarchie de Juillet, aux magistrats corrompus... Il illustre également de nombreuses œuvres littéraires (en particulier Balzac). Daumier a consacré une soixantaine d'œuvres à la figure de Don Quichotte.
Don Quichotte est le héros du roman de l'auteur espagnol Cervantès, publié au tout début du xviie siècle. Ce gentilhomme pauvre, hanté par les romans de chevalerie qui lui ont dérangé l'esprit, se prend pour un preux chevalier dont la mission est de combattre le mal et de sauver les opprimés. Il est victime de nombreuses mésaventures où son idéal chevaleresque se brise de façon à la fois comique et tragique contre la réalité prosaïque. Il est devenu un mythe littéraire et, comme le dit l'écrivain portugais José Saramago : « Don Quichotte est cet autre que nous ne pouvons être, et c'est pour ça que nous l'aimons. »

Document page suivante.

Corpus

Texte A : Extrait de *Manon Lescaut* de l'abbé Prévost (p. 78, l. 1297, à p. 79, l. 1323).

Texte B : Extrait de *Jacques le Fataliste et son Maître* de Denis Diderot (pp. 84-85).

Texte C : Extrait de *Bouvard et Pécuchet* de Gustave Flaubert (pp. 86-87).

Texte D : Extrait de *Voyage au bout de la nuit* de Louis-Ferdinand Céline (pp. 87-88).

Texte E : Extrait du *Rapport de Brodeck* de Philippe Claudel (pp. 88-89).

Document : *Don Quichotte* d'Honoré Daumier (pp. 89-90).

.... # Examen des textes et de l'image ....

❶ Comment Diderot (texte B) conteste-t-il le statut de ses héros ?

❷ Comment la description de Bouvard et Pécuchet et l'écriture même de Flaubert en font-elles des anti-héros (texte C) ?

❸ Qu'est-ce qui fait de Manon, de Bardamu et de Brodeck (textes A, D et E) des personnages difficiles à juger ?

❹ En quoi Brodeck et Bardamu (textes D et E) sont-ils des narrateurs déroutants pour le lecteur ?

❺ Quelle image de héros donne le « Don Quichotte » de Daumier ?

.... # Travaux d'écriture ....

Question préliminaire

Montrez en quoi ces cinq extraits de romans ainsi que le tableau de Daumier présentent une vision décalée du héros romanesque.

Commentaire

Vous ferez le commentaire de l'extrait du *Rapport de Brodeck* de Philippe Claudel (texte E).

Dissertation

Quel peut être l'intérêt pour un romancier de mettre en scène un anti-héros ou un héros décalé ? Vous vous appuierez, pour répondre, sur les textes du corpus ainsi que sur vos lectures personnelles.

Écriture d'invention

En vous inspirant du tableau de Daumier et des textes du corpus, rédigez une description du personnage de Don Quichotte. Ce portrait en fera un anti-héros et sera réalisé d'un point de vue externe.

M. Lescaut me présenta le soir même comme un de ses parents. Il ajouta que j'étais d'autant mieux disposé à réussir, que j'avais besoin des plus grandes faveurs de la fortune. Cependant, pour faire
1335 connaître que ma misère n'était pas celle d'un homme de néant[1], il leur dit que j'étais dans le dessein[2] de leur donner à souper. L'offre fut acceptée. Je les traitai magnifiquement. On s'entretint longtemps de la gentillesse[3] de ma figure et de mes heureuses dispositions. On prétendit qu'il y avait beaucoup à espérer de moi, parce qu'ayant
1340 quelque chose dans la physionomie qui sentait l'honnête homme, personne ne se défierait de mes artifices. Enfin, on rendit grâces à M. Lescaut d'avoir procuré à l'Ordre un novice[4] de mon mérite, et l'on chargea un des chevaliers de me donner, pendant quelques jours, les instructions nécessaires. Le principal théâtre de mes exploits
1345 devait être l'hôtel de Transylvanie[5], où il y avait une table de pharaon[6] dans une salle et divers autres jeux de cartes et de dés dans la galerie. Cette académie[7] se tenait au profit de M. le prince de R..., qui demeurait alors à Clagny, et la plupart de ses officiers étaient de notre société. Le dirai-je à ma honte ? Je profitai en peu de temps des
1350 leçons de mon maître. J'acquis surtout beaucoup d'habileté à faire une volte-face[8], à filer la carte[9] ; et m'aidant fort bien d'une longue paire de manchettes, j'escamotais[10] assez légèrement pour tromper les yeux des plus habiles, et ruiner sans affectation[11] quantité d'honnêtes joueurs. Cette adresse extraordinaire hâta si fort les progrès de ma
1355 fortune, que je me trouvai en peu de semaines des sommes considérables, outre celles que je partageais de bonne foi avec mes associés. Je ne craignis plus, alors, de découvrir à Manon notre perte de Chaillot ; et pour la consoler en lui apprenant cette fâcheuse

notes

1. **homme de néant :** homme de rien, sans valeur.
2. **j'étais dans le dessein :** j'avais l'intention.
3. **gentillesse :** charme.
4. **novice :** débutant.
5. L'hôtel de Transylvanie (quai Malaquais) était la demeure du prince hongrois Rákóczi, qui y avait installé une maison de jeu.
6. **pharaon :** jeu de cartes où l'on joue de l'argent.

7. **académie :** maison de jeu.
8. **faire une volte-face :** arriver à deviner les cartes en ne voyant que leur dos.
9. **filer la carte :** tricher en escamotant une carte.
10. **j'escamotais :** je dérobais de l'argent.
11. **sans affectation :** avec naturel.

nouvelle, je louai une maison garnie[1], où nous nous établîmes avec un air d'opulence et de sécurité.

Tiberge n'avait pas manqué, pendant ce temps-là, de me rendre de fréquentes visites. Sa morale ne finissait point. Il recommençait sans cesse à me représenter le tort que je faisais à ma conscience, à mon honneur et à ma fortune. Je recevais ses avis avec amitié ; et quoique je n'eusse pas la moindre disposition à les suivre, je lui savais bon gré de son zèle, parce que j'en connaissais la source. Quelquefois je le raillais agréablement, dans la présence même de Manon, et je l'exhortais à n'être pas plus scrupuleux qu'un grand nombre d'évêques et d'autres prêtres, qui savent accorder fort bien une maîtresse avec un bénéfice. Voyez, lui disais-je, en lui montrant les yeux de la mienne ; et dites-moi s'il y a des fautes qui ne soient pas justifiées par une si belle cause. Il prenait patience. Il la poussa même assez loin ; mais lorsqu'il vit que mes richesses augmentaient, et que non seulement je lui avais restitué ses cent pistoles, mais qu'ayant loué une nouvelle maison et doublé ma dépense, j'allais me replonger plus que jamais dans les plaisirs, il changea entièrement de ton et de manières. Il se plaignit de mon endurcissement[2] ; il me menaça des châtiments du Ciel, et il me prédit une partie des malheurs qui ne tardèrent guère à m'arriver. Il est impossible, me dit-il, que les richesses qui servent à l'entretien de vos désordres, vous soient venues par des voies légitimes[3]. Vous les avez acquises injustement ; elles vous seront ravies de même. La plus terrible punition de Dieu serait de vous en laisser jouir tranquillement. Tous mes conseils, ajouta-t-il, vous ont été inutiles ; je ne prévois que trop qu'ils vous seraient bientôt importuns[4]. Adieu, ingrat et faible ami. Puissent vos criminels plaisirs s'évanouir comme une ombre ! Puissent votre fortune et votre argent périr sans ressource, et vous rester seul et nu, pour sentir la vanité[5] des biens qui vous ont follement enivré ! C'est alors que vous me trouverez disposé à vous aimer et à vous servir, mais je romps aujourd'hui tout commerce avec vous, et

otes

. **garnie** : meublée.
. **endurcissement** : obstination dans le mal.
. **légitimes** : honnêtes.

4. importuns : désagréables, indésirables.
5. vanité : inconsistance.

je déteste la vie que vous menez. Ce fut dans ma chambre, aux yeux de Manon, qu'il me fit cette harangue apostolique[1]. Il se leva pour se retirer. Je voulus le retenir ; mais je fus arrêté par Manon, qui me dit que c'était un fou qu'il fallait laisser sortir.

1395   Son discours ne laissa pas de faire quelque impression sur moi. Je remarque[2] ainsi les diverses occasions où mon cœur sentit un retour vers le bien, parce que c'est à ce souvenir que j'ai dû ensuite une partie de ma force, dans les plus malheureuses circonstances de ma vie. Les caresses de Manon dissipèrent en un moment le chagrin que
1400 cette scène m'avait causé. Nous continuâmes de mener une vie toute composée de plaisir et d'amour. L'augmentation de nos richesses redoubla notre affection ; Vénus et la Fortune n'avaient point d'esclaves plus heureux et plus tendres. Dieux ! pourquoi nommer le monde un lieu de misères, puisqu'on y peut goûter de si charmantes
1405 délices[3] ! Mais, hélas ! leur faible est de passer trop vite. Quelle autre félicité voudrait-on se proposer, si elles étaient de nature à durer toujours ? Les nôtres eurent le sort commun, c'est-à-dire de durer peu, et d'être suivies par des regrets amers. J'avais fait au jeu des gains si considérables, que je pensais à placer une partie de mon argent. Mes
1410 domestiques n'ignoraient pas mes succès, surtout mon valet de chambre et la suivante de Manon, devant lesquels nous nous entretenions souvent sans défiance. Cette fille était jolie. Mon valet en était amoureux. Ils avaient à faire à des maîtres jeunes et faciles, qu'ils s'imaginèrent pouvoir tromper aisément. Ils en conçurent le dessein,
1415 et ils l'exécutèrent si malheureusement pour nous, qu'ils nous mirent dans un état dont il ne nous a jamais été possible de nous relever.

    M. Lescaut nous ayant un jour donné à souper, il était environ minuit, lorsque nous retournâmes au logis. J'appelai mon valet, et Manon sa femme de chambre ; ni l'un ni l'autre ne parurent. On nous
1420 dit qu'ils n'avaient point été vus dans la maison depuis huit heures, et qu'ils étaient sortis après avoir fait transporter quelques caisses, suivant les ordres qu'ils disaient avoir reçus de moi. Je pressentis une

1. harangue apostolique : sermon, discours religieux semblable à celui d'un missionnaire.
2. remarque : signale.

3. Le mot *délice* est masculin au singulier et féminin au pluriel.

partie de la vérité ; mais je ne formai point de soupçons qui ne fussent surpassés par ce que j'aperçus en entrant dans ma chambre. La serrure de mon cabinet avait été forcée, et mon argent enlevé, avec tous mes habits. Dans le temps que je réfléchissais seul sur cet accident, Manon vint, tout effrayée, m'apprendre qu'on avait fait le même ravage dans son appartement. Le coup me parut si cruel, qu'il n'y eut qu'un effort extraordinaire de raison qui m'empêcha de me livrer aux cris et aux pleurs. La crainte de communiquer mon désespoir à Manon me fit affecter de prendre un visage tranquille. Je lui dis, en badinant[1], que je me vengerais sur quelque dupe, à l'hôtel de Transylvanie. Cependant elle me sembla si sensible à notre malheur, que sa tristesse eut bien plus de force pour m'affliger, que ma joie feinte n'en avait eu pour l'empêcher d'être trop abattue. Nous sommes perdus ! me dit-elle, les larmes aux yeux. Je m'efforçai en vain de la consoler par mes caresses ; mes propres pleurs trahissaient mon désespoir et ma consternation. En effet nous étions ruinés si absolument, qu'il ne nous restait pas une chemise.

Je pris le parti d'envoyer chercher sur-le-champ M. Lescaut. Il me conseilla d'aller à l'heure même chez M. le Lieutenant de Police[2] et M. le Grand Prévôt[3] de Paris. J'y allai ; mais ce fut pour mon plus grand malheur ; car outre que cette démarche et celles que je fis faire à ces deux officiers de justice ne produisirent rien, je donnai le temps à Lescaut d'entretenir sa sœur, et de lui inspirer pendant mon absence une horrible résolution. Il lui parla de M. de G... M..., vieux voluptueux, qui payait prodiguement les plaisirs, et il lui fit envisager tant d'avantages à se mettre à sa solde, que troublée comme elle était par notre disgrâce, elle entra dans tout ce qu'il entreprit de lui persuader. Cet honorable marché fut conclu avant mon retour, et l'exécution remise au lendemain, après que Lescaut aurait prévenu M. de G... M... Je le trouvai qui m'attendait au logis ; mais Manon était couchée dans son appartement, et elle avait donné ordre à son laquais de me dire qu'ayant besoin d'un peu de repos, elle me priait

otes

1. badinant : plaisantant.
2. Lieutenant de Police : équivalent du préfet de police actuel.

3. Grand Prévôt : magistrat chargé de l'administration de Paris (charge surtout honorifique).

1455 de la laisser seule pendant cette nuit. Lescaut me quitta, après m'avoir offert quelques pistoles que j'acceptai. Il était près de quatre heures, lorsque je me mis au lit ; et m'y étant encore occupé longtemps des moyens de rétablir ma fortune, je m'endormis si tard, que je ne pus me réveiller que vers onze heures ou midi. Je me levai promptement
1460 pour aller m'informer de la santé de Manon ; on me dit qu'elle était sortie une heure auparavant avec son frère, qui l'était venu prendre dans un carrosse de louage. Quoiqu'une telle partie, faite avec Lescaut, me parût mystérieuse, je me fis violence pour suspendre mes soupçons. Je laissai couler quelques heures, que je passai à lire. Enfin,
1465 n'étant plus le maître de mon inquiétude, je me promenai à grands pas dans nos appartements. J'aperçus, dans celui de Manon, une lettre cachetée qui était sur sa table. L'adresse était à moi, et l'écriture de sa main. Je l'ouvris avec un frisson mortel ; elle était dans ces termes :

Je te jure, mon cher Chevalier, que tu es l'idole de mon cœur, et
1470 qu'il n'y a que toi au monde que je puisse aimer de la façon dont je t'aime ; mais ne vois-tu pas, ma pauvre chère âme, que dans l'état où nous sommes réduits, c'est une sotte vertu que la fidélité ? Crois-tu qu'on puisse être bien tendre lorsqu'on manque de pain ? La faim me causerait quelque méprise fatale ; je rendrais quelque jour le dernier
1475 soupir, en croyant en pousser un d'amour. Je t'adore, compte là-dessus ; mais laisse-moi, pour quelque temps, le ménagement[1] de notre fortune. Malheur à qui va tomber dans mes filets ! Je travaille pour rendre mon Chevalier riche et heureux. Mon frère t'apprendra des nouvelles de ta Manon, et qu'elle a pleuré de la nécessité de te
1480 quitter.

Je demeurai, après cette lecture, dans un état qui me serait difficile à décrire ; car j'ignore encore aujourd'hui par quelle espèce de sentiments je fus alors agité. Ce fut une de ces situations uniques auxquelles on n'a rien éprouvé qui soit semblable. On ne saurait les
1485 expliquer aux autres, parce qu'ils n'en ont pas l'idée ; et l'on a peine à se les bien démêler à soi-même ; parce qu'étant seules de leur espèce, cela ne se lie à rien dans la mémoire, et ne peut même être

passage analysé

note

| **1. ménagement :** direction, gestion.

rapproché d'aucun sentiment connu. Cependant, de quelque nature que fussent les miens, il est certain qu'il devait y entrer de la douleur, du dépit, de la jalousie et de la honte. Heureux s'il n'y fût pas entré encore plus d'amour ! Elle m'aime, je le veux croire ; mais ne faudrait-il pas, m'écriai-je, qu'elle fût un monstre pour me haïr ? Quels droits eut-on jamais sur un cœur que je n'aie pas sur le sien ? Que me reste-t-il à faire pour elle, après tout ce que je lui ai sacrifié ? Cependant elle m'abandonne ! et l'ingrate se croit à couvert de mes reproches, en me disant qu'elle ne cesse pas de m'aimer ! Elle appréhende la faim. Dieu d'amour ! quelle grossièreté de sentiments ! et que c'est répondre mal à ma délicatesse ! Je ne l'ai pas appréhendée, moi qui m'y expose si volontiers pour elle, en renonçant à ma fortune et aux douceurs de la maison de mon père ; moi qui me suis retranché jusqu'au nécessaire, pour satisfaire ses petites humeurs et ses caprices. Elle m'adore, dit-elle. Si tu m'adorais, ingrate, je sais bien de qui tu aurais pris des conseils ; tu ne m'aurais pas quitté, du moins sans me dire adieu. C'est à moi qu'il faut demander quelles peines cruelles on sent à se séparer de ce qu'on adore. Il faudrait avoir perdu l'esprit pour s'y exposer volontairement.

suite, p. 109

« Quelle grossièreté de sentiments ! » la trahison de Manon

Lecture analytique de l'extrait, p. 96, l. 1466, à p. 97, l. 1506.

Grâce aux gains illicites de Des Grieux, les deux amants ont pu mener « *une vie toute composée de plaisir et d'amour* » (p. 94) ; mais, selon le mouvement d'alternance qui structure tout le roman, une nouvelle catastrophe matérielle s'abat sur eux : ironie* du sort, ils sont volés par deux jeunes amoureux qui leur ressemblent... La seconde trahison de Manon intervient après cet événement, qui va la motiver et en partie l'excuser. Le narrateur a pris soin de nous en avertir, en faisant ressortir le rôle diabolique de Lescaut : « *je donnai le temps à Lescaut d'entretenir sa sœur, et de lui inspirer pendant mon absence une horrible résolution* » (p. 95). Cette fois donc, le lecteur est préparé à la trahison de Manon mais se trouve, comme Des Grieux, face à un personnage « étrange » et décalé, qui engendre étonnement et indignation ; c'est sans doute le moment dans l'œuvre où Manon se montre sous son plus mauvais jour. Ce texte permet de confronter les deux amants, à travers leurs mots mêmes au discours direct*, et de voir comment Des Grieux, en tant que narrateur, oppose la « *grossièreté* » de Manon à sa propre « *délicatesse* ». Comment réagit-il face à cette trahison assez vile ? Comment tente-t-il alors de « sauver la face » et de ne pas donner de lui-même et de son amour une image dégradée ?

La « grossièreté » de Manon ?

❶ Relevez les deux principaux champs lexicaux* qui se mêlent dans la lettre de Manon. Comment s'exprime l'ambiguïté du personnage ?

❷ Quels sont les motivations et les projets de Manon ?

❸ En quoi Manon se montre-t-elle « grossière » dans sa lettre ?

* *Cf.* Lexique.

④ Relevez et commentez les termes par lesquels elle s'adresse à Des Grieux ou le désigne.

⑤ Comment exprime-t-elle son amour ?

Des Grieux : un amoureux trahi

⑥ Comment s'exprime le désarroi de Des Grieux, dans les expressions qu'il emploie et dans la forme de son monologue ?

⑦ Des Grieux dit ressentir « *de la douleur, du dépit, de la jalousie et de la honte* » (p. 97) : retrouvez les marques de ces sentiments dans son monologue (l. 1491-1506, p. 97).

⑧ De quoi accuse-t-il Manon ? Observez quelles expressions de la lettre de Manon le font réagir.

Un amour noble ?

⑨ Comment se marque, chez Des Grieux, le décalage temporel entre le héros et le narrateur ? Dans quel dessein l'utilise-t-il ?

⑩ Quelle image Des Grieux donne-t-il de lui-même et de l'amour qu'il ressent ?

⑪ Comment exprime-t-il le décalage entre lui et Manon ? Comprend-il Manon ? Tente-t-il de la justifier ?

Trahisons féminines
Lectures croisées et travaux d'écriture

Dans les romans centrés sur une intrigue amoureuse, le motif de la trahison est évidemment un des plus employés. Il constitue un important moteur dramatique du roman, en faisant de cette trahison un événement redouté, soupçonné, déploré ou encore vengé...

Dans les sociétés fortement cadrées (société féodale des romans de chevalerie, société d'Ancien Régime), l'infidélité féminine vient ébranler les structures mêmes de l'ordre social et entraîne rejet, déshonneur et punition, comme on peut le voir très clairement dans *Manon Lescaut*. Mais ce qui intéresse encore plus les romanciers, c'est le retentissement psychologique de cette trahison dans les consciences masculines et féminines, jusqu'à ses conséquences extrêmes : dans *La Princesse de Clèves*, le soupçon sans fondement conduira le Prince de Clèves à la mort, comme l'abandon sera la cause du suicide de l'ami du narrateur dans *Port-Soudan*. D'autres auteurs, comme Proust, font de la jalousie une véritable monomanie dont l'écriture dissèque toutes les manifestations...

Les textes de notre corpus mettent en scène des personnages masculins face à l'abandon et à la trahison, réels ou supposés. Ce sont les héros qui s'y expriment, en s'adressant directement à la femme infidèle ou à travers différentes sortes de monologues intérieurs. Au-delà de la colère, du mépris, du désespoir, ils tentent de mettre des mots sur leur souffrance et d'élucider l'impression de désastre, d'écroulement de toute leur vie...

Ce corpus permettra d'observer comment les romanciers font passer les multiples émotions qui bouleversent leurs héros trahis mais aussi la finesse avec laquelle sont rendus les infimes mouvements de leur conscience. Il sera aussi l'occasion d'étudier la conception de la femme qui s'y développe et son évolution à travers les siècles.

Texte A : Extrait de *Manon Lescaut* de l'abbé Prévost (p. 96, l. 1466, à p. 97, l. 1506)

Texte B : Mme de Lafayette, *La Princesse de Clèves*

Mme de Lafayette (1634-1693), célèbre pour son salon où se réunirent tous les beaux esprits de son temps, peut être considérée comme l'auteur du premier véritable roman français d'analyse psychologique avec La Princesse de Clèves.

L'héroïne, jeune aristocrate de 15 ans, fait son entrée à la cour du roi Henri II et devient l'épouse du Prince de Clèves, qu'elle estime sans l'aimer. Mais, au cours d'un bal, elle rencontre le duc de Nemours, et les deux jeunes gens tombent amoureux l'un de l'autre. Pour lutter contre sa passion, la Princesse l'avoue à son mari. Celui-ci, plein d'admiration pour une telle conduite, fait confiance à sa femme, mais, sur un faux témoignage, il est persuadé qu'elle l'a finalement trompé et en tombe gravement malade.

Monsieur de Clèves avait résolu de ne lui point témoigner le violent chagrin qu'il avait contre elle, mais les soins qu'elle lui rendait, et son affliction, qui lui paraissait quelquefois véritable et qu'il regardait aussi quelquefois comme des marques de dissimulation et de perfidie, lui causaient des sentiments si opposés et si douloureux qu'il ne les put renfermer en lui-même.

– Vous versez bien des pleurs, Madame, lui dit-il, pour une mort que vous causez et qui ne vous peut donner la douleur que vous faites paraître. Je ne suis plus en état de vous faire des reproches, continua-t-il avec une voix affaiblie par la maladie et par la douleur, mais je meurs du cruel déplaisir[1] que vous m'avez donné. Fallait-il qu'une action aussi extraordinaire que celle que vous aviez faite de me parler à Coulommiers[2] eût si peu de suite ? Pourquoi m'éclairer sur[3] la passion que vous aviez pour Monsieur de Nemours, si votre vertu n'avait pas plus d'étendue pour y résister ? Je vous aimais jusqu'à être bien aise d'être trompé, je l'avoue à ma honte, j'ai regretté ce faux repos dont vous m'avez tiré. Que ne me laissiez-vous dans cet aveuglement tranquille dont jouissent tant de maris ? J'eusse, peut-être, ignoré toute ma vie que vous aimiez Monsieur de Nemours. Je mourrai, ajouta-t-il, mais sachez que vous me rendez la mort agréable, et qu'après m'avoir ôté l'estime et la tendresse que j'avais pour vous, la vie me ferait horreur. Que ferais-je de la vie, reprit-il, pour la passer avec une personne que j'ai tant aimée, et dont j'ai été si cruellement trompé, ou pour vivre séparé de cette même personne, et en venir à un éclat et à des violences si opposées à mon humeur et à la passion que j'avais pour vous ? Elle a été au-delà de ce que vous en avez vu, Madame, je vous en ai caché la plus grande partie, par la crainte de vous importuner, ou de perdre quelque chose de votre estime, par des manières qui ne convenaient pas à un mari. Enfin je méritais votre cœur ; encore une fois, je meurs sans regret, puisque je n'ai pu l'avoir, et que je ne puis plus le désirer. Adieu, Madame, vous regretterez quelque jour un homme qui vous aimait d'une passion véritable et légitime. Vous sentirez le chagrin que trouvent les personnes raisonnables dans ces engagements[4], et vous connaîtrez la différence d'être aimée, comme je vous aimais, à l'être par des gens qui, en vous témoignant de l'amour, ne cherchent que l'honneur de vous séduire. Mais ma mort vous laissera en liberté, ajouta-t-il, et vous pourrez rendre Monsieur de Nemours heureux, sans qu'il vous en coûte des crimes. Qu'importe, reprit-il, ce qui arrivera quand je ne serai plus, et faut-il que j'aie la faiblesse d'y jeter les yeux.

Mme de Lafayette, La Princesse de Clèves, extrait de la partie IV, 1678.

1. déplaisir : chagrin, douleur. 2. Coulommiers : propriété du Prince où Mme de Clèves lui a fait l'aveu de sa passion. 3. m'éclairer sur : me révéler. 4. engagements : liaisons.

Texte C : Alfred de Musset, *La Confession d'un enfant du siècle*

Alfred de Musset (1810-1857) peut être considéré comme une sorte d'archétype de l'écrivain romantique : menant une vie dissipée de dandy, il est finalement malheureux en amour et se sent déchiré entre débauche et aspirations à la pureté ; il connaît une carrière littéraire fulgurante, en obtenant dès 1829 un grand succès avec son recueil Contes d'Espagne et d'Italie, puis exprime son mal de vivre et sa personnalité dédoublée dans un grand cycle lyrique, Les Nuits, ainsi que de nombreuses pièces de théâtre. La Confession d'un enfant du siècle est l'unique roman de Musset : il y dresse un portrait fort juste de la première génération romantique, ces jeunes gens qui, nourris par le souvenir de la Révolution et de l'épopée napoléonienne et confrontés sous la Restauration au retour aux valeurs étriquées du passé, ne peuvent trouver une place à la mesure de leurs aspirations. Mais il s'inspire également de sa douloureuse liaison avec George Sand et nous montre ici le héros-narrateur qui s'est rendu compte brutalement que sa maîtresse le trahissait pour un autre homme.

J'avais beau haïr cette femme, elle était, pour ainsi dire, dans le sang de mes veines ; je la maudissais, mais j'en rêvais. Que faire à cela ? que faire à un rêve ? quelle raison donner à des souvenirs de chair et de sang ? Macbeth[1], ayant tué Duncan, dit que l'Océan ne laverait pas ses mains ; il n'aurait pas lavé mes cicatrices. Je le disais à Desgenais[2] : – Que voulez-vous ! dès que je m'endors, sa tête est là sur l'oreiller.

Je n'avais vécu que par cette femme ; douter d'elle, c'était douter de tout ; la maudire, tout renier ; la perdre, tout détruire. Je ne sortais plus ; le monde m'apparaissait comme peuplé de monstres, de bêtes fauves et de crocodiles. À tout ce qu'on me disait pour me distraire, je répondais : Oui, c'est bien dit, et soyez certain que je n'en ferai rien.

Je me mettais à la fenêtre et je me disais : – Elle va venir, j'en suis sûr ; elle vient ; elle tourne la rue ; je la sens qui approche. Elle ne peut vivre sans moi, pas plus que moi sans elle. Que lui dirai-je ? quel visage ferai-je ? Là-dessus, ses perfidies me revenaient. Ah ! qu'elle ne vienne pas ! m'écriais-je ; qu'elle n'approche pas ! Je suis capable de la tuer.

Depuis ma dernière lettre, je n'en entendais plus parler.

– Enfin, que fait-elle ? me disais-je. Elle en aime un autre ? Aimons-en donc une autre aussi. Qui aimer ? Et, tout en cherchant, j'entendais comme une voix lointaine qui me criait : Toi, une autre que moi ! Deux êtres qui s'aiment, qui s'embrassent, et qui ne sont pas toi et moi !

Est-ce que c'est possible ? Est-ce que tu es fou ?

Alfred de Musset, extrait de *La Confession d'un enfant du siècle* (I, 4), 1836.

1. Macbeth : héros éponyme* de la pièce de Shakespeare (v. 1606) dans laquelle il tue le roi Duncan, mais est poursuivi par le remords. **2. Desgenais** : ami du narrateur.

Texte D : Marcel Proust, *Un amour de Swann*

Marcel Proust (1871-1922), de santé très fragile, a consacré la majeure partie de sa vie à son œuvre À la recherche du temps perdu, *somme romanesque écrite de 1908 à sa mort. Le narrateur, par des phénomènes de mémoire involontaire (comme la fameuse petite madeleine dont le goût lui fait soudain revivre tout un pan de son passé), tente par la littérature de ressaisir la vérité du passé dans toutes ses dimensions, dans toutes ses perceptions possibles.*

Un amour de Swann est la deuxième partie du roman Du côté de chez Swann, *le premier tome d'*À la recherche du temps perdu. *Swann éprouve une passion violente pour Odette de Crécy, une demi-mondaine, qui n'est pas de son milieu et dont il dira plus tard qu'elle « n'était pas [son] genre ! ».*

* *Cf.* Lexique.

Cette liaison s'enlise dans une succession de crises de jalousie et de rapprochements... Swann vient ici de se rendre compte qu'Odette lui a menti à plusieurs reprises.

Ainsi, même dans les mois auxquels il n'avait jamais plus osé repenser parce qu'ils avaient été trop heureux, dans ces mois où elle l'avait aimé, elle lui mentait déjà ! [...] Et sous tous les souvenirs les plus doux de Swann, sous les paroles les plus simples que lui avait dites autrefois Odette, qu'il avait crues comme paroles d'évangile, sous les actions quotidiennes qu'elle lui avait racontées, sous les lieux les plus accoutumés, la maison de sa couturière, l'avenue du Bois, l'Hippodrome, il sentait (dissimulée à la faveur de cet excédent de temps qui dans les journées les plus détaillées laisse encore du jeu, de la place, et peut servir de cachette à certaines actions), il sentait s'insinuer la présence possible et souterraine de mensonges qui lui rendaient ignoble tout ce qui lui était resté le plus cher, ses meilleurs soirs, la rue La Pérouse elle-même, qu'Odette avait toujours dû quitter à d'autres heures que celles qu'elle lui avait dites, faisant circuler partout un peu de la ténébreuse horreur qu'il avait ressentie en entendant l'aveu relatif à la Maison Dorée, et, comme les bêtes immondes dans la Désolation de Ninive[1], ébranlant pierre à pierre tout son passé. Si maintenant il se détournait chaque fois que sa mémoire lui disait le nom cruel de la Maison Dorée, ce n'était plus, comme tout récemment encore à la soirée de Mme de Saint-Euverte, parce qu'il lui rappelait un bonheur qu'il avait perdu depuis longtemps, mais un malheur qu'il venait seulement d'apprendre. Puis il en fut du nom de la Maison Dorée comme de celui de l'île du Bois, il cessa peu à peu de faire souffrir Swann. Car ce que nous croyons notre amour, notre jalousie, n'est pas une même passion continue, indivisible. Ils se composent d'une infinité d'amours successifs, de jalousies différentes et qui sont éphémères, mais par leur multitude ininterrompue donnent l'impression de la continuité, l'illusion de l'unité. La vie de l'amour de Swann, la fidélité de sa jalousie étaient faites de la mort, de l'infidélité, d'innombrables désirs, d'innombrables doutes, qui avaient tous Odette pour objet. S'il était resté longtemps sans la voir, ceux qui mouraient n'auraient pas été remplacés par d'autres. Mais la présence d'Odette continuait d'ensemencer le cœur de Swann de tendresse et de soupçons alternés.

Marcel Proust, extrait d'*Un amour de Swann*, 1913.

1. Ninive est la capitale de l'empire d'Assyrie dont les prophètes de la Bible annoncent la chute et la désolation.

Texte E : Olivier Rolin, *Port-Soudan*

Olivier Rolin est né en 1947 : après une enfance africaine et une jeunesse très engagée dans les mouvements d'extrême gauche, il se consacre à partir des années 1980 à la littérature ; il publie plusieurs romans, dont Port-Soudan *qui obtient le Prix Femina en 1994. Ce roman est une sorte de voyage intérieur que mène le narrateur pour comprendre le suicide d'un de ses amis. Il découvre que celui-ci s'est tué après avoir été abandonné par la femme qu'il aimait. Le narrateur fait part alors de sa propre expérience de la trahison.*

Je sais ce que c'est que la mort ; on se doute qu'au moment où j'en suis de ma vie je l'ai plus d'une fois croisée, mais j'affirme qu'elle ne laisse pas aussi intimement brisé que l'abandon. Elle a l'affreuse douceur, aussi, des choses irrévocables : inutile de se révolter contre elle, de la solliciter de revenir sur ses arrêts[1]. Tandis que la décision de vous abandonner, on sait qu'une personne l'a prise, et la personne justement qui ne vous voulait aucun mal, mieux : celle qui vous souhaitait du bien, tout le bien possible, pensait-on, celle qui enfin vous aimait. Et c'est une réversion[2] si inouïe du bien et du mal, un retournement si incompréhensible des rôles que l'esprit affolé ne peut les concevoir, moins encore les admettre, et s'épuise dans la vaine croyance que ce qui a été pris sera repris, ce qui a été délié sera lié de nouveau : puisque un mot suffirait de celle qui n'avait pas de mots assez doux, une pensée tendre de qui se souciait de vous comme de ce qu'elle avait de plus cher. Se peut-il qu'à présent une décision d'elle vous laisse presque mort, et qu'elle continue cependant son chemin, insensible à vos cris ? Se peut-il qu'elle ne soit pas accablée de la blessure terrible qu'elle vous a faite, elle qui s'inquiétait du moindre mal qui pouvait vous advenir, elle dont on calmait avec des baisers la moindre petite égratignure, les crampes qui souvent la raidissaient le matin ?

Et on a, à certains égards, raison de s'interroger ainsi, postulant[3] une cohérence entre le passé et le présent. Seulement, ce n'est plus sur ce qui était qu'il faut juger de l'impossibilité de ce qui est, c'est l'acte de pensée inverse, et pour paradoxal et douloureux qu'il paraisse, qu'il faut accomplir : ce qui est annule ce qui semblait avoir été. Ce qui advient est la vérité de ce qui est toujours advenu, dissimulé. Cela est vrai au moins dans les causes extrêmes, et belles pour cela, de la guerre et de l'amour, pour lesquelles d'ailleurs ce n'est pas en vain qu'on use du même implacable mot de *trahison* : celui qui abandonne son camarade sous le feu, celui qui le donne à la police ennemie, il l'a toujours déjà trahi, il a toujours été un lâche et une balance[4]. Et des amants, celui qui soudain abandonne l'autre renversé et rompu dans la poussière, comme un guerrier mort de l'*Iliade*[5], c'est et ç'a toujours été un fils de pute ou la grande catin de Babylone[6]. C'est ainsi.

Olivier Rolin, extrait de *Port-Soudan*, coll. « Fiction & Cie », Éditions du Seuil, 1994.

1. arrêts : décisions. **2. réversion :** mutation, changement. **3. postulant :** réclamant. **4. balance :** celui qui dénonce, mouchard. **5. l'*Iliade* :** poème épique* attribué à Homère (VIIIe siècle av. J.-C.), racontant des épisodes de la guerre de Troie. **6.** La grande prostituée de Babylone est une figure mystérieuse de l'*Apocalypse*, dernier livre de la Bible évoquant la fin des temps ; elle représente le Mal.

Document : Edvard Munch, *Jalousie* (lithographie), 1896

Edvard Munch (1863-1944) est un peintre norvégien, pionnier de l'expressionnisme. Ce mouvement artistique, particulièrement vivant dans l'Europe du Nord du début du xxe siècle, veut projeter la subjectivité de l'artiste dans une vision déformée de la réalité, qui vise à atteindre une grande intensité expressive et à établir avec le spectateur une forte empathie émotionnelle.

* *Cf.* Lexique.

Corpus

Texte A : Extrait de *Manon Lescaut* de l'abbé Prévost (p. 96, l. 1466, à p. 97, l. 1506).

Texte B : Extrait de *La Princesse de Clèves* de Mme de Lafayette (pp. 101-102).

Texte C : Extrait de *La Confession d'un enfant du siècle* d'Alfred de Musset (pp. 102-103).

Texte D : Extrait d'*Un amour de Swann* de Marcel Proust (pp. 103-104).

Texte E : Extrait de *Port-Soudan* d'Olivier Rolin (pp. 105-106).

Document : *Jalousie*, lithographie d'Edvard Munch (p. 106).

Examen des textes et de l'image

❶ Dans les textes A, B et C, quels sentiments les hommes éprouvent-ils pour la femme qui les a trahis ?

❷ Comment, dans les extraits de Proust et de Rolin (textes D et E), la trahison rejaillit-elle sur le passé ?

❸ Comment s'exprime la souffrance de l'homme dans les textes B, C et E, et dans la lithographie de Munch ?

Travaux d'écriture

Question préliminaire

Quelles sont les conséquences psychologiques de la trahison chez les personnages masculins et dans la vision qu'ils ont de la femme ?

Commentaire

Vous ferez le commentaire de l'extrait de *La Princesse de Clèves* de Mme de Lafayette (texte B).

Dissertation

Comment le roman est-il capable de rendre compte des sentiments et des mouvements de conscience de l'être humain ? Vous vous appuierez, pour répondre, sur les textes du corpus ainsi que sur vos lectures personnelles.

Écriture d'invention

En vous inspirant des textes du corpus, imaginez le monologue intérieur que pourrait tenir le personnage au premier plan de la lithographie de Munch, devenu héros de roman. Vous situerez ce monologue à notre époque, en ayant soin de respecter un niveau de langue correct.

Des Grieux présenté à G... M... comme le frère de Manon. Gravure d'Hubert Gravelot pour l'édition de 1753.

Mes plaintes furent interrompues par une visite à laquelle je ne m'attendais pas. Ce fut celle de Lescaut. Bourreau ! lui dis-je en mettant l'épée à la main, où est Manon ? qu'en as-tu fait ? Ce mouvement l'effraya ; il me répondit que si c'était ainsi que je le recevais, lorsqu'il venait me rendre compte du service le plus considérable qu'il eût pu me rendre, il allait se retirer, et ne remettrait jamais le pied chez moi. Je courus à la porte de la chambre, que je fermai soigneusement. Ne t'imagine pas, lui dis-je en me tournant vers lui, que tu puisses me prendre encore une fois pour dupe et me tromper par des fables[1]. Il faut défendre ta vie, ou me faire retrouver Manon. Là ! que vous êtes vif ! repartit-il ; c'est l'unique sujet qui m'amène. Je viens vous annoncer un bonheur auquel vous ne pensez pas, et pour lequel vous reconnaîtrez peut-être que vous m'avez quelque obligation. Je voulus être éclairci sur-le-champ.

Il me raconta que Manon, ne pouvant soutenir la crainte de la misère, et surtout l'idée d'être obligée tout d'un coup à la réforme de notre équipage[2], l'avait prié de lui procurer la connaissance de M. de G... M..., qui passait pour un homme généreux. Il n'eut garde de me dire que le conseil était venu de lui, ni qu'il eût préparé les voies, avant que de l'y conduire. Je l'y ai menée ce matin, continua-t-il, et cet honnête homme a été si charmé de son mérite, qu'il l'a invitée d'abord à lui tenir compagnie à sa maison de campagne, où il est allé passer quelques jours. Moi, ajouta Lescaut, qui ai pénétré[3] tout d'un coup de quel avantage cela pouvait être pour vous, je lui ai fait entendre adroitement que Manon avait essuyé des pertes considérables, et j'ai tellement piqué[4] sa générosité, qu'il a commencé par lui faire un présent de deux cents pistoles. Je lui ai dit que cela était honnête pour le présent, mais que l'avenir amènerait à ma sœur de grands besoins ; qu'elle s'était chargée d'ailleurs du soin d'un jeune frère, qui nous était resté sur les bras après la mort de nos père et mère, et que s'il la croyait digne de son estime, il ne la laisserait pas souffrir dans ce pauvre enfant, qu'elle regardait comme la moitié d'elle-

1. **fables** : mensonges.
2. **la réforme de notre équipage** : la réduction de notre train de vie.
3. **pénétré** : compris.
4. **piqué** : stimulé.

même. Ce récit n'a pas manqué de l'attendrir. Il s'est engagé à louer
1540 une maison commode, pour vous et pour Manon ; car c'est vous-
même qui êtes ce pauvre petit frère orphelin. Il a promis de vous
meubler proprement, et de vous fournir tous les mois quatre cents
bonnes livres qui en feront, si je compte bien, quatre mille huit cents
à la fin de chaque année. Il a laissé l'ordre à son intendant, avant que
1545 de partir pour sa campagne, de chercher une maison, et de la tenir
prête pour son retour. Vous reverrez alors Manon, qui m'a chargé de
vous embrasser mille fois pour elle, et de vous assurer qu'elle vous
aime plus que jamais.

Je m'assis, en rêvant à cette bizarre disposition de mon sort. Je me
1550 trouvai dans un partage de sentiments, et par conséquent dans une
incertitude si difficile à terminer, que je demeurai longtemps sans
répondre à quantité de questions que Lescaut me faisait l'une sur
l'autre. Ce fut dans ce moment que l'honneur et la vertu me firent
sentir encore les pointes du remords, et que je jetai les yeux en
1555 soupirant vers Amiens, vers la maison de mon père, vers Saint-
Sulpice et vers tous les lieux où j'avais vécu dans l'innocence. Par
quel immense espace n'étais-je pas séparé de cet heureux état ! Je ne
le voyais plus que de loin, comme une ombre qui s'attirait encore
mes regrets et mes désirs, mais trop faible pour exciter mes efforts. Par
1560 quelle fatalité, disais-je, suis-je devenu si criminel ? L'amour est une
passion innocente ; comment s'est-il changé, pour moi, en une
source de misères et de désordres ? Qui m'empêchait de vivre
tranquille et vertueux avec Manon ? Pourquoi ne l'épousai-je point
avant que d'obtenir rien de son amour ? Mon père, qui m'aimait si
1565 tendrement, n'y aurait-il pas consenti, si je l'en eusse pressé avec des
instances[1] légitimes ? Ah ! mon père l'aurait chérie lui-même,
comme une fille charmante, trop digne d'être la femme de son fils ;
je serais heureux avec l'amour de Manon, avec l'affection de mon
père, avec l'estime des honnêtes gens, avec les biens de la fortune et
1570 la tranquillité de la vertu. Revers funeste ! Quel est l'infâme personnage qu'on vient ici me proposer ? Quoi ! j'irais partager... Mais y
a-t-il à balancer, si c'est Manon qui l'a réglé, et si je la perds sans cette

note

| **1. instances** : demandes.

complaisance ? Monsieur Lescaut, m'écriai-je en fermant les yeux, comme pour écarter de si chagrinantes réflexions, si vous avez eu dessein de me servir, je vous rends grâces. Vous auriez pu prendre une voie plus honnête ; mais c'est une chose finie[1], n'est-ce pas ? Ne pensons donc plus qu'à profiter de vos soins et à remplir votre projet. Lescaut, à qui ma colère, suivie d'un fort silence, avait causé de l'embarras, fut ravi de me voir prendre un parti tout différent de celui qu'il avait appréhendé sans doute ; il n'était rien moins que brave, et j'en eus de meilleures preuves dans la suite. Oui, oui, se hâta-t-il de me répondre, c'est un fort bon service que je vous ai rendu, et vous verrez que nous en tirerons plus d'avantage que vous ne vous y attendez. Nous concertâmes de quelle manière nous pourrions prévenir les défiances que M. de G... M... pouvait concevoir de notre fraternité, en me voyant plus grand et un peu plus âgé peut-être qu'il ne se l'imaginait. Nous ne trouvâmes point d'autre moyen, que de prendre devant lui un air simple et provincial, et de lui faire croire que j'étais dans le dessein d'entrer dans l'état ecclésiastique, et que j'allais pour cela tous les jours au collège. Nous résolûmes aussi que je me mettrais[2] fort mal, la première fois que je serais admis à l'honneur de le saluer. Il revint à la ville trois ou quatre jours après ; il conduisit lui-même Manon dans la maison que son intendant avait eu soin de préparer. Elle fit avertir aussitôt Lescaut de son retour ; et celui-ci m'en ayant donné avis, nous nous rendîmes tous deux chez elle. Le vieil amant en était déjà sorti. Malgré la résignation avec laquelle je m'étais soumis à ses volontés, je ne pus réprimer le murmure de mon cœur en la revoyant. Je lui parus triste et languissant. La joie de la retrouver ne l'emportait pas tout à fait sur le chagrin de son infidélité. Elle, au contraire, paraissait transportée du plaisir de me revoir. Elle me fit des reproches de ma froideur. Je ne pus m'empêcher de laisser échapper les noms de perfide et d'infidèle, que j'accompagnai d'autant de soupirs. Elle me railla d'abord de ma simplicité ; mais, lorsqu'elle vit mes regards s'attacher toujours tristement sur elle, et la peine que j'avais à digérer un changement si contraire à mon humeur et à mes désirs, elle passa seule dans son

1. **finie** : accomplie. | 2. **me mettrais** : m'habillerais.

cabinet. Je la suivis un moment après. Je l'y trouvai toute en pleurs. Je lui demandai ce qui les causait. Il t'est bien aisé de le voir, me dit-elle ; comment veux-tu que je vive, si ma vue n'est plus propre qu'à te causer un air sombre et chagrin ? Tu ne m'as pas fait une seule caresse, depuis une heure que tu es ici, et tu as reçu les miennes avec la majesté du Grand Turc au Sérail[1].

Écoutez, Manon, lui répondis-je en l'embrassant, je ne puis vous cacher que j'ai le cœur mortellement affligé. Je ne parle point à présent des alarmes où votre fuite imprévue m'a jeté, ni de la cruauté que vous avez eue de m'abandonner sans un mot de consolation, après avoir passé la nuit dans un autre lit que moi. Le charme de votre présence m'en ferait bien oublier davantage. Mais croyez-vous que je puisse penser sans soupirs, et même sans larmes, continuai-je en en versant quelques-unes, à la triste et malheureuse vie que vous voulez que je mène dans cette maison ? Laissons ma naissance et mon honneur à part : ce ne sont plus des raisons si faibles qui doivent entrer en concurrence avec un amour tel que le mien ; mais cet amour même, ne vous imaginez-vous pas qu'il gémit de se voir si mal récompensé, ou plutôt traité si cruellement par une ingrate et dure maîtresse... Elle m'interrompit : Tenez, dit-elle, mon Chevalier, il est inutile de me tourmenter par des reproches qui me percent le cœur, lorsqu'ils viennent de vous. Je vois ce qui vous blesse. J'avais espéré que vous consentiriez au projet que j'avais fait pour rétablir un peu notre fortune, et c'était pour ménager votre délicatesse que j'avais commencé à l'exécuter sans votre participation ; mais j'y renonce, puisque vous ne l'approuvez pas. Elle ajouta qu'elle ne me demandait qu'un peu de complaisance, pour le reste du jour ; qu'elle avait déjà reçu deux cents pistoles de son vieil amant, et qu'il lui avait promis de lui apporter le soir un beau collier de perles avec d'autres bijoux, et par-dessus cela la moitié de la pension annuelle qu'il lui avait promise. Laissez-moi seulement le temps, me dit-elle, de recevoir ses présents ; je vous jure qu'il ne pourra se vanter des avantages que je lui ai donnés sur moi, car je l'ai remis jusqu'à présent

note

1. **Grand Turc au Sérail** : sultan de l'Empire ottoman dans son palais.

40 à la ville[1]. Il est vrai qu'il m'a baisé plus d'un million de fois les mains ;
il est juste qu'il paie ce plaisir, et ce ne sera point trop que cinq ou six
mille francs, en proportionnant le prix à ses richesses et à son âge.

Sa résolution me fut beaucoup plus agréable que l'espérance des
cinq mille livres. J'eus lieu de reconnaître que mon cœur n'avait
45 point encore perdu tout sentiment d'honneur, puisqu'il était satisfait
d'échapper à l'infamie. Mais j'étais né pour les courtes joies et les
longues douleurs. La Fortune ne me délivra d'un précipice que pour
me faire tomber dans un autre. Lorsque j'eus marqué à Manon, par
mille caresses, combien je me croyais heureux de son changement, je
50 lui dis qu'il fallait en instruire M. Lescaut, afin que nos mesures se
prissent de concert. Il en murmura d'abord ; mais les quatre ou cinq
mille livres d'argent comptant le firent entrer gaiement dans nos
vues. Il fut donc réglé que nous nous trouverions tous à souper avec
M. de G... M..., et cela pour deux raisons : l'une, pour nous donner
55 le plaisir d'une scène agréable, en me faisant passer pour un écolier,
frère de Manon ; l'autre, pour empêcher ce vieux libertin de
s'émanciper[2] trop avec ma maîtresse, par le droit qu'il croirait s'être
acquis en payant si libéralement[3] d'avance. Nous devions nous
retirer, Lescaut et moi, lorsqu'il monterait à la chambre où il
60 comptait de[4] passer la nuit ; et Manon, au lieu de le suivre, nous
promit de sortir, et de la venir passer avec moi. Lescaut se chargea du
soin d'avoir exactement un carrosse à la porte.

L'heure du souper étant venue, M. de G... M... ne se fit pas
attendre longtemps. Lescaut était avec sa sœur dans la salle. Le
65 premier compliment du vieillard fut d'offrir à sa belle un collier, des
bracelets et des pendants de perles, qui valaient au moins mille écus.
Il lui compta ensuite, en beaux louis d'or, la somme de deux mille
quatre cents livres, qui faisaient la moitié de la pension. Il assaisonna
son présent de quantité de douceurs, dans le goût de la vieille Cour.
70 Manon ne put lui refuser quelques baisers ; c'était autant de droits
qu'elle acquérait sur l'argent qu'il lui mettait entre les mains. J'étais à

Notes

1. Elle lui a promis de se donner à lui une fois qu'ils seront installés en ville.
2. s'émanciper : prendre des libertés.
3. libéralement : généreusement.
4. On dirait maintenant : « comptait passer ».

la porte, où je prêtais l'oreille, en attendant que Lescaut m'avertît d'entrer.

Il vint me prendre par la main, lorsque Manon eut serré l'argent et
1675 les bijoux, et me conduisant vers M. de G... M..., il m'ordonna de lui faire la révérence[1]. J'en fis deux ou trois des plus profondes. Excusez Monsieur, lui dit Lescaut, c'est un enfant fort neuf[2]. Il est bien éloigné, comme vous voyez, d'avoir les airs de Paris ; mais nous espérons qu'un peu d'usage le façonnera. Vous aurez l'honneur de
1680 voir ici souvent Monsieur, ajouta-t-il en se tournant vers moi ; faites bien votre profit d'un si bon modèle. Le vieil amant parut prendre plaisir à me voir. Il me donna deux ou trois petits coups sur la joue, en me disant que j'étais un joli garçon, mais qu'il fallait être sur mes gardes à Paris, où les jeunes gens se laissent aller facilement à la
1685 débauche. Lescaut l'assura que j'étais naturellement si sage, que je ne parlais que de me faire prêtre, et que tout mon plaisir était à faire de petites chapelles[3]. Je lui trouve l'air de Manon, reprit le vieillard en me haussant le menton avec la main. Je répondis d'un air niais : Monsieur, c'est que nos deux chairs se touchent de bien proche ;
1690 aussi j'aime ma sœur Manon comme un autre moi-même. L'entendez-vous ? dit-il à Lescaut. Il a de l'esprit. C'est dommage que cet enfant-là n'ait pas un peu plus de monde[4]. Ho, Monsieur, repris-je, j'en ai vu beaucoup chez nous dans les églises, et je crois bien que j'en trouverai à Paris de plus sots que moi. Voyez,
1695 ajouta-t-il, cela est admirable pour un enfant de province. Toute notre conversation fut à peu près du même goût pendant le souper. Manon, qui était badine[5], fut sur le point, plusieurs fois, de gâter tout par ses éclats de rire. Je trouvai l'occasion, en soupant, de lui raconter sa propre histoire, et le mauvais sort qui le menaçait. Lescaut et
1700 Manon tremblaient pendant mon récit, surtout lorsque je faisais son portrait au naturel ; mais l'amour-propre l'empêcha de s'y reconnaître, et je l'achevai si adroitement qu'il fut le premier à le trouver

notes

1. **faire la révérence** : s'incliner devant quelqu'un en signe de respect.
2. **neuf** : novice, sans expérience.
3. **faire de petites chapelles** : orner de fleurs des autels.
4. **n'ait pas un peu plus de monde** : ne connaisse pas plus les usages de la bonne société.
5. **était badine** : aimait rire.

fort risible. Vous verrez que ce n'est pas sans raison que je me suis étendu sur cette ridicule scène. Enfin l'heure du sommeil étant
1705 arrivée, il parla d'amour et d'impatience. Nous nous retirâmes, Lescaut et moi ; on le conduisit à sa chambre ; et Manon, étant sortie sous prétexte d'un besoin, nous vint joindre à la porte. Le carrosse, qui nous attendait trois ou quatre maisons plus bas, s'avança pour nous recevoir. Nous nous éloignâmes en un instant du quartier.

1710 Quoiqu'à mes propres yeux, cette action fût une véritable friponnerie, ce n'était pas la plus injuste que je crusse avoir à me reprocher. J'avais plus de scrupule sur l'argent que j'avais acquis au jeu. Cependant nous profitâmes aussi peu de l'un que de l'autre, et le Ciel permit que la plus légère de ces deux injustices fût la plus rigoureusement
1715 punie.

M. de G... M... ne tarda pas longtemps à s'apercevoir qu'il était dupé. Je ne sais s'il fit, dès le soir même, quelques démarches pour nous découvrir, mais il eut assez de crédit[1] pour n'en pas faire longtemps d'inutiles, et nous assez d'imprudence pour compter trop
1720 sur la grandeur de Paris, et sur l'éloignement qu'il y avait de notre quartier au sien. Non seulement il fut informé de notre demeure et de nos affaires présentes, mais il apprit aussi qui j'étais, la vie que j'avais menée à Paris, l'ancienne liaison de Manon avec B..., la tromperie qu'elle lui avait faite ; en un mot, toutes les parties
1725 scandaleuses de notre histoire. Il prit là-dessus la résolution de nous faire arrêter, et de nous traiter moins comme des criminels que comme de fieffés[2] libertins. Nous étions encore au lit, lorsqu'un exempt de police[3] entra dans notre chambre avec une demi-douzaine de gardes. Ils se saisirent d'abord de notre argent, ou plutôt
1730 de celui de M. de G... M..., et nous ayant fait lever brusquement, ils nous conduisirent à la porte, où nous trouvâmes deux carrosses, dans l'un desquels la pauvre Manon fut enlevée sans explication, et moi traîné dans l'autre à Saint-Lazare[4]. Il faut avoir éprouvé de tels revers, pour juger du désespoir qu'ils peuvent causer. Nos gardes eurent la

notes

1. crédit : influence.
2. fieffés : parfaits.
3. exempt de police : officier de police qui présidait aux arrestations.

4. Institution tenue par des religieux (les lazaristes) qui y gardaient emprisonnés des jeunes gens de bonne famille pour les remettre dans le droit chemin.

1735 dureté de ne me pas permettre d'embrasser Manon, ni de lui dire une parole. J'ignorai longtemps ce qu'elle était devenue. Ce fut sans doute un bonheur pour moi de ne l'avoir pas su d'abord, car une catastrophe si terrible m'aurait fait perdre le sens, et peut-être la vie.

Ma malheureuse maîtresse fut donc enlevée, à mes yeux, et menée
1740 dans une retraite que j'ai horreur de nommer. Quel sort pour une créature toute charmante, qui eût occupé le premier trône du monde, si tous les hommes eussent eu mes yeux et mon cœur ! On ne l'y traita pas barbarement ; mais elle fut resserrée dans une étroite prison, seule, et condamnée à remplir tous les jours une certaine
1745 tâche de travail, comme une condition nécessaire pour obtenir quelque dégoûtante nourriture. Je n'appris ce triste détail que longtemps après, lorsque j'eus essuyé moi-même plusieurs mois d'une rude et ennuyeuse pénitence. Mes gardes ne m'ayant point averti non plus du lieu où ils avaient ordre de me conduire, je ne
1750 connus mon destin qu'à la porte de Saint-Lazare. J'aurais préféré la mort, dans ce moment, à l'état où je me crus prêt de tomber. J'avais de terribles idées de cette maison. Ma frayeur augmenta, lorsqu'en entrant, les gardes visitèrent une seconde fois mes poches, pour s'assurer qu'il ne me restait ni armes, ni moyen de défense. Le
1755 Supérieur parut à l'instant ; il était prévenu sur mon arrivée. Il me salua avec beaucoup de douceur. Mon Père, lui dis-je, point d'indignités. Je perdrai mille vies, avant que d'en souffrir une. Non, non, Monsieur, me répondit-il ; vous prendrez une conduite sage, et nous serons contents l'un de l'autre. Il me pria de monter dans une
1760 chambre haute. Je le suivis sans résistance. Les archers nous accompagnèrent jusqu'à la porte ; et le Supérieur, y étant entré avec moi, leur fit signe de se retirer.

Je suis donc votre prisonnier ! lui dis-je. Eh bien, mon Père, que prétendez-vous faire de moi ? Il me dit qu'il était charmé de me voir
1765 prendre un ton raisonnable ; que son devoir serait de travailler à m'inspirer le goût de la vertu et de la religion, et le mien, de profiter de ses exhortations et de ses conseils ; que pour peu que je voulusse répondre aux attentions qu'il aurait pour moi, je ne trouverais que du plaisir dans ma solitude. Ah ! du plaisir, repris-je ; vous ne savez pas,
1770 mon Père, l'unique chose qui est capable de m'en faire goûter ! Je le

sais, reprit-il ; mais j'espère que votre inclination changera. Sa réponse me fit comprendre qu'il était instruit de mes aventures, et peut-être de mon nom. Je le priai de m'éclaircir. Il me dit naturellement qu'on l'avait informé de tout.

1775 Cette connaissance fut le plus rude de tous mes châtiments. Je me mis à verser un ruisseau de larmes, avec toutes les marques d'un affreux désespoir. Je ne pouvais me consoler d'une humiliation qui allait me rendre la fable[1] de toutes les personnes de ma connaissance, et la honte de ma famille. Je passai ainsi huit jours dans le plus profond

1780 abattement, sans être capable de rien entendre, ni de m'occuper d'autre chose que de mon opprobre[2]. Le souvenir même de Manon n'ajoutait rien à ma douleur. Il n'y entrait, du moins, que comme un sentiment qui avait précédé cette nouvelle peine, et la passion dominante de mon âme était la honte et la confusion. Il y a peu de

1785 personnes qui connaissent la force de ces mouvements particuliers du cœur. Le commun des hommes n'est sensible qu'à cinq ou six passions, dans le cercle desquelles leur vie se passe, et où toutes leurs agitations se réduisent. Ôtez-leur l'amour et la haine, le plaisir et la douleur, l'espérance et la crainte, ils ne sentent plus rien. Mais les

1790 personnes d'un caractère plus noble peuvent être remuées de mille façons différentes ; il semble qu'elles aient plus de cinq sens, et qu'elles puissent recevoir des idées et des sensations qui passent les bornes ordinaires de la nature. Et comme elles ont un sentiment de cette grandeur qui les élève au-dessus du vulgaire[3], il n'y a rien dont

1795 elles soient plus jalouses. De là vient qu'elles souffrent si impatiemment le mépris et la risée, et que la honte est une de leurs plus violentes passions.

J'avais ce triste avantage à Saint-Lazare. Ma tristesse parut si excessive au Supérieur, qu'en appréhendant les suites, il crut devoir

1800 me traiter avec beaucoup de douceur et d'indulgence. Il me visitait deux ou trois fois le jour. Il me prenait souvent avec lui, pour faire un

notes

1. **fable** : objet de moquerie.
2. **opprobre** : déshonneur.
3. **vulgaire** : commun des mortels.

tour de jardin, et son zèle s'épuisait en exhortations et en avis salutaires. Je les recevais avec douceur. Je lui marquais même de la reconnaissance. Il en tirait l'espoir de ma conversion. Vous êtes d'un naturel si doux et si aimable, me dit-il un jour, que je ne puis comprendre les désordres dont on vous accuse. Deux choses m'étonnent : l'une, comment, avec de si bonnes qualités, vous avez pu vous livrer à l'excès du libertinage ; et l'autre, que j'admire encore plus, comment vous recevez si volontiers mes conseils et mes instructions, après avoir vécu plusieurs années dans l'habitude du désordre. Si c'est repentir, vous êtes un exemple signalé des miséricordes du Ciel ; si c'est bonté naturelle, vous avez du moins un excellent fond de caractère, qui me fait espérer que nous n'aurons pas besoin de vous retenir ici longtemps, pour vous ramener à une vie honnête et réglée. Je fus ravi de lui voir cette opinion de moi. Je résolus de l'augmenter par une conduite qui pût le satisfaire entièrement, persuadé que c'était le plus sûr moyen d'abréger ma prison. Je lui demandai des livres. Il fut surpris que m'ayant laissé le choix de ceux que je voulais lire, je me déterminai pour quelques auteurs sérieux. Je feignis de m'appliquer à l'étude avec le dernier attachement, et je lui donnai ainsi, dans toutes les occasions, des preuves du changement qu'il désirait.

Cependant il n'était qu'extérieur. Je dois le confesser à ma honte, je jouai, à Saint-Lazare, un personnage d'hypocrite. Au lieu d'étudier, quand j'étais seul, je ne m'occupais qu'à gémir de ma destinée. Je maudissais ma prison et la tyrannie qui m'y retenait. Je n'eus pas plus tôt quelque relâche du côté de cet accablement où m'avait jeté la confusion, que je retombai dans les tourments de l'amour. L'absence de Manon, l'incertitude de son sort, la crainte de ne la revoir jamais étaient l'unique objet de mes tristes méditations. Je me la figurais dans les bras de G... M... ; car c'était la pensée que j'avais eue d'abord ; et loin de m'imaginer qu'il lui eût fait le même traitement qu'à moi, j'étais persuadé qu'il ne m'avait fait éloigner que pour la posséder tranquillement. Je passais ainsi des jours et des nuits, dont la longueur me paraissait éternelle. Je n'avais d'espérance que dans le succès de mon hypocrisie. J'observais soigneusement le visage et les discours du Supérieur, pour m'assurer de ce qu'il pensait de moi ; et je me faisais une étude de[1] lui plaire, comme à l'arbitre de ma destinée. Il me fut aisé de reconnaître que j'étais parfaitement dans ses bonnes grâces. Je ne doutai plus qu'il ne fût disposé à me rendre service. Je pris un jour la hardiesse de lui demander si c'était de lui que mon élargissement[2] dépendait. Il me dit qu'il n'en était pas absolument le maître, mais que sur son témoignage, il espérait que M. de G... M..., à la sollicitation duquel M. le Lieutenant général de Police m'avait fait renfermer, consentirait à me rendre la liberté. Puis-je me flatter[3], repris-je doucement, que deux mois de prison, que j'ai déjà essuyés, lui paraîtront une expiation suffisante ? Il me promit de lui en parler, si je le souhaitais. Je le priai instamment de me rendre ce bon office[4]. Il m'apprit, deux jours après, que G... M... avait été si touché du bien qu'il avait entendu de moi, que non seulement il paraissait être dans le dessein de me laisser voir le jour, mais qu'il avait même marqué beaucoup d'envie de me connaître plus particulièrement, et qu'il se proposait de me rendre une visite dans ma prison. Quoique sa présence ne pût m'être agréable, je la regardai comme un acheminement prochain à ma liberté.

Il vint effectivement à Saint-Lazare. Je lui trouvai l'air plus grave et moins sot qu'il ne l'avait eu dans la maison de Manon. Il me tint quelques discours de bon sens sur ma mauvaise conduite. Il ajouta, pour justifier apparemment ses propres désordres, qu'il était permis à la faiblesse des hommes de se procurer certains plaisirs que la nature exige, mais que la friponnerie et les artifices[5] honteux méritaient d'être punis. Je l'écoutai avec un air de soumission dont il parut satisfait. Je ne m'offensai pas même de lui entendre lâcher quelques railleries sur ma fraternité avec Lescaut et Manon, et sur les petites chapelles dont il supposait, me dit-il, que j'avais dû faire un grand nombre à Saint-Lazare, puisque je trouvais tant de plaisir à cette pieuse occupation. Mais il lui échappa, malheureusement pour lui et pour moi-même, de me dire que Manon en aurait fait aussi, sans doute, de fort jolies à l'Hôpital[6]. Malgré le frémissement que le nom

notes

1. **je me faisais une étude de** : je m'appliquais à.
2. **élargissement** : libération.
3. **me flatter** : avoir l'espoir.
4. **ce bon office** : ce service.
5. **artifices** : tromperies, manigances.
6. L'hôpital de la Salpêtrière, alors prison pour femmes, avait une sinistre réputation.

1870 d'Hôpital me causa, j'eus encore le pouvoir de le prier, avec douceur, de s'expliquer. Hé oui ! reprit-il, il y a deux mois qu'elle apprend la sagesse à l'Hôpital général, et je souhaite qu'elle en ait tiré autant de profit que vous à Saint-Lazare.

Quand j'aurais eu[1] une prison éternelle, ou la mort même présente 1875 à mes yeux, je n'aurais pas été le maître de mon transport, à cette affreuse nouvelle. Je me jetai sur lui avec une si furieuse rage, que j'en perdis la moitié de mes forces. J'en eus assez néanmoins pour le renverser par terre, et pour le prendre à la gorge. Je l'étranglais, lorsque le bruit de sa chute, et quelques cris aigus, que je lui laissais à 1880 peine la liberté de pousser, attirèrent le Supérieur et plusieurs religieux dans ma chambre. On le délivra de mes mains. J'avais presque perdu moi-même la force et la respiration. Ô Dieu ? m'écriai-je, en poussant mille soupirs ; justice du Ciel ! faut-il que je vive un moment, après une telle infamie ? Je voulus me jeter encore 1885 sur le barbare qui venait de m'assassiner. On m'arrêta. Mon déses- poir, mes cris et mes larmes passaient[2] toute imagination. Je fis des choses si étonnantes que tous les assistants, qui en ignoraient la cause, se regardaient les uns les autres avec autant de frayeur que de surprise. M. de G... M... rajustait pendant ce temps-là sa perruque et sa 1890 cravate ; et dans le dépit d'avoir été si maltraité, il ordonnait au Supérieur de me resserrer plus étroitement que jamais, et de me punir par tous les châtiments qu'on sait être propres à Saint-Lazare. Non, Monsieur, lui dit le Supérieur ; ce n'est point avec une personne de la naissance de M. le Chevalier, que nous en usons de cette manière. 1895 Il est si doux, d'ailleurs, et si honnête, que j'ai peine à comprendre qu'il se soit porté à cet excès sans de fortes raisons. Cette réponse acheva de déconcerter M. de G... M... Il sortit en disant qu'il saurait faire plier et le Supérieur et moi, et tous ceux qui oseraient lui résister.

1900 Le Supérieur, ayant ordonné à ses religieux de le conduire, demeura seul avec moi. Il me conjura de lui apprendre promptement d'où venait ce désordre. Ô mon Père, lui dis-je, en continuant de pleurer comme un enfant, figurez-vous la plus horrible cruauté,

notes

| 1. **Quand j'aurais eu** : même si j'avais eu. | 2. **passaient** : dépassaient.

imaginez-vous la plus détestable de toutes les barbaries : c'est l'action
que l'indigne G... M... a eu la lâcheté de commettre. Oh ! il m'a
percé le cœur. Je n'en reviendrai jamais. Je veux vous raconter tout,
ajoutai-je en sanglotant. Vous êtes bon, vous aurez pitié de moi. Je lui
fis un récit abrégé de la longue et insurmontable passion que j'avais
pour Manon, de la situation florissante de notre fortune avant que
nous eussions été dépouillés par nos propres domestiques, des offres
que G... M... avait faites à ma maîtresse, de la conclusion de leur
marché et de la manière dont il avait été rompu. Je lui représentai les
choses, à la vérité, du côté le plus favorable pour nous : Voilà,
continuai-je, de quelle source est venu le zèle de M. de G... M... pour
ma conversion. Il a eu le crédit[1] de me faire ici renfermer par un pur
motif de vengeance. Je lui pardonne ; mais, mon Père, ce n'est pas
tout ; il a fait enlever cruellement la plus chère moitié de moi-même ;
il l'a fait mettre honteusement à l'Hôpital ; il a eu l'impudence[2] de me
l'annoncer aujourd'hui de sa propre bouche. À l'Hôpital, mon Père !
Ô Ciel ! ma charmante maîtresse, ma chère reine à l'Hôpital, comme
la plus infâme de toutes les créatures ! Où trouverai-je assez de force
pour ne pas mourir de douleur et de honte ? Le bon Père, me voyant
dans cet excès d'affliction, entreprit de me consoler. Il me dit qu'il
n'avait jamais compris mon aventure de la manière dont je la
racontais ; qu'il avait su, à la vérité, que je vivais dans le désordre, mais
qu'il s'était figuré que ce qui avait obligé M. de G... M... d'y prendre
intérêt, était quelque liaison d'estime et d'amitié avec ma famille ;
qu'il ne s'en était expliqué à lui-même que sur ce pied[3] ; que ce que
je venais de lui apprendre mettrait beaucoup de changement dans
mes affaires, et qu'il ne doutait point que le récit fidèle qu'il avait
dessein d'en faire à M. le Lieutenant général de Police ne pût
contribuer à ma liberté. Il me demanda ensuite pourquoi je n'avais
pas encore pensé à donner de mes nouvelles à ma famille, puisqu'elle
n'avait point eu de part à ma captivité. Je satisfis à cette objection par
quelques raisons prises de la douleur que j'avais appréhendé de causer
à mon père, et de la honte que j'en aurais ressentie moi-même. Enfin

notes

1. **crédit** : pouvoir.
2. **impudence** : insolence.

3. **sur ce pied** : dans ce sens.

il me promit d'aller de ce pas chez le Lieutenant de Police, ne serait-ce, ajouta-t-il, que pour prévenir quelque chose de pis, de la part de M. de G... M..., qui est sorti de cette maison fort mal satisfait, et qui est assez considéré pour se faire redouter.

1940

J'attendis le retour du Père avec toutes les agitations d'un malheureux qui touche au moment de sa sentence. C'était pour moi un supplice inexprimable, de me représenter Manon à l'Hôpital. Outre l'infamie de cette demeure, j'ignorais de quelle manière elle y était

1945 traitée ; et le souvenir de quelques particularités que j'avais entendues de cette maison d'horreur, renouvelait à tous moments mes transports. J'étais tellement résolu de la secourir, à quelque prix et par quelque moyen que ce pût être, que j'aurais mis le feu à Saint-Lazare, s'il m'eût été impossible d'en sortir autrement. Je réfléchis donc sur

1950 les voies que j'avais à prendre, s'il arrivait que le Lieutenant général de Police continuât de m'y retenir malgré moi. Je mis mon industrie à toutes les épreuves ; je parcourus toutes les possibilités. Je ne vis rien qui pût m'assurer d'une évasion certaine, et je craignis d'être renfermé plus étroitement, si je faisais une tentative malheureuse. Je

1955 me rappelai le nom de quelques amis, de qui je pouvais espérer du secours ; mais quel moyen de leur faire savoir ma situation ? Enfin, je crus avoir formé un plan si adroit qu'il pourrait réussir ; et je remis à l'arranger encore mieux après le retour du Père Supérieur, si l'inutilité de sa démarche me le rendait nécessaire. Il ne tarda point à

1960 revenir. Je ne vis pas, sur son visage, les marques de joie qui accompagnent une bonne nouvelle. J'ai parlé, me dit-il, à M. le Lieutenant général de Police, mais je lui ai parlé trop tard. M. de G... M... l'est allé voir en sortant d'ici, et l'a si fort prévenu contre vous, qu'il était sur le point de m'envoyer de nouveaux ordres, pour vous

1965 resserrer davantage.

Cependant, lorsque je lui ai appris le fond de vos affaires, il a paru s'adoucir beaucoup, et riant un peu de l'incontinence[1] du vieux M. de G... M..., il m'a dit qu'il fallait vous laisser ici six mois pour le satisfaire ; d'autant mieux, a-t-il dit, que cette demeure ne saurait

note

| **1. incontinence** : manque de retenue dans les plaisirs.

122

vous être inutile. Il m'a recommandé de vous traiter honnêtement, et je vous réponds que vous ne vous plaindrez point de mes manières.

Cette explication du bon Supérieur fut assez longue pour me donner le temps de faire une sage réflexion. Je conçus que je m'exposerais à renverser mes desseins, si je lui marquais trop d'empressement pour ma liberté. Je lui témoignai au contraire que, dans la nécessité de demeurer, c'était une douce consolation pour moi d'avoir quelque part à son estime. Je le priai ensuite, sans affectation, de m'accorder une grâce, qui n'était de nulle importance pour personne, et qui servirait beaucoup à ma tranquillité : c'était de faire avertir un de ses amis, un saint ecclésiastique qui demeurait à Saint-Sulpice, que j'étais à Saint-Lazare, et de permettre que je reçusse quelquefois sa visite. Cette faveur me fut accordée sans délibérer. C'était mon ami Tiberge dont il était question ; non que j'espérasse de lui les secours nécessaires pour ma liberté ; mais je voulais l'y faire servir comme un instrument éloigné, sans qu'il en eût même connaissance. En un mot voici mon projet : je voulais écrire à Lescaut et le charger, lui et nos amis communs, du soin de me délivrer. La première difficulté était de lui faire tenir ma lettre ; ce devait être l'office de Tiberge. Cependant, comme il le connaissait pour le frère de ma maîtresse, je craignais qu'il n'eût peine à se charger de cette commission. Mon dessein était de renfermer ma lettre à Lescaut dans une autre lettre, que je devais adresser à un honnête homme de ma connaissance, en le priant de rendre promptement la première à son adresse ; et comme il était nécessaire que je visse Lescaut pour nous accorder dans nos mesures, je voulais lui marquer de venir à Saint-Lazare, et de demander à me voir sous le nom de mon frère aîné, qui était venu exprès à Paris pour prendre connaissance de mes affaires. Je remettais à convenir, avec lui, des moyens qui nous paraîtraient les plus expéditifs et les plus sûrs. Le Père Supérieur fit avertir Tiberge du désir que j'avais de l'entretenir. Ce fidèle ami ne m'avait pas tellement perdu de vue, qu'il ignorât[1] mon aventure ; il savait que j'étais à Saint-Lazare, et peut-être

. tellement perdu de vue, qu'il ignorât : perdu
e vue, au point d'ignorer.

n'avait-il pas été fâché de cette disgrâce qu'il croyait capable de me ramener au devoir. Il accourut aussitôt à ma chambre.

2005 Notre entretien fut plein d'amitié. Il voulut être informé de mes dispositions. Je lui ouvris mon cœur sans réserve, excepté sur le dessein de ma fuite. Ce n'est pas à vos yeux, cher ami, lui dis-je, que je veux paraître ce que je ne suis point. Si vous avez cru trouver ici un ami sage et réglé dans ses désirs, un libertin réveillé par les châtiments du Ciel, en un mot un cœur dégagé de l'amour et revenu des charmes de sa Manon, vous avez jugé trop favorablement de moi. Vous me revoyez tel que vous me laissâtes il y a quatre mois : toujours tendre, et toujours malheureux par cette fatale tendresse dans laquelle je ne me lasse point de chercher mon bonheur.

2015 Il me répondit que l'aveu que je faisais me rendait inexcusable ; qu'on voyait bien des pécheurs qui s'enivraient du faux bonheur du vice jusqu'à le préférer hautement à celui de la vertu ; mais que c'était du moins à des images de bonheur qu'ils s'attachaient, et qu'ils étaient les dupes de l'apparence ; mais que de reconnaître, comme je le faisais, que l'objet de mes attachements n'était propre qu'à me rendre coupable et malheureux, et de continuer à me précipiter volontairement dans l'infortune et dans le crime, c'était une contradiction d'idées et de conduite qui ne faisait pas honneur à ma raison.

2025 Tiberge, repris-je, qu'il vous est aisé de vaincre, lorsqu'on n'oppose rien à vos armes ! Laissez-moi raisonner à mon tour. Pouvez-vous prétendre que ce que vous appelez le bonheur de la vertu soit exempt de peines, de traverses[1] et d'inquiétudes ? Quel nom donnerez-vous à la prison, aux croix, aux supplices et aux tortures des tyrans ? Direz-vous, comme font les mystiques, que ce qui tourmente le corps est un bonheur pour l'âme ? Vous n'oseriez le dire ; c'est un paradoxe[2] insoutenable. Ce bonheur que vous relevez tant, est donc mêlé de mille peines ; ou pour parler plus juste, ce n'est qu'un tissu de malheurs, au travers desquels on tend à la félicité. Or, si la force de l'imagination fait trouver du plaisir dans ces

notes

| 1. **traverses** : obstacles. | 2. **paradoxe** : opinion contraire à la raison ou à l'opinion commune. |

maux mêmes, parce qu'ils peuvent conduire à un terme heureux qu'on espère, pourquoi traitez-vous de contradictoire et d'insensée, dans ma conduite, une disposition toute semblable ? J'aime Manon ; je tends au travers de mille douleurs à vivre heureux et tranquille auprès d'elle. La voie par où je marche est malheureuse ; mais l'espérance d'arriver à mon terme y répand toujours de la douceur ; et je me croirai trop bien payé, par un moment passé avec elle, de tous les chagrins que j'essuie pour l'obtenir. Toutes choses me paraissent donc égales de votre côté et du mien ; ou s'il y a quelque différence, elle est encore à mon avantage, car le bonheur que j'espère est proche, et l'autre est éloigné ; le mien est de la nature des peines, c'est-à-dire sensible au corps, et l'autre est d'une nature inconnue, qui n'est certaine que par la foi.

Tiberge parut effrayé de ce raisonnement. Il recula de deux pas, en me disant, de l'air le plus sérieux, que non seulement ce que je venais de dire blessait le bon sens, mais que c'était un malheureux sophisme[1] d'impiété et d'irréligion : car cette comparaison, ajouta-t-il, du terme de vos peines avec celui qui est proposé par la religion, est une idée des plus libertines et des plus monstrueuses.

J'avoue, repris-je, qu'elle n'est pas juste ; mais prenez-y garde, ce n'est pas sur elle que porte mon raisonnement. J'ai eu dessein d'expliquer ce que vous regardez comme une contradiction dans la persévérance d'un amour malheureux ; et je crois avoir fort bien prouvé que si c'en est une, vous ne sauriez vous en sauver plus que moi. C'est à cet égard seulement que j'ai traité les choses d'égales, et je soutiens encore qu'elles le sont. Répondrez-vous que le terme de la vertu est infiniment supérieur à celui de l'amour ? Qui refuse d'en convenir ? Mais est-ce de quoi il est question ? Ne s'agit-il pas de la force qu'ils ont, l'un et l'autre, pour faire supporter les peines ? Jugeons-en par l'effet. Combien trouve-t-on de déserteurs de la sévère vertu, et combien en trouverez-vous peu de l'amour ? Répondrez-vous encore que, s'il y a des peines dans l'exercice du bien, elles ne sont pas infaillibles et nécessaires ; qu'on ne trouve plus

Note

1. **sophisme :** raisonnement faux, sous de belles apparences.

125

de tyrans ni de croix, et qu'on voit quantité de personnes vertueuses mener une vie douce et tranquille ? Je vous dirai de même qu'il y a
2070 des amours paisibles et fortunés ; et ce qui fait encore une différence qui m'est extrêmement avantageuse, j'ajouterai que l'amour, quoiqu'il trompe assez souvent, ne promet du moins que des satisfactions et des joies, au lieu que la religion veut qu'on s'attende à une pratique triste et mortifiante[1]. Ne vous alarmez pas, ajoutai-je
2075 en voyant son zèle prêt à se chagriner. L'unique chose que je veux conclure ici, c'est qu'il n'y a point de plus mauvaise méthode pour dégoûter un cœur de l'amour, que de lui en décrier les douceurs et de lui promettre plus de bonheur dans l'exercice de la vertu. De la manière dont nous sommes faits, il est certain que notre félicité
2080 consiste dans le plaisir ; je défie qu'on s'en forme une autre idée ; or le cœur n'a pas besoin de se consulter longtemps pour sentir que, de tous les plaisirs, les plus doux sont ceux de l'amour. Il s'aperçoit bientôt qu'on le trompe lorsqu'on lui en promet ailleurs de plus charmants ; et cette tromperie le dispose à se défier des promesses les
2085 plus solides. Prédicateurs[2], qui voulez me ramener à la vertu, dites-moi qu'elle est indispensablement nécessaire ; mais ne me déguisez pas qu'elle est sévère et pénible. Établissez bien que les délices de l'amour sont passagères, qu'elles sont défendues, qu'elles seront suivies par d'éternelles peines ; et ce qui fera peut-être encore
2090 plus d'impression sur moi, que plus elles sont douces et charmantes, plus le Ciel sera magnifique à récompenser un si grand sacrifice ; mais confessez qu'avec des cœurs tels que nous les avons, elles sont ici-bas nos plus parfaites félicités.

Cette fin de mon discours rendit sa bonne humeur à Tiberge. Il
2095 convint qu'il y avait quelque chose de raisonnable dans mes pensées. La seule objection qu'il ajouta fut de me demander pourquoi je n'entrais pas du moins dans mes propres principes, en sacrifiant mon amour à l'espérance de cette rémunération[3] dont je me faisais une si grande idée. Ô cher ami ! lui répondis-je, c'est ici que je reconnais ma

notes

1. **mortifiante** : qui cause de la peine pour favoriser la pénitence.
2. **Prédicateurs** : ceux qui prêchent la morale chrétienne.

3. **rémunération** : récompense.

misère et ma faiblesse. Hélas ! oui, c'est mon devoir d'agir comme je raisonne ! mais l'action est-elle en mon pouvoir ? De quels secours n'aurais-je pas besoin pour oublier les charmes de Manon ? Dieu me pardonne, reprit Tiberge, je pense que voici encore un de nos jansénistes[1]. Je ne sais ce que je suis, répliquai-je, et je ne vois pas trop clairement ce qu'il faut être ; mais je n'éprouve que trop la vérité de ce qu'ils disent.

Cette conversation servit du moins à renouveler la pitié de mon ami. Il comprit qu'il y avait plus de faiblesse que de malignité dans mes désordres. Son amitié en fut plus disposée, dans la suite, à me donner des secours, sans lesquels j'aurais péri infailliblement de misère. Cependant je ne lui fis pas la moindre ouverture du dessein que j'avais de m'échapper de Saint-Lazare. Je le priai seulement de se charger de ma lettre. Je l'avais préparée, avant qu'il fût venu, et je ne manquai point de prétextes pour colorer[2] la nécessité où j'étais d'écrire. Il eut la fidélité de la porter exactement, et Lescaut reçut, avant la fin du jour, celle qui était pour lui.

Il me vint voir le lendemain, et il passa heureusement sous le nom de mon frère. Ma joie fut extrême en l'apercevant dans ma chambre. J'en fermai la porte avec soin. Ne perdons pas un seul moment, lui dis-je ; apprenez-moi d'abord des nouvelles de Manon, et donnez-moi ensuite un bon conseil pour rompre mes fers. Il m'assura qu'il n'avait pas vu sa sœur depuis le jour qui avait précédé mon emprisonnement, qu'il n'avait appris son sort et le mien qu'à force d'informations et de soins ; que s'étant présenté deux ou trois fois à l'Hôpital, on lui avait refusé la liberté de lui parler. Malheureux G... M... ! m'écriai-je, que tu me le paieras cher !

Pour ce qui regarde votre délivrance, continua Lescaut, c'est une entreprise moins facile que vous ne pensez. Nous passâmes hier la soirée, deux de mes amis et moi, à observer toutes les parties extérieures de cette maison, et nous jugeâmes que, vos fenêtres étant sur une cour entourée de bâtiments, comme vous nous l'aviez

otes

1. jansénistes : adeptes d'une doctrine religieuse, exposée par Jansénius au XVIIe siècle et proposant, à partir d'une interprétation des textes de saint Augustin, une conception très pessimiste de la nature humaine et de ses faiblesses.
2. colorer : dissimuler sous de belles apparences.

marqué, il y aurait bien de la difficulté à vous tirer de là. Vous êtes d'ailleurs au troisième étage, et nous ne pouvons introduire ici ni cordes ni échelles. Je ne vois donc nulle ressource du côté du dehors.

2135 C'est dans la maison même qu'il faudrait imaginer quelque artifice. Non, repris-je ; j'ai tout examiné, surtout depuis que ma clôture est un peu moins rigoureuse, par l'indulgence du Supérieur. La porte de ma chambre ne se ferme plus avec la clef ; j'ai la liberté de me promener dans les galeries des religieux ; mais tous les escaliers sont

2140 bouchés par des portes épaisses, qu'on a soin de tenir fermées la nuit et le jour, de sorte qu'il est impossible que la seule adresse puisse me sauver. Attendez, repris-je, après avoir un peu réfléchi sur une idée qui me parut excellente, pourriez-vous m'apporter un pistolet ? Aisément, me dit Lescaut ; mais voulez-vous tuer quelqu'un ? Je

2145 l'assurai que j'avais si peu dessein de tuer qu'il n'était pas même nécessaire que le pistolet fût chargé. Apportez-le-moi demain, ajoutai-je, et ne manquez pas de vous trouver le soir, à onze heures, vis-à-vis de la porte de cette maison, avec deux ou trois de nos amis. J'espère que je pourrai vous y rejoindre. Il me pressa en vain de lui en

2150 apprendre davantage. Je lui dis qu'une entreprise telle que je la méditais, ne pouvait paraître raisonnable qu'après avoir réussi. Je le priai d'abréger sa visite, afin qu'il trouvât plus de facilité à me revoir le lendemain. Il fut admis avec aussi peu de peine que la première fois. Son air était grave. Il n'y a personne qui ne l'eût pris pour un

2155 homme d'honneur.

Lorsque je me trouvai muni de l'instrument de ma liberté, je ne doutai presque plus du succès de mon projet. Il était bizarre et hardi ; mais de quoi n'étais-je pas capable, avec les motifs qui m'animaient ? J'avais remarqué, depuis qu'il m'était permis de sortir de ma chambre

2160 et de me promener dans les galeries, que le portier apportait chaque jour au soir les clefs de toutes les portes au Supérieur, et qu'il régnait ensuite un profond silence dans la maison, qui marquait que tout le monde était retiré. Je pouvais aller sans obstacle, par une galerie de communication, de ma chambre à celle de ce Père. Ma résolution

2165 était de lui prendre ses clefs, en l'épouvantant avec mon pistolet s'il faisait difficulté de me les donner, et de m'en servir pour gagner la rue. J'en attendis le temps avec impatience. Le portier vint à l'heure

ordinaire, c'est-à-dire un peu après neuf heures. J'en laissai passer
encore une, pour m'assurer que tous les religieux et les domestiques
70 étaient endormis. Je partis enfin, avec mon arme et une chandelle
allumée. Je frappai d'abord doucement à la porte du Père, pour
l'éveiller sans bruit. Il m'entendit au second coup ; et s'imaginant sans
doute que c'était quelque religieux qui se trouvait mal et qui avait
besoin de secours, il se leva pour m'ouvrir. Il eut néanmoins la
75 précaution de demander, au travers de la porte, qui c'était et ce qu'on
voulait de lui. Je fus obligé de me nommer ; mais j'affectai un ton
plaintif, pour lui faire comprendre que je ne me trouvais pas bien.
Ah ! c'est vous, mon cher fils, me dit-il, en ouvrant la porte.
Qu'est-ce donc qui vous amène si tard ? J'entrai dans sa chambre, et
80 l'ayant tiré à l'autre bout, opposé à la porte, je lui déclarai qu'il m'était
impossible de demeurer plus longtemps à Saint-Lazare ; que la nuit
était un temps commode pour sortir sans être aperçu, et que
j'attendais de son amitié qu'il consentirait à m'ouvrir les portes, ou à
me prêter ses clefs pour les ouvrir moi-même.

85   Ce compliment[1] devait le surprendre. Il demeura quelque temps à
me considérer, sans me répondre. Comme je n'en avais pas à perdre,
je repris la parole pour lui dire que j'étais fort touché de toutes ses
bontés, mais que la liberté étant le plus cher de tous les biens, surtout
pour moi à qui on la ravissait injustement, j'étais résolu de me la
90 procurer cette nuit même, à quelque prix que ce fût ; et de peur qu'il
ne lui prît envie d'élever la voix pour appeler du secours, je lui fis voir
une honnête raison de silence, que je tenais sous mon juste-au-
corps[2]. Un pistolet ! me dit-il. Quoi ! mon fils, vous voulez m'ôter la
vie, pour reconnaître la considération que j'ai eue pour vous ? À
95 Dieu ne plaise, lui répondis-je. Vous avez trop d'esprit et de raison
pour me mettre dans cette nécessité ; mais je veux être libre, et j'y suis
si résolu que, si mon projet manque par votre faute, c'est fait de vous
absolument. Mais, mon cher fils ! reprit-il d'un air pâle et effrayé, que
vous ai-je fait ? quelle raison avez-vous de vouloir ma mort ? Eh non !
100 répliquai-je avec impatience. Je n'ai pas dessein de vous tuer. Si vous

---

ɪotes

1. compliment : formule de politesse (ici pris
dans un sens ironique).

2. juste-au-corps : veste assez cintrée.

voulez vivre, ouvrez-moi la porte, et je suis le meilleur de vos amis. J'aperçus les clefs, qui étaient sur la table. Je les pris, et je le priai de me suivre, en faisant le moins de bruit qu'il pourrait. Il fut obligé de s'y résoudre. À mesure que nous avancions et qu'il ouvrait une porte,
2205 il me répétait avec un soupir : Ah ! mon fils, ah ! qui l'aurait cru ? Point de bruit, mon Père, répétais-je de mon côté à tout moment. Enfin nous arrivâmes à une espèce de barrière, qui est avant la grande porte de la rue. Je me croyais déjà libre, et j'étais derrière le Père, avec ma chandelle dans une main et mon pistolet dans l'autre. Pendant
2210 qu'il s'empressait d'ouvrir, un domestique, qui couchait dans une petite chambre voisine, entendant le bruit de quelques verrous, se lève et met la tête à sa porte. Le bon Père le crut apparemment capable de m'arrêter. Il lui ordonna, avec beaucoup d'imprudence, de venir à son secours. C'était un puissant coquin, qui s'élança sur
2215 moi sans balancer. Je ne le marchandai[1] point ; je lui lâchai le coup au milieu de la poitrine. Voilà de quoi vous êtes cause, mon Père, dis-je assez fièrement à mon guide. Mais que cela ne vous empêche point d'achever, ajoutai-je en le poussant vers la dernière porte. Il n'osa refuser de l'ouvrir. Je sortis heureusement et je trouvai, à quatre pas,
2220 Lescaut qui m'attendait avec deux amis, suivant sa promesse.

Nous nous éloignâmes. Lescaut me demanda s'il n'avait pas entendu tirer un pistolet. C'est votre faute, lui dis-je ; pourquoi me l'apportiez-vous chargé ? Cependant je le remerciai d'avoir eu cette précaution, sans laquelle j'étais sans doute à Saint-Lazare pour
2225 longtemps. Nous allâmes passer la nuit chez un traiteur[2], où je me remis un peu de la mauvaise chère[3] que j'avais faite depuis près de trois mois. Je ne pus néanmoins m'y livrer au plaisir. Je souffrais mortellement dans Manon[4]. Il faut la délivrer, dis-je à mes trois amis. Je n'ai souhaité la liberté que dans cette vue. Je vous demande le
2230 secours de votre adresse ; pour moi, j'y emploierai jusqu'à ma vie. Lescaut, qui ne manquait pas d'esprit et de prudence, me représenta qu'il fallait aller bride en main[5], que mon évasion de Saint-Lazare, et

notes

1. **marchandai :** ménageai.
2. **traiteur :** restaurateur.
3. *Faire mauvaise chère* signifie « être mal nourri ».

4. Cette tournure indique la compassion (« pâtir avec ») de Des Grieux pour Manon.
5. **bride en main :** avec prudence.

le malheur qui m'était arrivé en sortant, causeraient infailliblement du bruit ; que le Lieutenant général de Police me ferait chercher, et
2235 qu'il avait les bras longs ; enfin, que si je ne voulais pas être exposé à quelque chose de pis que Saint-Lazare, il était à propos de me tenir couvert et renfermé pendant quelques jours pour laisser au premier feu de mes ennemis le temps de s'éteindre. Son conseil était sage, mais il aurait fallu l'être aussi pour le suivre. Tant de lenteur et de
2240 ménagement ne s'accordait pas avec ma passion. Toute ma complaisance se réduisit à lui promettre que je passerais le jour suivant à dormir. Il m'enferma dans sa chambre, où je demeurai jusqu'au soir.

J'employai une partie de ce temps à former des projets et des expédients[1] pour secourir Manon. J'étais bien persuadé que sa prison
2245 était encore plus impénétrable que n'avait été la mienne. Il n'était pas question de force et de violence, il fallait de l'artifice ; mais la déesse même de l'invention n'aurait pas su par où commencer. J'y vis si peu jour[2], que je remis à considérer mieux les choses lorsque j'aurais pris quelques informations sur l'arrangement intérieur de l'Hôpital.
2250 Aussitôt que la nuit m'eut rendu la liberté, je priai Lescaut de m'accompagner. Nous liâmes conversation avec un des portiers, qui nous parut homme de bon sens. Je feignis d'être un étranger qui avait entendu parler avec admiration de l'Hôpital général, et de l'ordre qui s'y observe. Je l'interrogeai sur les plus minces détails, et de circons-
2255 tance en circonstance, nous tombâmes sur les administrateurs, dont je le priai de m'apprendre les noms et les qualités. Les réponses qu'il me fit sur ce dernier article me firent naître une pensée dont je m'applaudis aussitôt, et que je ne tardai point à mettre en œuvre. Je lui demandai, comme une chose essentielle à mon dessein, si ces
2260 messieurs avaient des enfants. Il me dit qu'il ne pouvait pas m'en rendre un compte certain, mais que pour M. de T..., qui était un des principaux, il lui connaissait un fils en âge d'être marié, qui était venu plusieurs fois à l'Hôpital avec son père. Cette assurance me suffisait. Je rompis presque aussitôt notre entretien, et je fis part à Lescaut, en
2265 retournant chez lui, du dessein que j'avais conçu. Je m'imagine, lui dis-je, que M. de T... le fils, qui est riche et de bonne famille, est dans

notes ....

| **1. expédients :** moyens ingénieux. | **2. jour :** clair.

un certain goût de plaisirs, comme la plupart des jeunes gens de son âge. Il ne saurait être ennemi des femmes, ni ridicule au point de refuser ses services pour une affaire d'amour. J'ai formé le dessein de l'intéresser à la liberté de Manon. S'il est honnête homme, et qu'il ait des sentiments, il nous accordera son secours par générosité. S'il n'est point capable d'être conduit par ce motif, il fera du moins quelque chose pour une fille aimable, ne fût-ce que par l'espérance d'avoir part à ses faveurs. Je ne veux pas différer de le voir, ajoutai-je, plus longtemps que jusqu'à demain. Je me sens si consolé par ce projet, que j'en tire un bon augure[1]. Lescaut convint lui-même qu'il y avait de la vraisemblance dans mes idées, et que nous pouvions espérer quelque chose par cette voie. J'en passai la nuit moins tristement.

Le matin étant venu, je m'habillai le plus proprement qu'il me fût possible, dans l'état d'indigence où j'étais, et je me fis conduire dans un fiacre à la maison de M. de T... Il fut surpris de recevoir la visite d'un inconnu. J'augurai bien de sa physionomie et de ses civilités. Je m'expliquai naturellement avec lui, et pour échauffer ses sentiments naturels, je lui parlai de ma passion, et du mérite de ma maîtresse, comme de deux choses qui ne pouvaient être égalées que l'une par l'autre. Il me dit que quoiqu'il n'eût jamais vu Manon, il avait entendu parler d'elle, du moins s'il s'agissait de celle qui avait été la maîtresse du vieux G... M... Je ne doutai point qu'il ne fût informé de la part que j'avais eue à cette aventure, et pour le gagner de plus en plus, en me faisant un mérite de ma confiance, je lui racontai le détail de tout ce qui était arrivé à Manon et à moi. Vous voyez, Monsieur, continuai-je, que l'intérêt de ma vie et celui de mon cœur sont maintenant entre vos mains. L'un ne m'est pas plus cher que l'autre. Je n'ai point de réserve avec vous, parce que je suis informé de votre générosité, et que la ressemblance de nos âges me fait espérer qu'il s'en trouvera quelqu'une dans nos inclinations. Il parut fort sensible à cette marque d'ouverture et de candeur. Sa réponse fut celle d'un homme qui a du monde, et des sentiments ; ce que le monde ne donne pas toujours, et qu'il fait perdre souvent. Il me dit qu'il mettait ma visite au rang de ses bonnes fortunes, qu'il regarderait

note

| **1. bon augure :** chance de succès.

mon amitié comme une de ses plus heureuses acquisitions, et qu'il
s'efforcerait de la mériter par l'ardeur de ses services. Il ne promit pas
de me rendre Manon, parce qu'il n'avait, me dit-il, qu'un crédit
médiocre et mal assuré ; mais il m'offrit de me procurer le plaisir de
2305   la voir, et de faire tout ce qui serait en sa puissance pour la remettre
entre mes bras. Je fus plus satisfait de cette incertitude de son crédit,
que je ne l'aurais été d'une pleine assurance de remplir tous mes
désirs. Je trouvai, dans la modération de ses offres, une marque de
franchise dont je fus charmé. En un mot, je me promis tout de ses
2310   bons offices. La seule promesse de me faire voir Manon m'aurait fait
tout entreprendre pour lui. Je lui marquai quelque chose de ces
sentiments, d'une manière qui le persuada aussi que je n'étais pas d'un
mauvais naturel. Nous nous embrassâmes avec tendresse, et nous
devînmes amis, sans autre raison que la bonté de nos cœurs, et une
2315   simple disposition qui porte un homme tendre et généreux à aimer
un autre homme qui lui ressemble. Il poussa les marques de son
estime bien plus loin ; car ayant combiné[1] mes aventures, et jugeant
qu'en sortant de Saint-Lazare je ne devais pas me trouver à mon aise,
il m'offrit sa bourse, et il me pressa de l'accepter. Je ne l'acceptai
2320   point ; mais je lui dis : C'est trop, mon cher Monsieur. Si avec tant
de bonté et d'amitié, vous me faites revoir ma chère Manon, je vous
suis attaché pour toute ma vie. Si vous me rendez tout à fait cette
chère créature, je ne croirai pas être quitte en versant tout mon sang
pour vous servir.

2325   Nous ne nous séparâmes qu'après être convenus du temps et du
lieu où nous devions nous retrouver. Il eut la complaisance de ne pas
me remettre plus loin que l'après-midi du même jour. Je l'attendis
dans un café, où il vint me rejoindre vers les quatre heures, et nous
prîmes ensemble le chemin de l'Hôpital. Mes genoux étaient trem-
2330   blants en traversant les cours. Puissance d'amour ! disais-je, je reverrai
donc l'idole de mon cœur, l'objet de tant de pleurs et d'inquiétudes !
Ciel ! conservez-moi assez de vie pour aller jusqu'à elle, et disposez
après cela de ma fortune et de mes jours ; je n'ai plus d'autre grâce à
vous demander.

note

| **1. combiné** : étudié.

2335   M. de T... parla à quelques concierges de la maison, qui s'empres-
sèrent de lui offrir tout ce qui dépendait d'eux pour sa satisfaction. Il
se fit montrer le quartier où Manon avait sa chambre, et l'on nous y
conduisit avec une clef d'une grandeur effroyable, qui servit à ouvrir
sa porte. Je demandai au valet qui nous menait, et qui était celui
2340 qu'on avait chargé du soin de la servir, de quelle manière elle avait
passé le temps dans cette demeure. Il nous dit que c'était une douceur
angélique ; qu'il n'avait jamais reçu d'elle un mot de dureté ; qu'elle
avait versé continuellement des larmes pendant les six premières
semaines après son arrivée, mais que depuis quelque temps elle
2345 paraissait prendre son malheur avec plus de patience ; et qu'elle était
occupée à coudre du matin jusqu'au soir, à la réserve de quelques
heures qu'elle employait à la lecture. Je lui demandai encore si elle
avait été entretenue proprement. Il m'assura que le nécessaire du
moins ne lui avait jamais manqué.

2350   Nous approchâmes de sa porte. Mon cœur battait violemment. Je
dis à M. de T... : Entrez seul et prévenez-la sur ma visite, car
j'appréhende qu'elle ne soit trop saisie en me voyant tout d'un coup.
La porte nous fut ouverte. Je demeurai dans la galerie. J'entendis
néanmoins leur discours. Il lui dit qu'il venait lui apporter un peu de
2355 consolation ; qu'il était de mes amis, et qu'il prenait beaucoup
d'intérêt à notre bonheur. Elle lui demanda, avec le plus vif empressement, si elle apprendrait de lui ce que j'étais devenu. Il lui promit
de m'amener à ses pieds, aussi tendre, aussi fidèle qu'elle pouvait
le désirer. Quand ? reprit-elle. Aujourd'hui même, lui dit-il ; ce
2360 bienheureux moment ne tardera point ; il va paraître à l'instant si
vous le souhaitez. Elle comprit que j'étais à la porte. J'entrai,
lorsqu'elle y accourait avec précipitation. Nous nous embrassâmes
avec cette effusion de tendresse qu'une absence de trois mois fait
trouver si charmante à de parfaits amants. Nos soupirs, nos exclama-
2365 tions interrompues, mille noms d'amour répétés languissamment de
part et d'autre, formèrent, pendant un quart d'heure, une scène qui
attendrissait M. de T... Je vous porte envie[1], me dit-il, en nous faisant
asseoir ; il n'y a point de sort glorieux auquel je ne préférasse une

note

| 1. **Je vous porte envie :** je vous envie.

134

maîtresse si belle et si passionnée. Aussi mépriserais-je tous les
empires du monde, lui répondis-je, pour m'assurer le bonheur d'être
aimé d'elle.

Tout le reste d'une conversation si désirée ne pouvait manquer
d'être infiniment tendre. La pauvre Manon me raconta ses aventures,
et je lui appris les miennes. Nous pleurâmes amèrement en nous
entretenant de l'état où elle était, et de celui d'où je ne faisais que
sortir. M. de T... nous consola, par de nouvelles promesses, de
s'employer ardemment pour finir nos misères. Il nous conseilla de ne
pas rendre cette première entrevue trop longue, pour lui donner plus
de facilité à nous en procurer d'autres. Il eut beaucoup de peine à
nous faire goûter ce conseil ; Manon, surtout, ne pouvait se résoudre
à me laisser partir. Elle me fit remettre cent fois sur ma chaise ; elle me
retenait par les habits et par les mains. Hélas ! dans quel lieu me
laissez-vous ! disait-elle. Qui peut m'assurer de vous revoir ?
M. de T... lui promit de la venir voir souvent avec moi. Pour le lieu,
ajouta-t-il agréablement, il ne faut plus l'appeler l'Hôpital ; c'est
Versailles, depuis qu'une personne qui mérite l'empire de tous les
cœurs y est enfermée.

Je fis, en sortant, quelques libéralités au valet qui la servait, pour
l'engager à lui rendre ses soins avec zèle. Ce garçon avait l'âme moins
basse et moins dure que ses pareils. Il avait été témoin de notre
entrevue ; ce tendre spectacle l'avait touché. Un louis d'or, dont je
lui fis présent, acheva de me l'attacher. Il me prit à l'écart en
descendant dans les cours. Monsieur, me dit-il, si vous me voulez
prendre à votre service, ou me donner une honnête récompense
pour me dédommager de la perte de l'emploi que j'occupe ici, je
crois qu'il me sera facile de délivrer Mademoiselle Manon. J'ouvris
l'oreille à cette proposition ; et quoique je fusse dépourvu de tout, je
lui fis des promesses fort au-dessus de ses désirs. Je comptais bien qu'il
me serait toujours aisé de récompenser un homme de cette étoffe[1].
Sois persuadé, lui dis-je, mon ami, qu'il n'y a rien que je ne fasse pour
toi, et que ta fortune est aussi assurée que la mienne. Je voulus savoir
quels moyens il avait dessein d'employer. Nul autre, me dit-il, que de

note

| **1. de cette étoffe** : de cette sorte.

lui ouvrir le soir la porte de sa chambre, et de vous la conduire jusqu'à celle de la rue, où il faudra que vous soyez prêt à la recevoir. Je lui

2405 demandai s'il n'était point à craindre qu'elle ne fût reconnue en traversant les galeries et les cours. Il confessa qu'il y avait quelque danger, mais il me dit qu'il fallait bien risquer quelque chose. Quoique je fusse ravi de le voir si résolu, j'appelai M. de T... pour lui communiquer ce projet, et la seule raison qui semblait pouvoir le

2410 rendre douteux. Il y trouva plus de difficulté que moi. Il convint qu'elle pouvait absolument s'échapper de cette manière ; mais si elle est reconnue, continua-t-il, si elle est arrêtée en fuyant, c'est peut-être fait d'elle pour toujours. D'ailleurs il vous faudrait donc quitter Paris sur-le-champ, car vous ne seriez jamais assez cachés aux

2415 recherches. On les redoublerait, autant par rapport à vous qu'à elle. Un homme s'échappe aisément quand il est seul, mais il est presque impossible de demeurer inconnu avec une jolie femme. Quelque solide que me parût ce raisonnement, il ne put l'emporter, dans mon esprit, sur un espoir si proche de mettre Manon en liberté.

2420 Je le dis à M. de T..., et je le priai de pardonner un peu d'imprudence et de témérité à l'amour. J'ajoutai que mon dessein était en effet de quitter Paris, pour m'arrêter, comme j'avais déjà fait, dans quelque village voisin. Nous convînmes donc, avec le valet, de ne pas remettre son entreprise plus loin qu'au jour suivant, et pour la

2425 rendre aussi certaine qu'il était en notre pouvoir, nous résolûmes d'apporter des habits d'homme, dans la vue de faciliter notre sortie. Il n'était pas aisé de les faire entrer, mais je ne manquai pas d'invention pour en trouver le moyen. Je priai seulement M. de T... de mettre le lendemain deux vestes légères l'une sur l'autre, et je me

2430 chargeai de tout le reste.

Nous retournâmes le matin à l'Hôpital. J'avais avec moi, pour Manon, du linge, des bas, etc., et par-dessus mon juste-au-corps, un surtout[1] qui ne laissait rien voir de trop enflé dans mes poches. Nous ne fûmes qu'un moment dans sa chambre. M. de T... lui laissa une de

2435 ses deux vestes ; je lui donnai mon juste-au-corps, le surtout me

note

| **1. surtout** : vêtement ample que l'on met par-dessus les autres.

suffisant pour sortir. Il ne se trouva rien de manque[1] à son ajustement, excepté la culotte[2] que j'avais malheureusement oubliée. L'oubli de cette pièce nécessaire nous eût sans doute apprêtés à rire si l'embarras où il nous mettait eût été moins sérieux. J'étais au désespoir qu'une bagatelle de cette nature fût capable de nous arrêter. Cependant je pris mon parti, qui fut de sortir moi-même sans culotte. Je laissai la mienne à Manon. Mon surtout était long, et je me mis, à l'aide de quelques épingles, en état de passer décemment à la porte. Le reste du jour me parut d'une longueur insupportable. Enfin, la nuit étant venue, nous nous rendîmes un peu au-dessous de la porte de l'Hôpital, dans un carrosse. Nous n'y fûmes pas longtemps sans voir Manon paraître avec son conducteur. Notre portière étant ouverte, ils montèrent tous deux à l'instant. Je reçus ma chère maîtresse dans mes bras. Elle tremblait comme une feuille. Le cocher me demanda où il fallait toucher[3]. Touche au bout du monde, lui dis-je, et mène-moi quelque part où je ne puisse jamais être séparé de Manon.

Ce transport, dont je ne fus pas le maître, faillit de m'attirer un fâcheux embarras. Le cocher fit réflexion à mon langage ; et lorsque je lui dis ensuite le nom de la rue où nous voulions être conduits, il me répondit qu'il craignait que je ne l'engageasse dans une mauvaise affaire, qu'il voyait bien que ce beau jeune homme qui s'appelait Manon, était une fille que j'enlevais de l'Hôpital, et qu'il n'était pas d'humeur à se perdre pour l'amour de moi. La délicatesse de ce coquin n'était qu'une envie de me faire payer la voiture plus cher. Nous étions trop près de l'Hôpital pour ne pas filer doux. Tais-toi, lui dis-je, il y a un louis d'or à gagner pour toi. Il m'aurait aidé, après cela, à brûler l'Hôpital même. Nous gagnâmes la maison où demeurait Lescaut. Comme il était tard, M. de T... nous quitta en chemin, avec promesse de nous revoir le lendemain. Le valet demeura seul avec nous.

Je tenais Manon si étroitement serrée entre mes bras, que nous n'occupions qu'une place dans le carrosse. Elle pleurait de joie, et je sentais ses larmes qui mouillaient mon visage. Mais lorsqu'il fallut

notes ....

| **1. rien de manque** : rien qui manquait. | **3. toucher** : aller. |
| **2. culotte** : pantalon court serré sous le genou. | |

137

descendre pour entrer chez Lescaut, j'eus avec le cocher un nouveau
2470 démêlé[1], dont les suites furent funestes. Je me repentis de lui avoir
promis un louis, non seulement parce que le présent était excessif,
mais par une autre raison bien plus forte, qui était l'impuissance de le
payer. Je fis appeler Lescaut. Il descendit de sa chambre pour venir à
la porte. Je lui dis à l'oreille dans quel embarras je me trouvais.
2475 Comme il était d'une humeur brusque, et nullement accoutumé à
ménager un fiacre, il me répondit que je me moquais. Un louis d'or !
ajouta-t-il. Vingt coups de canne à ce coquin-là ! J'eus beau lui
représenter doucement qu'il allait nous perdre, il m'arracha ma
canne, avec l'air d'en vouloir maltraiter le cocher. Celui-ci, à qui il
2480 était peut-être arrivé de tomber quelquefois sous la main d'un garde
du corps ou d'un mousquetaire, s'enfuit de peur, avec son carrosse,
en criant que je l'avais trompé, mais que j'aurais de ses nouvelles. Je
lui répétai inutilement d'arrêter. Sa fuite me causa une extrême
inquiétude. Je ne doutai point qu'il n'avertît le commissaire. Vous
2485 me perdez, dis-je à Lescaut. Je ne serais pas en sûreté chez vous ; il faut
nous éloigner dans le moment. Je prêtai le bras à Manon pour
marcher, et nous sortîmes promptement de cette dangereuse rue.
Lescaut nous tint compagnie. C'est quelque chose d'admirable que la
manière dont la Providence enchaîne les événements. À peine
2490 avions-nous marché cinq ou six minutes, qu'un homme, dont je ne
découvris point le visage, reconnut Lescaut. Il le cherchait sans doute
aux environs de chez lui, avec le malheureux dessein qu'il exécuta.
C'est Lescaut, dit-il, en lui lâchant un coup de pistolet ; il ira souper
ce soir avec les anges. Il se déroba aussitôt. Lescaut tomba, sans le
2495 moindre mouvement de vie. Je pressai Manon de fuir, car nos
secours étaient inutiles à un cadavre, et je craignais d'être arrêté par
le guet[2], qui ne pouvait tarder à paraître. J'enfilai, avec elle et le valet,
la première petite rue qui croisait. Elle était si éperdue, que j'avais de
la peine à la soutenir. Enfin j'aperçus un fiacre au bout de la rue.
2500 Nous y montâmes, mais lorsque le cocher me demanda où il fallait
nous conduire, je fus embarrassé à lui répondre. Je n'avais point
d'asile assuré, ni d'ami de confiance à qui j'osasse avoir recours. J'étais

notes ....

| **1. démêlé** : dispute. | **2. guet** : patrouille surveillant la ville la nuit.

sans argent, n'ayant guère plus d'une demi-pistole dans ma bourse. La frayeur et la fatigue avaient tellement incommodé Manon, qu'elle était à demi pâmée[1] près de moi. J'avais d'ailleurs l'imagination remplie du meurtre de Lescaut, et je n'étais pas encore sans appréhension de la part du guet. Quel parti prendre ? Je me souvins heureusement de l'auberge de Chaillot, où j'avais passé quelques jours avec Manon, lorsque nous étions allés dans ce village pour y demeurer. J'espérai non seulement d'y être en sûreté, mais d'y pouvoir vivre quelque temps sans être pressé de payer. Mène-nous à Chaillot, dis-je au cocher. Il refusa d'y aller si tard, à moins d'une pistole : autre sujet d'embarras. Enfin nous convînmes de six francs ; c'était toute la somme qui restait dans ma bourse.

Je consolais Manon, en avançant ; mais au fond, j'avais le désespoir dans le cœur. Je me serais donné mille fois la mort, si je n'eusse pas eu dans mes bras le seul bien qui m'attachait à la vie. Cette seule pensée me remettait. Je la tiens du moins, disais-je ; elle m'aime, elle est à moi. Tiberge a beau dire, ce n'est pas là un fantôme de bonheur. Je verrais périr tout l'univers sans y prendre intérêt. Pourquoi ? Parce que je n'ai plus d'affection de reste[2]. Ce sentiment était vrai ; cependant, dans le temps que je faisais si peu de cas des biens du monde, je sentais que j'aurais eu besoin d'en avoir du moins une petite partie, pour mépriser encore plus souverainement tout le reste. L'amour est plus fort que l'abondance, plus fort que les trésors et les richesses, mais il a besoin de leur secours ; et rien n'est plus désespérant, pour un amant délicat, que de se voir ramené par là, malgré lui, à la grossièreté des âmes les plus basses.

Il était onze heures quand nous arrivâmes à Chaillot. Nous fûmes reçus à l'auberge comme des personnes de connaissance. On ne fut pas surpris de voir Manon en habit d'homme, parce qu'on est accoutumé, à Paris et aux environs, de voir prendre aux femmes toutes sortes de formes. Je la fis servir aussi proprement que si j'eusse été dans la meilleure fortune. Elle ignorait que je fusse mal[3] en argent. Je me gardai bien de lui en rien apprendre, étant résolu de retourner

---

otes

1. **pâmée** : évanouie.
2. **de reste** : en plus.

3. **je fusse mal** : je fusse dans une mauvaise situation.

seul à Paris le lendemain, pour chercher quelque remède à cette fâcheuse espèce de maladie.

Elle me parut pâle et maigrie en soupant. Je ne m'en étais point aperçu à l'Hôpital, parce que la chambre où je l'avais vue n'était pas

2540 des plus claires. Je lui demandai si ce n'était point encore un effet de la frayeur qu'elle avait eue en voyant assassiner son frère. Elle m'assura que quelque touchée qu'elle fût de cet accident, sa pâleur ne venait que d'avoir essuyé[1] pendant trois mois mon absence. Tu m'aimes donc extrêmement ? lui répondis-je. Mille fois plus que je

2545 ne puis dire, reprit-elle. Tu ne me quitteras donc plus jamais ? ajoutai-je. Non, jamais, répliqua-t-elle ; et cette assurance fut confirmée par tant de caresses et de serments, qu'il me parut impossible, en effet, qu'elle pût jamais les oublier. J'ai toujours été persuadé qu'elle était sincère ; quelle raison aurait-elle eue de se

2550 contrefaire jusqu'à ce point ? Mais elle était encore plus volage, ou plutôt elle n'était plus rien, et elle ne se reconnaissait pas elle-même, lorsque ayant devant les yeux des femmes qui vivaient dans l'abondance, elle se trouvait dans la pauvreté et le besoin. J'étais à la veille d'en avoir une dernière preuve qui a surpassé toutes les autres, et qui

2555 a produit la plus étrange aventure qui soit jamais arrivée à un homme de ma naissance et de ma fortune.

Comme je la connaissais de cette humeur, je me hâtai le lendemain d'aller à Paris. La mort de son frère et la nécessité d'avoir du linge et des habits pour elle et pour moi, étaient de si bonnes raisons, que je

2560 n'eus pas besoin de prétextes. Je sortis de l'auberge avec le dessein, dis-je à Manon et à mon hôte, de prendre un carrosse de louage ; mais c'était une gasconnade[2]. La nécessité m'obligeant d'aller à pied, je marchai fort vite jusqu'au Cours-la-Reine, où j'avais dessein de m'arrêter. Il fallait bien prendre un moment de solitude et de

2565 tranquillité pour m'arranger et prévoir ce que j'allais faire à Paris.

Je m'assis sur l'herbe. J'entrai dans une mer de raisonnements et de réflexions, qui se réduisirent peu à peu à trois principaux articles. J'avais besoin d'un secours présent, pour un nombre infini de nécessités présentes. J'avais à chercher quelque voie qui pût du moins

notes

| **1. essuyé** : supporté. | **2. gasconnade** : fanfaronnade.

140

m'ouvrir des espérances pour l'avenir ; et ce qui n'était pas de moindre importance, j'avais des informations et des mesures à prendre, pour la sûreté de Manon et pour la mienne. Après m'être épuisé en projets et en combinaisons sur ces trois chefs[1], je jugeai encore à propos d'en retrancher les deux derniers. Nous n'étions pas mal à couvert, dans une chambre de Chaillot ; et pour les besoins futurs, je crus qu'il serait temps d'y penser lorsque j'aurais satisfait aux présents.

Il était donc question de remplir actuellement ma bourse. M. de T... m'avait offert généreusement la sienne ; mais j'avais une extrême répugnance à le remettre moi-même sur cette matière. Quel personnage, que d'aller exposer sa misère à un étranger, et de le prier de nous faire part de son bien ! Il n'y a qu'une âme lâche qui en soit capable, par une bassesse qui l'empêche d'en sentir l'indignité ; ou un chrétien humble, par un excès de générosité qui le rend supérieur à cette honte. Je n'étais ni un homme lâche, ni un bon chrétien ; j'aurais donné la moitié de mon sang pour éviter cette humiliation. Tiberge, disais-je, le bon Tiberge me refusera-t-il ce qu'il aura le pouvoir de me donner ? Non, il sera touché de ma misère ; mais il m'assassinera par sa morale. Il faudra essuyer ses reproches, ses exhortations, ses menaces ; il me fera acheter ses secours si cher, que je donnerais encore une partie de mon sang plutôt que de m'exposer à cette scène fâcheuse, qui me laissera du trouble et des remords. Bon, reprenais-je ; il faut donc renoncer à tout espoir, puisqu'il ne me reste point d'autre voie, et que je suis si éloigné de m'arrêter à ces deux-là, que je verserais plus volontiers la moitié de mon sang que d'en prendre une, c'est-à-dire tout mon sang plutôt que de les prendre toutes deux ? Oui, mon sang tout entier, ajoutai-je, après une réflexion d'un moment ; je le donnerais plus volontiers, sans doute, que de me réduire à de basses supplications. Mais il s'agit bien ici de mon sang ! Il s'agit de la vie et de l'entretien de Manon, il s'agit de son amour et de sa fidélité. Qu'ai-je à mettre en balance avec elle ? Je n'y ai rien mis jusqu'à présent. Elle me tient lieu de gloire, de bonheur et de fortune. Il y a bien des choses, sans doute, que je donnerais ma vie

ote

1. **chefs** : chapitres.

pour obtenir ou pour éviter ; mais estimer une chose plus que ma vie
2605 n'est pas une raison pour l'estimer autant que Manon. Je ne fus pas
longtemps à me déterminer, après ce raisonnement. Je continuai
mon chemin, résolu d'aller d'abord chez Tiberge, et de là chez
M. de T...

En entrant à Paris, je pris un fiacre, quoique je n'eusse pas de quoi
2610 le payer ; je comptais sur les secours que j'allais solliciter. Je me fis
conduire au Luxembourg, d'où j'envoyai avertir Tiberge que j'étais
à l'attendre. Il satisfit mon impatience par sa promptitude. Je lui
appris l'extrémité de mes besoins, sans nul détour. Il me demanda si
les cent pistoles que je lui avais rendues me suffiraient ; et sans
2615 m'opposer un seul mot de difficulté, il me les alla chercher dans le
moment, avec cet air ouvert, et ce plaisir à donner, qui n'est connu
que de l'amour et de la véritable amitié. Quoique je n'eusse pas eu le
moindre doute du succès de ma demande, je fus surpris de l'avoir
obtenue à si bon marché, c'est-à-dire sans qu'il m'eût querellé sur
2620 mon impénitence[1]. Mais je me trompais en me croyant tout à fait
quitte de ses reproches ; car lorsqu'il eut achevé de me compter son
argent et que je me préparais à le quitter, il me pria de faire avec lui
un tour d'allée. Je ne lui avais point parlé de Manon. Il ignorait
qu'elle fût en liberté ; ainsi sa morale ne tomba que sur ma fuite
2625 téméraire de Saint-Lazare, et sur la crainte où il était qu'au lieu de
profiter des leçons de sagesse que j'y avais reçues, je ne reprisse le
train[2] du désordre. Il me dit qu'étant allé pour me visiter à Saint-
Lazare, le lendemain de mon évasion, il avait été frappé au-delà de
toute expression en apprenant la manière dont j'en étais sorti ; qu'il
2630 avait eu là-dessus un entretien avec le Supérieur ; que ce bon Père
n'était pas encore remis de son effroi ; qu'il avait eu néanmoins la
générosité de déguiser à M. le Lieutenant général de Police les
circonstances de mon départ, et qu'il avait empêché que la mort du
portier ne fût connue au-dehors ; que je n'avais donc, de ce côté-là,
2635 nul sujet d'alarme, mais que s'il me restait le moindre sentiment de
sagesse, je profiterais de cet heureux tour que le Ciel donnait à mes
affaires ; que je devais commencer par écrire à mon père et me

notes

| **1. impénitence** : endurcissement dans le mal. | **2. train** : manière de vivre.

remettre bien avec lui ; et que si je voulais suivre une fois son conseil, il était d'avis que je quittasse Paris, pour retourner dans le sein de ma famille.

J'écoutai son discours jusqu'à la fin. Il y avait là bien des choses satisfaisantes. Je fus ravi, premièrement, de n'avoir rien à craindre du côté de Saint-Lazare. Les rues de Paris me redevenaient un pays libre. En second lieu, je m'applaudis de ce que Tiberge n'avait pas la moindre idée de la délivrance de Manon, et de son retour avec moi. Je remarquai même qu'il avait évité de me parler d'elle, dans l'opinion apparemment qu'elle me tenait moins au cœur, puisque je paraissais si tranquille sur son sujet. Je résolus, sinon de retourner dans ma famille, du moins d'écrire à mon père, comme il me le conseillait, et de lui témoigner que j'étais disposé à rentrer dans l'ordre de mes devoirs et de ses volontés. Mon espérance était de l'engager à m'envoyer de l'argent, sous prétexte de faire mes exercices[1] à l'Académie ; car j'aurais eu peine à lui persuader que je fusse dans la disposition de retourner à l'état ecclésiastique. Et dans le fond, je n'avais nul éloignement pour ce que je voulais lui promettre. J'étais bien aise, au contraire, de m'appliquer à quelque chose d'honnête et de raisonnable, autant que ce dessein pourrait s'accorder avec mon amour. Je faisais mon compte[2] de vivre avec ma maîtresse, et de faire en même temps mes exercices. Cela était fort compatible. Je fus si satisfait de toutes ces idées que je promis à Tiberge de faire partir, le jour même, une lettre pour mon père. J'entrai effectivement dans un bureau d'écriture, en le quittant ; et j'écrivis d'une manière si tendre et si soumise, qu'en relisant ma lettre, je me flattai d'obtenir quelque chose du cœur paternel.

Quoique je fusse en état de prendre et de payer un fiacre après avoir quitté Tiberge, je me fis un plaisir de marcher fièrement à pied en allant chez M. de T... Je trouvais de la joie dans cet exercice de ma liberté, pour laquelle mon ami m'avait assuré qu'il ne me restait rien à craindre. Cependant il me revint tout d'un coup à l'esprit que ses assurances ne regardaient que Saint-Lazare, et que j'avais outre cela l'affaire de l'Hôpital sur les bras, sans compter la mort de Lescaut, dans

---

Notes

1. **exercices** : études. | 2. **Je faisais mon compte** : j'espérais.

laquelle j'étais mêlé, du moins comme témoin. Ce souvenir m'effraya si vivement, que je me retirai dans la première allée, d'où je fis appeler un carrosse. J'allai droit chez M. de T..., que je fis rire
2675 de ma frayeur. Elle me parut risible à moi-même, lorsqu'il m'eut appris que je n'avais rien à craindre du côté de l'Hôpital, ni de celui de Lescaut. Il me dit que dans la pensée qu'on pourrait le soupçonner d'avoir eu part à l'enlèvement de Manon, il était allé le matin à l'Hôpital, et qu'il avait demandé à la voir en feignant d'ignorer ce qui
2680 était arrivé ; qu'on était si éloigné de nous accuser, ou lui, ou moi, qu'on s'était empressé au contraire de lui apprendre cette aventure comme une étrange nouvelle, et qu'on admirait qu'une fille aussi jolie que Manon eût pris le parti de fuir avec un valet ; et qu'il s'était contenté de répondre froidement qu'il n'en était pas surpris, et qu'on
2685 fait tout pour la liberté. Il continua de me raconter qu'il était allé de là chez Lescaut, dans l'espérance de m'y trouver avec ma charmante maîtresse ; que l'hôte de la maison, qui était un carrossier[1], lui avait protesté qu'il n'avait vu ni elle ni moi ; mais qu'il n'était pas étonnant que nous n'eussions point paru chez lui, si c'était pour Lescaut que
2690 nous devions y venir, parce que nous aurions sans doute appris qu'il venait d'être tué, à peu près dans le même temps. Sur quoi, il n'avait pas refusé d'expliquer ce qu'il savait de la cause et des circonstances de cette mort. Environ deux heures auparavant, un garde du corps, des amis de Lescaut, l'était venu voir, et lui avait proposé de jouer.
2695 Lescaut avait gagné si rapidement, que l'autre s'était trouvé cent écus de moins en une heure, c'est-à-dire tout son argent. Ce malheureux, qui se voyait sans un sou, avait prié Lescaut de lui prêter la moitié de la somme qu'il avait perdue ; et sur quelques difficultés nées à cette occasion, ils s'étaient querellés avec une animosité[2] extrême. Lescaut
2700 avait refusé de sortir pour mettre l'épée à la main, et l'autre avait juré, en le quittant, de lui casser la tête ; ce qu'il avait exécuté le soir même. M. de T... eut l'honnêteté d'ajouter qu'il avait été fort inquiet par rapport à nous, et qu'il continuait de m'offrir ses services. Je ne balançai point à lui apprendre le lieu de notre retraite. Il me pria de
2705 trouver bon qu'il allât souper avec nous.

notes

| **1. carrossier** : loueur de carrosses. | **2. animosité** : hostilité.

144

Comme il ne me restait qu'à prendre du linge et des habits pour Manon, je lui dis que nous pouvions partir à l'heure même, s'il voulait avoir la complaisance de s'arrêter un moment avec moi chez quelques marchands. Je ne sais s'il crut que je lui faisais cette proposition dans la vue d'intéresser sa générosité, ou si ce fut par le simple mouvement d'une belle âme ; mais ayant consenti à partir aussitôt, il me mena chez les marchands qui fournissaient sa maison ; il me fit choisir plusieurs étoffes d'un prix plus considérable que je ne me l'étais proposé ; et lorsque je me disposais à les payer, il défendit absolument aux marchands de recevoir un sou de moi. Cette galanterie[1] se fit de si bonne grâce, que je crus pouvoir en profiter sans honte. Nous prîmes ensemble le chemin de Chaillot, où j'arrivai avec moins d'inquiétude que je n'en étais parti.

Le Chevalier Des Grieux ayant employé plus d'une heure à ce récit, je le priai de prendre un peu de relâche, et de nous tenir compagnie à souper. Notre attention lui fit juger que nous l'avions écouté avec plaisir. Il nous assura que nous trouverions quelque chose encore de plus intéressant dans la suite de son histoire ; et lorsque nous eûmes fini de souper, il continua dans ces termes.

FIN DE LA PREMIÈRE PARTIE

Note

1. **galanterie** : gentillesse.

Manon Lescaut,
tableau de Jean-Paul Sinibaldi (1857-1909).

seconde partie

Ma présence et les politesses de M. de T... dissipèrent tout ce qui pouvait rester de chagrin à Manon. Oublions nos terreurs passées, ma chère âme, lui dis-je en arrivant, et recommençons à vivre plus heureux que jamais. Après tout, l'Amour est un bon maître. La Fortune ne saurait nous causer autant de peines qu'il nous fait goûter de plaisirs. Notre souper fut une vraie scène de joie. J'étais plus fier et plus content avec Manon et mes cent pistoles, que le plus riche partisan[1] de Paris avec ses trésors entassés. Il faut compter ses richesses par les moyens qu'on a de satisfaire ses désirs. Je n'en avais pas un seul à remplir ; l'avenir même me causait peu d'embarras. J'étais presque sûr que mon père ne ferait pas de difficulté de me donner de quoi vivre honorablement à Paris, parce qu'étant dans ma vingtième année j'entrais en droit d'exiger ma part du bien de ma mère. Je ne cachai point à Manon que le fond de mes richesses n'était que de cent pistoles. C'était assez pour attendre tranquillement une meilleure fortune, qui semblait ne me pouvoir manquer, soit par mes droits naturels, ou par les ressources du jeu.

note

1. **partisan** : financier. On désignait ainsi les fermiers généraux.

Ainsi, pendant les premières semaines, je ne pensai qu'à jouir de ma situation ; et la force de l'honneur, autant qu'un reste de ménage-
20 ment[1] pour la police, me faisant remettre de jour en jour à renouer avec les Associés de l'hôtel de T..., je me réduisis à jouer dans quelques assemblées moins décriées, où la faveur du sort m'épargna l'humiliation d'avoir recours à l'industrie[2]. J'allais passer à la ville une partie de l'après-midi, et je revenais souper à Chaillot, accompagné
25 fort souvent de M. de T..., dont l'amitié croissait de jour en jour pour nous. Manon trouva des ressources contre l'ennui. Elle se lia, dans le voisinage, avec quelques jeunes personnes que le printemps y avait ramenées. La promenade et les petits exercices de leur sexe faisaient alternativement leur occupation. Une partie de jeu, dont elles
30 avaient réglé les bornes, fournissait aux frais de la voiture. Elles allaient prendre l'air au bois de Boulogne, et le soir, à mon retour, je retrouvais Manon plus belle, plus contente, et plus passionnée que jamais.

Il s'éleva néanmoins quelques nuages, qui semblèrent menacer
35 l'édifice de mon bonheur. Mais ils furent nettement dissipés ; et l'humeur folâtre de Manon rendit le dénouement si comique, que je trouve encore de la douceur dans un souvenir qui me représente sa tendresse et les agréments de son esprit.

Le seul valet qui composait notre domestique[3] me prit un jour à
40 l'écart pour me dire avec beaucoup d'embarras qu'il avait un secret d'importance à me communiquer. Je l'encourageai à parler libre-ment. Après quelques détours, il me fit entendre qu'un seigneur étranger semblait avoir pris beaucoup d'amour pour Mademoiselle Manon. Le trouble de mon sang se fit sentir dans toutes mes veines.
45 En a-t-elle pour lui ? interrompis-je plus brusquement que la prudence ne permettait pour m'éclaircir. Ma vivacité l'effraya. Il me répondit d'un air inquiet que sa pénétration[4] n'avait pas été si loin ; mais qu'ayant observé, depuis plusieurs jours, que cet étranger venait assidûment au bois de Boulogne, qu'il y descendait de son carrosse,
50 et que s'engageant seul dans les contre-allées, il paraissait chercher

notes

| 1. **ménagement** : précaution. | 3. **domestique** : ensemble des serviteurs. |
| 2. **industrie** : tricherie. | 4. **pénétration** : perspicacité, attention. |

l'occasion de voir ou de rencontrer Mademoiselle, il lui était venu à l'esprit de faire quelque liaison avec ses gens, pour apprendre le nom de leur maître ; qu'ils le traitaient de Prince italien, et qu'ils le soupçonnaient eux-mêmes de quelque aventure galante ; qu'il
55 n'avait pu se procurer d'autres lumières, ajouta-t-il en tremblant, parce que le Prince, étant alors sorti du bois, s'était approché familièrement de lui, et lui avait demandé son nom ; après quoi, comme s'il eût deviné qu'il était à notre service, il l'avait félicité d'appartenir à la plus charmante personne du monde.

60 J'attendais impatiemment la suite de ce récit. Il le finit par des excuses timides, que je n'attribuai qu'à mes imprudentes agitations. Je le pressai en vain de continuer sans déguisement. Il me protesta qu'il ne savait rien de plus, et que ce qu'il venait de me raconter étant arrivé le jour précédent, il n'avait pas revu les gens du Prince. Je le
65 rassurai, non seulement par des éloges, mais par une honnête récompense ; et sans lui marquer la moindre défiance de Manon, je lui recommandai, d'un ton plus tranquille, de veiller sur toutes les démarches de l'étranger.

Au fond, sa frayeur me laissa de cruels doutes. Elle pouvait lui avoir
70 fait supprimer une partie de la vérité. Cependant, après quelques réflexions, je revins de mes alarmes, jusqu'à regretter d'avoir donné cette marque de faiblesse. Je ne pouvais faire un crime à Manon d'être aimée. Il y avait beaucoup d'apparence qu'elle ignorait sa conquête ; et quelle vie allais-je mener si j'étais capable d'ouvrir si facilement
75 l'entrée de mon cœur à la jalousie ? Je retournai à Paris le jour suivant, sans avoir formé d'autre dessein que de hâter le progrès de ma fortune en jouant plus gros jeu, pour me mettre en état de quitter Chaillot, au premier sujet d'inquiétude. Le soir, je n'appris rien de nuisible à mon repos. L'étranger avait reparu au bois de Boulogne, et prenant
80 droit de ce qui s'y était passé la veille pour se rapprocher de mon confident, il lui avait parlé de son amour, mais dans des termes qui ne supposaient aucune intelligence[1] avec Manon. Il l'avait interrogé sur mille détails. Enfin, il avait tenté de le mettre dans ses intérêts par des promesses considérables ; et tirant une lettre qu'il tenait prête, il lui

note

| **1. intelligence** : complicité.

149

85 avait offert inutilement quelques louis d'or, pour la rendre à sa maîtresse.

Deux jours se passèrent sans aucun autre incident. Le troisième fut plus orageux. J'appris, en arrivant de la ville assez tard, que Manon, pendant sa promenade, s'était écartée un moment de ses compagnes ;
90 et que l'étranger, qui la suivait à peu de distance, s'étant approché d'elle au signe qu'elle lui en avait fait, elle lui avait remis une lettre, qu'il avait reçue avec des transports de joie. Il n'avait eu le temps de les exprimer qu'en baisant amoureusement les caractères, parce qu'elle s'était aussitôt dérobée. Mais elle avait paru d'une gaieté
95 extraordinaire pendant le reste du jour ; et depuis qu'elle était rentrée au logis, cette humeur ne l'avait pas abandonnée. Je frémis, sans doute à chaque mot. Es-tu bien sûr, dis-je tristement à mon valet, que tes yeux ne t'aient pas trompé ? Il prit le Ciel à témoin de sa bonne foi. Je ne sais à quoi les tourments de mon cœur m'auraient
100 porté, si Manon, qui m'avait entendu rentrer, ne fût venue au-devant de moi, avec un air d'impatience et des plaintes de ma lenteur. Elle n'attendit point ma réponse pour m'accabler[1] de caresses ; et lorsqu'elle se vit seule avec moi, elle me fit des reproches fort vifs de l'habitude que je prenais de revenir si tard. Mon silence lui laissant la
105 liberté de continuer, elle me dit que, depuis trois semaines, je n'avais pas passé une journée entière avec elle ; qu'elle ne pouvait soutenir de si longues absences ; qu'elle me demandait du moins un jour, par intervalles ; et que dès le lendemain, elle voulait me voir près d'elle du matin au soir. J'y serai, n'en doutez pas, lui répondis-je d'un ton
110 assez brusque. Elle marqua peu d'attention pour mon chagrin ; et dans le mouvement de sa joie, qui me parut en effet d'une vivacité singulière, elle me fit mille peintures plaisantes de la manière dont elle avait passé le jour. Étrange fille ! me disais-je à moi-même ; que dois-je attendre de ce prélude ? L'aventure de notre première
115 séparation me revint à l'esprit. Cependant je croyais voir dans le fond de sa joie et de ses caresses, un air de vérité qui s'accordait avec les apparences.

note

| **1. m'accabler** : me couvrir.

Il ne me fut pas difficile de rejeter la tristesse dont je ne pus me défendre pendant notre souper, sur une perte que je me plaignis d'avoir faite au jeu. J'avais regardé comme un extrême avantage que l'idée de ne pas quitter Chaillot le jour suivant fût venue d'elle-même. C'était gagner du temps pour mes délibérations. Ma présence éloignait toutes sortes de craintes pour le lendemain ; et si je ne remarquais rien qui m'obligeât de faire éclater mes découvertes, j'étais déjà résolu de transporter, le jour d'après, mon établissement à la ville, dans un quartier où je n'eusse rien à démêler[1] avec les Princes. Cet arrangement me fit passer une nuit plus tranquille ; mais il ne m'ôtait pas la douleur d'avoir à trembler pour une nouvelle infidélité.

À mon réveil, Manon me déclara que, pour passer le jour dans notre appartement, elle ne prétendait pas que j'en eusse l'air plus négligé, et qu'elle voulait que mes cheveux fussent accommodés de ses propres mains. Je les avais fort beaux. C'était un amusement qu'elle s'était donné plusieurs fois. Mais elle y apporta plus de soins que je ne lui en avais jamais vu prendre. Je fus obligé, pour la satisfaire, de m'asseoir devant sa toilette, et d'essuyer toutes les petites recherches qu'elle imagina pour ma parure. Dans le cours de son travail, elle me faisait tourner souvent le visage vers elle, et s'appuyant des deux mains sur mes épaules, elle me regardait avec une curiosité avide. Ensuite, exprimant sa satisfaction par un ou deux baisers, elle me faisait reprendre ma situation pour continuer son ouvrage. Ce badinage nous occupa jusqu'à l'heure du dîner. Le goût qu'elle y avait pris m'avait paru si naturel, et sa gaieté sentait si peu l'artifice, que ne pouvant concilier des apparences si constantes avec le projet d'une noire trahison, je fus tenté plusieurs fois de lui ouvrir mon cœur, et de me décharger d'un fardeau qui commençait à me peser. Mais je me flattais, à chaque instant, que l'ouverture viendrait d'elle ; et je m'en faisais d'avance un délicieux triomphe.

Nous rentrâmes dans son cabinet. Elle se mit à rajuster mes cheveux, et ma complaisance me faisait céder à toutes ses volontés, lorsqu'on vint l'avertir que le Prince de... demandait à la voir. Ce nom m'échauffa jusqu'au transport. Quoi donc ? m'écriai-je en la

note
_____

| **1. démêler :** avoir affaire.

151

repoussant. Qui ? Quel Prince ? Elle ne répondit point à mes questions. Faites-le monter, dit-elle froidement au valet ; et se tournant vers moi : Cher amant, toi que j'adore, reprit-elle d'un ton
155 enchanteur, je te demande un moment de complaisance, un moment, un seul moment. Je t'en aimerai mille fois plus. Je t'en saurai gré toute ma vie.

L'indignation et la surprise me lièrent la langue. Elle répétait ses instances, et je cherchais des expressions pour les rejeter avec mépris.
160 Mais, entendant ouvrir la porte de l'antichambre, elle empoigna d'une main mes cheveux, qui étaient flottants sur mes épaules, elle prit de l'autre son miroir de toilette ; elle employa toute sa force pour me traîner dans cet état jusqu'à la porte du cabinet ; et l'ouvrant du genou, elle offrit à l'étranger, que le bruit semblait avoir arrêté au
165 milieu de la chambre, un spectacle qui ne dut pas lui causer peu d'étonnement. Je vis un homme fort bien mis, mais d'assez mauvaise mine. Dans l'embarras où le jetait cette scène, il ne laissa pas de faire une profonde révérence. Manon ne lui donna pas le temps d'ouvrir la bouche. Elle lui présenta son miroir : Voyez, Monsieur, lui
170 dit-elle, regardez-vous bien, et rendez-moi justice. Vous me demandez de l'amour. Voici l'homme que j'aime, et que j'ai juré d'aimer toute ma vie. Faites la comparaison vous-même. Si vous croyez lui pouvoir disputer mon cœur, apprenez-moi donc sur quel fondement ; car je vous déclare qu'aux yeux de votre servante très
175 humble, tous les Princes d'Italie ne valent pas un des cheveux que je tiens.

Pendant cette folle harangue, qu'elle avait apparemment méditée, je faisais des efforts inutiles pour me dégager ; et prenant pitié d'un homme de considération, je me sentais porté à réparer ce petit
180 outrage par mes politesses. Mais s'étant remis assez facilement, sa réponse, que je trouvai un peu grossière, me fit perdre cette disposition. Mademoiselle, Mademoiselle, lui dit-il avec un sourire forcé, j'ouvre en effet les yeux, et je vous trouve bien moins novice que je ne me l'étais figuré. Il se retira aussitôt, sans jeter les yeux sur elle, en
185 ajoutant, d'une voix plus basse, que les femmes de France ne valaient pas mieux que celles d'Italie. Rien ne m'invitait, dans cette occasion, à lui faire prendre une meilleure idée du beau sexe.

Manon quitta mes cheveux, se jeta dans un fauteuil, et fit retentir la chambre de longs éclats de rire. Je ne dissimulai pas que je fus touché jusqu'au fond du cœur, d'un sacrifice que je ne pouvais attribuer qu'à l'amour. Cependant la plaisanterie me parut excessive. Je lui en fis des reproches. Elle me raconta que mon rival, après l'avoir obsédée[1] pendant plusieurs jours au bois de Boulogne, et lui avoir fait deviner ses sentiments par des grimaces, avait pris le parti de lui en faire une déclaration ouverte, accompagnée de son nom et de tous ses titres, dans une lettre qu'il lui avait fait remettre par le cocher qui la conduisait avec ses compagnes ; qu'il lui promettait, au-delà des monts, une brillante fortune et des adorations éternelles ; qu'elle était revenue à Chaillot dans la résolution de me communiquer cette aventure ; mais qu'ayant conçu que nous en pouvions tirer de l'amusement, elle n'avait pu résister à son imagination ; qu'elle avait offert au Prince italien, par une réponse flatteuse, la liberté de la voir chez elle, et qu'elle s'était fait un second plaisir de me faire entrer dans son plan, sans m'en avoir fait naître le moindre soupçon. Je ne lui dis pas un mot des lumières qui m'étaient venues par une autre voie, et l'ivresse de l'amour triomphant me fit tout approuver.

J'ai remarqué, dans toute ma vie, que le Ciel a toujours choisi, pour me frapper de ses plus rudes châtiments, le temps où ma fortune me semblait le mieux établie. Je me croyais si heureux, avec l'amitié de M. de T... et la tendresse de Manon, qu'on n'aurait pu me faire comprendre que j'eusse à craindre quelque nouveau malheur. Cependant, il s'en préparait un si funeste, qu'il m'a réduit à l'état où vous m'avez vu à Pacy, et par degrés à des extrémités si déplorables, que vous aurez peine à croire mon récit fidèle.

Un jour que nous avions M. de T... à souper, nous entendîmes le bruit d'un carrosse qui s'arrêtait à la porte de l'hôtellerie. La curiosité nous fit désirer de savoir qui pouvait arriver à cette heure. On nous dit que c'était le jeune G... M..., c'est-à-dire le fils de notre plus cruel ennemi, de ce vieux débauché qui m'avait mis à Saint-Lazare et Manon à l'Hôpital. Son nom me fit monter la rougeur au visage. C'est le Ciel qui me l'amène, dis-je à M. de T..., pour le punir de la

note

| **1. obsédée :** poursuivie.

153

lâcheté de son père. Il ne m'échappera pas que nous n'ayons mesuré nos épées. M. de T..., qui le connaissait et qui était même de ses meilleurs amis, s'efforça de me faire prendre d'autres sentiments pour

225 lui. Il m'assura que c'était un jeune homme très aimable, et si peu capable d'avoir eu part à l'action de son père, que je ne le verrais pas moi-même un moment sans lui accorder mon estime et sans désirer la sienne. Après avoir ajouté mille choses à son avantage, il me pria de consentir qu'il allât lui proposer de venir prendre place avec nous, et

230 de s'accommoder du reste de notre souper. Il prévint l'objection du péril où c'était exposer Manon[1], que de découvrir sa demeure au fils de notre ennemi, en protestant, sur son honneur et sur sa foi, que, lorsqu'il nous connaîtrait, nous n'aurions point de plus zélé défenseur. Je ne fis difficulté de rien, après de telles assurances. M. de T...

235 ne nous l'amena point sans avoir pris un moment pour l'informer qui nous étions. Il entra d'un air qui nous prévint effectivement en sa faveur. Il m'embrassa. Nous nous assîmes. Il admira Manon, moi, tout ce qui nous appartenait, et il mangea d'un appétit qui fit honneur à notre souper. Lorsqu'on eut desservi, la conversation

240 devint plus sérieuse. Il baissa les yeux pour nous parler de l'excès où son père s'était porté contre nous. Il nous fit les excuses les plus soumises. Je les abrège, nous dit-il, pour ne pas renouveler un souvenir qui me cause trop de honte. Si elles étaient sincères dès le commencement, elles le devinrent bien plus dans la suite, car il n'eut

245 pas passé une demi-heure dans cet entretien, que je m'aperçus de l'impression que les charmes de Manon faisaient sur lui. Ses regards et ses manières s'attendrirent par degrés. Il ne laissa rien échapper néanmoins dans ses discours ; mais, sans être aidé de la jalousie, j'avais trop d'expérience en amour pour ne pas discerner ce qui venait de

250 cette source. Il nous tint compagnie pendant une partie de la nuit, et il ne nous quitta qu'après s'être félicité de notre connaissance, et nous avoir demandé la permission de venir nous renouveler quelquefois l'offre de ses services. Il partit le matin avec M. de T..., qui se mit avec lui dans son carrosse.

note

1. où c'était exposer Manon : auquel Manon serait exposée.

Je ne me sentais, comme j'ai dit, aucun penchant à la jalousie. J'avais plus de crédulité que jamais pour les serments de Manon. Cette charmante créature était si absolument maîtresse de mon âme, que je n'avais pas un seul petit sentiment qui ne fût de l'estime et de l'amour. Loin de lui faire un crime d'avoir plu au jeune G... M..., j'étais ravi de l'effet de ses charmes, et je m'applaudissais d'être aimé d'une fille que tout le monde trouvait aimable. Je ne jugeai pas même à propos de lui communiquer mes soupçons. Nous fûmes occupés, pendant quelques jours, du soin de faire ajuster ses habits, et à délibérer si nous pouvions aller à la Comédie sans appréhender d'être reconnus. M. de T... revint nous voir avant la fin de la semaine. Nous le consultâmes là-dessus. Il vit bien qu'il fallait dire oui, pour faire plaisir à Manon. Nous résolûmes d'y aller le même soir avec lui.

Cependant cette résolution ne put s'exécuter, car m'ayant tiré aussitôt en particulier : Je suis, me dit-il, dans le dernier embarras depuis que je vous ai vu, et la visite que je vous fais aujourd'hui en est une suite. G... M... aime votre maîtresse. Il m'en a fait confidence. Je suis son intime ami, et disposé en tout à le servir ; mais je ne suis pas moins le vôtre. J'ai considéré que ses intentions sont injustes, et je les ai condamnées. J'aurais gardé son secret, s'il n'avait dessein d'employer, pour plaire, que les voies communes ; mais il est bien informé de l'humeur de Manon. Il a su, je ne sais d'où, qu'elle aime l'abondance, et les plaisirs ; et comme il jouit déjà d'un bien considérable, il m'a déclaré qu'il veut la tenter d'abord par un très gros présent, et par l'offre de dix mille livres de pension. Toutes choses égales, j'aurais peut-être eu beaucoup plus de violence à me faire pour le trahir, mais la justice s'est jointe en votre faveur à l'amitié ; d'autant plus qu'ayant été la cause imprudente de sa passion, en l'introduisant ici, je suis obligé de prévenir les effets du mal que j'ai causé.

Je remerciai M. de T... d'un service de cette importance, et je lui avouai, avec un parfait retour de confiance, que le caractère de Manon était tel que G... M... se le figurait ; c'est-à-dire qu'elle ne pouvait supporter le nom de la pauvreté. Cependant, lui dis-je, lorsqu'il n'est question que du plus ou du moins, je ne la crois pas capable de m'abandonner pour un autre. Je suis en état de ne la laisser manquer de rien, et je compte que ma fortune va croître de jour en jour. Je ne crains qu'une chose, ajoutai-je, c'est que G... M... ne se serve de la connaissance qu'il a de notre demeure, pour nous rendre quelque mauvais office[1]. M. de T... m'assura que je devais être sans appréhension de ce côté-là ; que G... M... était capable d'une folie amoureuse, mais qu'il ne l'était point d'une bassesse ; que s'il avait la lâcheté d'en commettre une, il serait le premier, lui qui parlait, à l'en punir, et à réparer par là le malheur qu'il avait eu d'y donner occasion. Je vous suis obligé de ce sentiment, repris-je, mais le mal serait fait, et le remède fort incertain. Ainsi le parti plus sage est de le prévenir, en quittant Chaillot pour prendre une autre demeure. Oui, reprit M. de T... Mais vous aurez peine à le faire aussi promptement qu'il faudrait ; car G... M... doit être ici à midi ; il me le dit hier, et c'est ce qui m'a porté à venir si matin, pour vous informer de ses vues. Il peut arriver à tout moment.

Un avis si pressant me fit regarder cette affaire d'un œil plus sérieux. Comme il me semblait impossible d'éviter la visite de G... M..., et qu'il me le serait aussi, sans doute, d'empêcher qu'il ne s'ouvrît à Manon, je pris le parti de la prévenir moi-même sur le dessein de ce nouveau rival. Je m'imaginai que me sachant instruit des propositions qu'il lui ferait, et les recevant à mes yeux, elle aurait assez de force pour les rejeter. Je découvris ma pensée à M. de T..., qui me répondit que cela était extrêmement délicat. Je l'avoue, lui dis-je, mais toutes les raisons qu'on peut avoir d'être sûr d'une maîtresse, je les ai de compter sur l'affection de la mienne. Il n'y aurait que la grandeur des offres qui pût l'éblouir, et je vous ai dit qu'elle ne connaît point l'intérêt. Elle aime ses aises, mais elle m'aime aussi ; et dans la situation où sont mes affaires, je ne saurais croire qu'elle me préfère le fils d'un homme qui l'a mise à l'Hôpital. En un mot, je persistai dans mon dessein ; et m'étant retiré à l'écart avec Manon, je lui déclarai naturellement tout ce que je venais d'apprendre.

Elle me remercia de la bonne opinion que j'avais d'elle, et elle me promit de recevoir les offres de G... M... d'une manière qui lui ôterait

---

note

| **1. nous rendre quelque mauvais office** : nous causer du tort.

156

l'envie de les renouveler. Non, lui dis-je, il ne faut pas l'irriter par une brusquerie. Il peut nous nuire. Mais tu sais assez, toi, friponne, ajoutai-je en riant, comment te défaire d'un amant désagréable ou incommode. Elle reprit, après avoir un peu rêvé : Il me vient un dessein admirable, s'écria-t-elle, et je suis toute glorieuse de l'invention. G... M... est le fils de notre plus cruel ennemi ; il faut nous venger du père, non pas sur le fils, mais sur sa bourse. Je veux l'écouter, accepter ses présents, et me moquer de lui. Le projet est joli, lui dis-je, mais tu ne songes pas, mon pauvre enfant, que c'est le chemin qui nous a conduits droit à l'Hôpital. J'eus beau lui représenter le péril de cette entreprise, elle me dit qu'il ne s'agissait que de bien prendre nos mesures, et elle répondit à toutes mes objections. Donnez-moi un amant qui n'entre point aveuglément dans tous les caprices d'une maîtresse adorée, et je conviendrai que j'eus tort de céder si facilement. La résolution fut prise de faire une dupe de G... M..., et par un tour bizarre de mon sort, il arriva que je devins la sienne.

Nous vîmes paraître son carrosse vers les onze heures. Il nous fit des compliments fort recherchés sur la liberté qu'il prenait de venir dîner avec nous. Il ne fut pas surpris de trouver M. de T..., qui lui avait promis la veille de s'y rendre aussi, et qui avait feint quelques affaires pour se dispenser de venir dans la même voiture. Quoiqu'il n'y eût pas un seul de nous qui ne portât la trahison dans le cœur, nous nous mîmes à table avec un air de confiance et d'amitié. G... M... trouva aisément l'occasion de déclarer ses sentiments à Manon. Je ne dus pas lui paraître gênant, car je m'absentai exprès, pendant quelques minutes. Je m'aperçus, à mon retour, qu'on ne l'avait pas désespéré par un excès de rigueur. Il était de la meilleure humeur du monde. J'affectai de le paraître aussi ; il riait intérieurement de ma simplicité, et moi de la sienne. Pendant tout l'après-midi, nous fûmes l'un pour l'autre une scène fort agréable. Je lui ménageai encore, avant son départ, un moment d'entretien particulier avec Manon ; de sorte qu'il eut lieu de s'applaudir de ma complaisance autant que de la bonne chère.

Aussitôt qu'il fut monté en carrosse avec M. de T..., Manon accourut à moi les bras ouverts, et m'embrassa en éclatant de rire. Elle

360 me répéta ses discours et ses propositions, sans y changer un mot. Ils se réduisaient à ceci : il l'adorait. Il voulait partager avec elle quarante mille livres de rente dont il jouissait déjà, sans compter ce qu'il attendait après la mort de son père. Elle allait être maîtresse de son cœur et de sa fortune ; et pour gage de ses bienfaits, il était prêt à lui
365 donner un carrosse, un hôtel meublé, une femme de chambre, trois laquais et un cuisinier. Voilà un fils, dis-je à Manon, bien autrement généreux que son père. Parlons de bonne foi, ajoutai-je ; cette offre ne vous tente-t-elle point ? Moi ? répondit-elle, en ajustant à sa pensée deux vers de Racine :

370   *Moi ! vous me soupçonnez de cette perfidie ?*
     Moi ! je pourrais souffrir un visage odieux,
     Qui rappelle toujours l'Hôpital à mes yeux ?
Non, repris-je, en continuant la parodie[1] :
     J'aurais peine à penser que l'Hôpital, Madame,
375   *Fût un trait dont l'Amour l'eût gravé dans votre âme.*[2]
Mais c'en est un bien séduisant qu'un hôtel meublé avec un carrosse et trois laquais ; et l'Amour en a peu d'aussi forts. Elle me protesta que son cœur était à moi pour toujours, et qu'il ne recevrait jamais d'autres traits que les miens. Les promesses qu'il m'a faites, me
380 dit-elle, sont un aiguillon de vengeance, plutôt qu'un trait d'amour. Je lui demandai si elle était dans le dessein d'accepter l'hôtel et le carrosse. Elle me répondit qu'elle n'en voulait qu'à son argent. La difficulté était d'obtenir l'un sans l'autre. Nous résolûmes d'attendre l'entière explication du projet de G... M..., dans une lettre qu'il avait
385 promis de lui écrire. Elle la reçut en effet le lendemain, par un laquais sans livrée[3], qui se procura fort adroitement l'occasion de lui parler sans témoins. Elle lui dit d'attendre sa réponse, et elle vint m'apporter aussitôt sa lettre. Nous l'ouvrîmes ensemble. Outre les lieux communs de tendresse, elle contenait le détail des promesses de mon
390 rival. Il ne bornait point sa dépense. Il s'engageait à lui compter dix

notes

1. **parodie** : détournement ou reprise d'un texte appliqué à une autre situation.
2. Les vers sont tirés d'*Iphigénie* de Racine : « ÉRIPHILE : *Moi ? vous me soupçonnez de cette perfidie ?/ Moi, j'aimerais, Madame, un* *vainqueur furieux, / Qui toujours tout sanglant se présente à mes yeux* [...]. / IPHIGÉNIE : [...] *ces cendres, cette flamme / Sont les traits dont l'Amour l'a gravé dans votre âme* [...]. »
3. **livrée** : uniforme.

mille francs, en prenant possession de l'hôtel, et à réparer tellement les diminutions[1] de cette somme, qu'elle l'eût toujours devant elle en argent comptant. Le jour de l'inauguration n'était pas reculé trop loin. Il ne lui en demandait que deux pour les préparatifs, et il lui marquait[2] le nom de la rue et de l'hôtel, où il lui promettait de l'attendre l'après-midi du second jour, si elle pouvait se dérober de mes mains. C'était l'unique point sur lequel il la conjurait de le tirer d'inquiétude ; il paraissait sûr de tout le reste ; mais il ajoutait que si elle prévoyait de la difficulté à m'échapper, il trouverait le moyen de rendre sa fuite aisée.

G... M... était plus fin que son père ; il voulait tenir sa proie avant que de compter ses espèces[3]. Nous délibérâmes sur la conduite que Manon avait à tenir. Je fis encore des efforts pour lui ôter cette entreprise de la tête, et je lui en représentai tous les dangers. Rien ne fut capable d'ébranler sa résolution.

Elle fit une courte réponse à G... M..., pour l'assurer qu'elle ne trouverait pas de difficulté à se rendre à Paris le jour marqué, et qu'il pouvait l'attendre avec certitude. Nous réglâmes ensuite que je partirais sur-le-champ, pour aller louer un nouveau logement dans quelque village, de l'autre côté de Paris, et que je transporterais avec moi notre petit équipage ; que le lendemain après-midi, qui était le temps de son assignation, elle se rendrait de bonne heure à Paris ; qu'après avoir reçu les présents de G... M..., elle le prierait instamment de la conduire à la Comédie ; qu'elle prendrait avec elle tout ce qu'elle pourrait porter de la somme, et qu'elle chargerait du reste mon valet, qu'elle voulait mener avec elle. C'était toujours le même qui l'avait délivrée de l'Hôpital, et qui nous était infiniment attaché. Je devais me trouver, avec un fiacre, à l'entrée de la rue Saint-André-des-Arcs[4], et l'y laisser vers les sept heures, pour m'avancer dans l'obscurité à la porte de la Comédie. Manon me promettait d'inventer des prétextes pour sortir un instant de sa loge, et de l'employer à descendre pour me rejoindre. L'exécution du reste était

1. réparer [...] les diminutions : compenser les dépenses.
2. marquait : indiquait, fixait.

3. espèces : argent liquide.
4. Saint-André-des-Arcs : aujourd'hui, Saint-André-des-Arts.

facile. Nous aurions regagné mon fiacre en un moment, et nous serions sortis de Paris par le faubourg Saint-Antoine, qui était le
425 chemin de notre nouvelle demeure.

Ce dessein, tout extravagant qu'il était, nous parut assez bien arrangé. Mais il y avait, dans le fond, une folle imprudence à s'imaginer que, quand il eût réussi le plus heureusement du monde, nous eussions jamais pu nous mettre à couvert des suites[1]. Cependant
430 nous nous exposâmes avec la plus téméraire confiance. Manon partit avec Marcel : c'est ainsi que se nommait notre valet. Je la vis partir avec douleur. Je lui dis en l'embrassant : Manon, ne me trompez point ; me serez-vous fidèle ? Elle se plaignit tendrement de ma défiance, et elle me renouvela tous ses serments.

435 Son compte était d'arriver à Paris sur les trois heures. Je partis après elle. J'allai me morfondre[2], le reste de l'après-midi, dans le café de Féré au pont Saint-Michel ; j'y demeurai jusqu'à la nuit. J'en sortis alors pour prendre un fiacre, que je postai, suivant notre projet, à l'entrée de la rue Saint-André-des-Arcs ; ensuite je gagnai à pied la
440 porte de la Comédie. Je fus surpris de n'y pas trouver Marcel, qui devait être à m'attendre. Je pris patience pendant une heure, confondu dans une foule de laquais, et l'œil ouvert sur tous les passants. Enfin, sept heures étant sonnées, sans que j'eusse rien aperçu qui eût rapport à nos desseins, je pris un billet de parterre[3], pour aller
445 voir si je découvrirais Manon et G... M... dans les loges. Ils n'y étaient ni l'un ni l'autre. Je retournai à la porte, où je passai encore un quart d'heure, transporté d'impatience et d'inquiétude. N'ayant rien vu paraître, je rejoignis mon fiacre, sans pouvoir m'arrêter à la moindre résolution. Le cocher, m'ayant aperçu, vint quelques pas au-devant
450 de moi pour me dire, d'un air mystérieux, qu'une jolie demoiselle m'attendait depuis une heure dans le carrosse ; qu'elle m'avait demandé, à des signes qu'il avait bien reconnus, et qu'ayant appris que je devais revenir, elle avait dit qu'elle ne s'impatienterait point à

notes

1. **nous mettre à couvert des suites** : nous protéger des conséquences.
2. **me morfondre** : m'ennuyer.

3. **parterre** : partie d'une salle de théâtre située au-dessous du niveau de la scène, entourée des loges du rez-de-chaussée et où le public se tenait debout ; les places y étaient très bon marché.

m'attendre. Je me figurai aussitôt que c'était Manon. J'approchai.
Mais je vis un joli petit visage qui n'était pas le sien. C'était une
étrangère, qui me demanda d'abord si elle n'avait pas l'honneur de
parler à M. le Chevalier Des Grieux. Je lui dis que c'était mon nom.
J'ai une lettre à vous rendre, reprit-elle, qui vous instruira du sujet qui
m'amène, et par quel rapport j'ai l'avantage de connaître votre nom.
Je la priai de me donner le temps de la lire dans un cabaret voisin. Elle
voulut me suivre, et elle me conseilla de demander une chambre à
part. De qui vient cette lettre ? lui dis-je en montant : elle me remit
à la lecture[1].

Je reconnus la main[2] de Manon. Voici à peu près ce qu'elle me
marquait : G... M... l'avait reçue avec une politesse et une magnificence au-delà de toutes ses idées. Il l'avait comblée de présents. Il lui
faisait envisager un sort de reine. Elle m'assurait néanmoins qu'elle ne
m'oubliait pas, dans cette nouvelle splendeur ; mais que n'ayant pu
faire consentir G... M... à la mener ce soir à la Comédie, elle remettait
à un autre jour le plaisir de me voir ; et que pour me consoler un peu
de la peine qu'elle prévoyait que cette nouvelle pouvait me causer,
elle avait trouvé le moyen de me procurer une des plus jolies filles de
Paris, qui serait la porteuse de son billet. *Signé*, votre fidèle amante,
MANON LESCAUT.

Il y avait quelque chose de si cruel et de si insultant pour moi dans
cette lettre, que demeurant suspendu quelque temps entre la colère
et la douleur, j'entrepris de faire un effort pour oublier éternellement
mon ingrate et parjure maîtresse. Je jetai les yeux sur la fille qui était
devant moi : elle était extrêmement jolie, et j'aurais souhaité qu'elle
l'eût été assez pour me rendre parjure[3] et infidèle à mon tour. Mais
je n'y trouvai point ces yeux fins et languissants, ce port divin, ce teint
de la composition de l'Amour, enfin ce fonds inépuisable de charmes
que la nature avait prodigués à la perfide Manon. Non, non, lui dis-je
en cessant de la regarder, l'ingrate qui vous envoie savait fort bien
qu'elle vous faisait faire une démarche inutile. Retournez à elle, et
dites-lui de ma part qu'elle jouisse de son crime, et qu'elle en jouisse,

Notes

1. **me remit à la lecture :** me renvoya à
la lecture de la lettre.

2. **la main :** l'écriture.
3. **parjure :** qui viole un serment.

s'il se peut, sans remords. Je l'abandonne sans retour, et je renonce en même temps à toutes les femmes, qui ne sauraient être aussi aimables qu'elle, et qui sont, sans doute, aussi lâches et d'aussi mauvaise foi. Je fus alors sur le point de descendre et de me retirer, sans prétendre davantage à Manon ; et la jalousie mortelle qui me déchirait le cœur se déguisant en une morne et sombre tranquillité, je me crus d'autant plus proche de ma guérison, que je ne sentais nul de ces mouvements violents dont j'avais été agité dans les mêmes occasions. Hélas ! j'étais la dupe de l'amour autant que je croyais l'être de G... M... et de Manon.

Cette fille qui m'avait apporté la lettre, me voyant prêt à descendre l'escalier, me demanda ce que je voulais donc qu'elle rapportât à M. de G... M... et à la dame qui était avec lui. Je rentrai dans la chambre à cette question ; et par un changement incroyable à ceux qui n'ont jamais senti de passions violentes, je me trouvai, tout d'un coup, de la tranquillité où je croyais être, dans un transport terrible de fureur. Va, lui dis-je, rapporte au traître G... M... et à sa perfide maîtresse le désespoir où ta maudite lettre m'a jeté ; mais apprends-leur qu'ils n'en riront pas longtemps, et que je les poignarderai tous deux de ma propre main. Je me jetai sur une chaise. Mon chapeau tomba d'un côté, et ma canne de l'autre. Deux ruisseaux de larmes amères commencèrent à couler de mes yeux. L'accès de rage que je venais de sentir se changea dans une profonde douleur. Je ne fis plus que pleurer, en poussant des gémissements et des soupirs. Approche, mon enfant, approche, m'écriai-je en parlant à la jeune fille ; approche, puisque c'est toi qu'on envoie pour me consoler. Dis-moi si tu sais des consolations contre la rage et le désespoir, contre l'envie de se donner la mort à soi-même, après avoir tué deux perfides qui ne méritent pas de vivre. Oui, approche, continuai-je, en voyant qu'elle faisait vers moi quelques pas timides et incertains. Viens essuyer mes larmes, viens rendre la paix à mon cœur, viens me dire que tu m'aimes, afin que je m'accoutume à l'être d'une autre que de mon infidèle. Tu es jolie, je pourrai peut-être t'aimer à mon tour. Cette pauvre enfant, qui n'avait pas seize ou dix-sept ans, et qui paraissait avoir plus de pudeur que ses pareilles, était extraordinairement surprise d'une si étrange scène. Elle s'approcha néanmoins pour me faire quelques caresses ; mais je l'écartai aussitôt, en la repoussant de mes mains. Que veux-tu de moi ? lui dis-je. Ah ! tu es une femme, 525 tu es d'un sexe que je déteste et que je ne puis plus souffrir. La douceur de ton visage me menace encore de quelque trahison. Va-t'en et laisse-moi seul ici. Elle me fit une révérence, sans oser rien dire, et elle se tourna pour sortir. Je lui criai de s'arrêter. Mais apprends-moi du moins, repris-je, pourquoi, comment, à quel 530 dessein tu as été envoyée ici. Comment as-tu découvert mon nom et le lieu où tu pouvais me trouver ?

Elle me dit qu'elle connaissait de longue main M. de G... M... ; qu'il l'avait envoyé chercher à cinq heures, et qu'ayant suivi le laquais qui l'avait avertie, elle était allée dans une grande maison, où elle 535 l'avait trouvé qui jouait au piquet[1] avec une jolie dame, et qu'ils l'avaient chargée tous deux de me rendre la lettre qu'elle m'avait apportée, après lui avoir appris qu'elle me trouverait dans un carrosse au bout de la rue Saint-André. Je lui demandai s'ils ne lui avaient rien dit de plus. Elle me répondit, en rougissant, qu'ils lui avaient fait 540 espérer que je la prendrais pour me tenir compagnie. On t'a trompée, lui dis-je ; ma pauvre fille, on t'a trompée. Tu es une femme, il te faut un homme ; mais il t'en faut un qui soit riche et heureux, et ce n'est pas ici que tu le peux trouver. Retourne, retourne à M. de G... M... Il a tout ce qu'il faut pour être aimé des belles ; il a des hôtels meublés 545 et des équipages à donner. Pour moi, qui n'ai que de l'amour et de la constance à offrir, les femmes méprisent ma misère et font leur jouet de ma simplicité.

J'ajoutai mille choses, ou tristes ou violentes, suivant que les passions qui m'agitaient tour à tour cédaient ou emportaient le 550 dessus. Cependant, à force de me tourmenter, mes transports diminuèrent assez pour faire place à quelques réflexions. Je comparai cette dernière infortune à celles que j'avais déjà essuyées dans le même genre, et je ne trouvai pas qu'il y eût plus à désespérer que dans les premières. Je connaissais Manon ; pourquoi m'affliger tant d'un 555 malheur que j'avais dû[2] prévoir ? Pourquoi ne pas m'employer plutôt à chercher du remède ? Il était encore temps. Je devais du moins n'y

notes ....

| **1. piquet** : jeu de cartes. | **2. j'avais dû** : j'aurais dû.

163

pas épargner mes soins, si je ne voulais avoir à me reprocher d'avoir contribué, par ma négligence, à mes propres peines. Je me mis là-dessus à considérer tous les moyens qui pouvaient m'ouvrir un
560 chemin à l'espérance.

Entreprendre de l'arracher avec violence des mains de G... M..., c'était un parti désespéré, qui n'était propre qu'à me perdre, et qui n'avait pas la moindre apparence[1] de succès. Mais il me semblait que si j'eusse pu me procurer le moindre entretien avec elle, j'aurais
565 gagné infailliblement quelque chose sur son cœur. J'en connaissais si bien tous les endroits sensibles ! J'étais si sûr d'être aimé d'elle ! Cette bizarrerie même, de m'avoir envoyé une jolie fille pour me consoler, j'aurais parié qu'elle venait de son invention, et que c'était un effet de sa compassion pour mes peines. Je résolus d'employer toute mon
570 industrie pour la voir. Parmi quantité de voies que j'examinai l'une après l'autre, je m'arrêtai à celle-ci. M. de T... avait commencé à me rendre service avec trop d'affection, pour me laisser le moindre doute de sa sincérité et de son zèle. Je me proposai d'aller chez lui sur-le-champ, et de l'engager à faire appeler G... M... sous le prétexte
575 d'une affaire importante. Il ne me fallait qu'une demi-heure pour parler à Manon. Mon dessein était de me faire introduire dans sa chambre même, et je crus que cela me serait aisé dans l'absence de G... M... Cette résolution m'ayant rendu plus tranquille, je payai libéralement la jeune fille, qui était encore avec moi ; et pour lui ôter
580 l'envie de retourner chez ceux qui me l'avaient envoyée, je pris son adresse, en lui faisant espérer que j'irais passer la nuit avec elle. Je montai dans mon fiacre, et je me fis conduire à grand train[2] chez M. de T... Je fus assez heureux pour l'y trouver. J'avais eu là-dessus de l'inquiétude en chemin. Un mot le mit au fait de mes peines, et du
585 service que je venais lui demander. Il fut si étonné d'apprendre que G... M... avait pu séduire Manon, qu'ignorant que j'avais eu part moi-même à mon malheur, il m'offrit généreusement de rassembler tous ses amis, pour employer leurs bras et leurs épées à la délivrance de ma maîtresse. Je lui fis comprendre que cet éclat pouvait être

notes

| **1. apparence** : chance. | **2. à grand train** : très rapidement.

164

590 pernicieux[1] à Manon et à moi. Réservons notre sang, lui dis-je, pour l'extrémité. Je médite une voie plus douce, et dont je n'espère pas moins de succès. Il s'engagea, sans exception, à faire tout ce que je demanderais de lui ; et lui ayant répété qu'il ne s'agissait que de faire avertir G... M... qu'il avait à lui parler, et de le tenir dehors une heure
595 ou deux, il partit aussitôt avec moi pour me satisfaire.

Nous cherchâmes de quel expédient il pourrait se servir, pour l'arrêter si longtemps. Je lui conseillai de lui écrire d'abord un billet simple, daté d'un cabaret, par lequel il le prierait de s'y rendre aussitôt, pour une affaire si importante qu'elle ne pouvait souffrir de
600 délai. J'observerai, ajoutai-je, le moment de sa sortie, et je m'introduirai sans peine dans la maison, n'y étant connu que de Manon et de Marcel, qui est mon valet. Pour vous, qui serez pendant ce temps-là avec G... M..., vous pourrez lui dire que cette affaire importante, pour laquelle vous souhaitez lui parler, est un besoin d'argent ; que
605 vous venez de perdre le vôtre au jeu, et que vous avez joué beaucoup plus sur votre parole, avec le même malheur. Il lui faudra du temps pour vous mener à son coffre-fort, et j'en aurai suffisamment pour exécuter mon dessein.

M. de T... suivit cet arrangement de point en point. Je le laissai dans
610 un cabaret, où il écrivit promptement sa lettre. J'allai me placer à quelques pas de la maison de Manon. Je vis arriver le porteur du message, et G... M... sortir à pied, un moment après, suivi d'un laquais. Lui ayant laissé le temps de s'éloigner de la rue, je m'avançai à la porte de mon infidèle ; et malgré toute ma colère, je frappai avec
615 le respect qu'on a pour un temple. Heureusement, ce fut Marcel qui vint m'ouvrir. Je lui fis signe de se taire. Quoique je n'eusse rien à craindre des autres domestiques, je lui demandai tout bas s'il pouvait me conduire dans la chambre où était Manon, sans que je fusse aperçu. Il me dit que cela était aisé en montant doucement par le
620 grand escalier. Allons donc promptement, lui dis-je, et tâche d'empêcher, pendant que j'y serai, qu'il n'y monte personne. Je pénétrai sans obstacle jusqu'à l'appartement.

note

| **1. pernicieux** : néfaste.

Manon était occupée à lire. Ce fut là que j'eus lieu d'admirer le caractère[1] de cette étrange fille. Loin d'être effrayée et de paraître timide en m'apercevant, elle ne donna que ces marques légères de surprise dont on n'est pas le maître à la vue d'une personne qu'on croit éloignée. Ah ! c'est vous, mon amour, me dit-elle en venant m'embrasser avec sa tendresse ordinaire. Bon Dieu ! que vous êtes hardi ! Qui vous aurait attendu aujourd'hui en ce lieu ? Je me dégageai de ses bras, et loin de répondre à ses caresses, je la repoussai avec dédain, et je fis deux ou trois pas en arrière pour m'éloigner d'elle. Ce mouvement ne laissa pas de la déconcerter. Elle demeura dans la situation où elle était, et elle jeta les yeux sur moi, en changeant de couleur. J'étais dans le fond si charmé de la revoir, qu'avec tant de justes sujets de colère, j'avais à peine la force d'ouvrir la bouche pour la quereller. Cependant mon cœur saignait du cruel outrage qu'elle m'avait fait. Je le rappelais vivement à ma mémoire, pour exciter mon dépit, et je tâchais de faire briller dans mes yeux un autre feu que celui de l'amour. Comme je demeurai quelque temps en silence, et qu'elle remarqua mon agitation, je la vis trembler, apparemment par un effet de sa crainte.

Je ne pus soutenir ce spectacle. Ah ! Manon, lui dis-je d'un ton tendre, infidèle et parjure Manon ! par où commencerai-je à me plaindre ? Je vous vois pâle et tremblante, et je suis encore si sensible à vos moindres peines, que je crains de vous affliger trop par mes reproches. Mais, Manon, je vous le dis, j'ai le cœur percé de la douleur de votre trahison. Ce sont là des coups qu'on ne porte point à un amant, quand on n'a pas résolu sa mort. Voici la troisième fois, Manon ; je les ai bien comptées ; il est impossible que cela s'oublie. C'est à vous de considérer à l'heure même quel parti vous voulez prendre ; car mon triste cœur n'est plus à l'épreuve d'un si cruel traitement. Je sens qu'il succombe et qu'il est prêt à se fendre de douleur. Je n'en puis plus, ajoutai-je en m'asseyant sur une chaise ; j'ai à peine la force de parler et de me soutenir.

note

1. d'admirer le caractère : de m'étonner du caractère.

655   Elle ne répondit point ; mais lorsque je fus assis, elle se laissa tomber
à genoux, et elle appuya sa tête sur les miens, en cachant son visage
de mes mains. Je sentis en un instant qu'elle les mouillait de larmes.
Dieux ! de quels mouvements n'étais-je point agité ! Ah ! Manon,
Manon, repris-je avec un soupir, il est bien tard de me donner des
660 larmes, lorsque vous avez causé ma mort. Vous affectez une tristesse
que vous ne sauriez sentir. Le plus grand de vos maux est sans doute
ma présence, qui a toujours été importune à vos plaisirs. Ouvrez les
yeux, voyez qui je suis ; on ne verse pas des pleurs si tendres pour un
malheureux qu'on a trahi, et qu'on abandonne cruellement. Elle
665 baisait mes mains sans changer de posture. Inconstante Manon,
repris-je encore, fille ingrate et sans foi, où sont vos promesses et vos
serments ? Amante mille fois volage et cruelle, qu'as-tu fait de cet
amour que tu me jurais encore aujourd'hui ? Juste Ciel, ajoutai-je,
est-ce ainsi qu'une infidèle se rit de vous, après vous avoir attesté si
670 saintement ? C'est donc le parjure qui est récompensé ! Le désespoir
et l'abandon sont pour la constance et la fidélité.

    Ces paroles furent accompagnées d'une réflexion si amère, que j'en
laissai échapper malgré moi quelques larmes. Manon s'en aperçut au
changement de ma voix. Elle rompit enfin le silence. Il faut bien que
675 je sois coupable, me dit-elle tristement, puisque j'ai pu vous causer
tant de douleur et d'émotion ; mais que le Ciel me punisse si j'ai cru
l'être, ou si j'ai eu la pensée de le devenir ! Ce discours me parut si
dépourvu de sens et de bonne foi, que je ne pus me défendre d'un vif
mouvement de colère. Horrible dissimulation ! m'écriai-je. Je vois
680 mieux que jamais que tu n'es qu'une coquine et une perfide. C'est à
présent que je connais ton misérable caractère. Adieu, lâche créature,
continuai-je en me levant ; j'aime mieux mourir mille fois que
d'avoir désormais le moindre commerce avec toi. Que le Ciel me
punisse moi-même si je t'honore jamais du moindre regard !
685 Demeure avec ton nouvel amant, aime-le, déteste-moi, renonce à
l'honneur, au bon sens ; je m'en ris, tout m'est égal.

    Elle fut si épouvantée de ce transport, que demeurant à genoux
près de la chaise d'où je m'étais levé, elle me regardait en tremblant
et sans oser respirer. Je fis encore quelques pas vers la porte, en
690 tournant la tête, et tenant les yeux fixés sur elle. Mais il aurait fallu

que j'eusse perdu tous sentiments d'humanité, pour m'endurcir contre tant de charmes. J'étais si éloigné d'avoir cette force barbare que, passant tout d'un coup à l'extrémité opposée, je retournai vers elle, ou plutôt je m'y précipitai sans réflexion. Je la pris entre mes
695 bras, je lui donnai mille tendres baisers. Je lui demandai pardon de mon emportement. Je confessai que j'étais un brutal, et que je ne méritais pas le bonheur d'être aimé d'une fille comme elle. Je la fis asseoir, et m'étant mis à genoux à mon tour, je la conjurai de m'écouter en cet état. Là, tout ce qu'un amant soumis et passionné
700 peut imaginer de plus respectueux et de plus tendre, je le renfermai en peu de mots dans mes excuses. Je lui demandai en grâce de prononcer qu'elle me pardonnait. Elle laissa tomber ses bras sur mon cou, en disant que c'était elle-même qui avait besoin de ma bonté, pour me faire oublier les chagrins qu'elle me causait, et qu'elle
705 commençait à craindre avec raison que je ne goûtasse point ce qu'elle avait à me dire pour se justifier. Moi ! interrompis-je aussitôt, ah ! je ne vous demande point de justification. J'approuve tout ce que vous avez fait. Ce n'est point à moi d'exiger des raisons de votre conduite ; trop content, trop heureux, si ma chère Manon ne m'ôte point la
710 tendresse de son cœur ! Mais, continuai-je, en réfléchissant sur l'état de mon sort, toute-puissante Manon ! vous qui faites à votre gré mes joies et mes douleurs, après vous avoir satisfaite par mes humiliations et par les marques de mon repentir, ne me sera-t-il point permis de vous parler de ma tristesse et de mes peines ? Apprendrai-je de vous
715 ce qu'il faut que je devienne aujourd'hui, et si c'est sans retour que vous allez signer ma mort, en passant la nuit avec mon rival ?

Elle fut quelque temps à méditer sa réponse : Mon Chevalier, me dit-elle, en reprenant un air tranquille, si vous vous étiez d'abord expliqué si nettement, vous vous seriez épargné bien du trouble et à
720 moi une scène bien affligeante. Puisque votre peine ne vient que de votre jalousie, je l'aurais guérie en m'offrant à vous suivre sur-le-champ au bout du monde. Mais je me suis figuré que c'était la lettre que je vous ai écrite sous les yeux de M. de G... M... et la fille que nous vous avons envoyée, qui causaient votre chagrin. J'ai cru que
725 vous auriez pu regarder ma lettre comme une raillerie, et cette fille, en vous imaginant qu'elle était allée vous trouver de ma part, comme

une déclaration que je renonçais à vous pour m'attacher à G... M...
C'est cette pensée qui m'a jetée tout d'un coup dans la consternation ; car, quelque innocente que je fusse, je trouvais, en y pensant,
730 que les apparences ne m'étaient pas favorables. Cependant, continua-
t-elle, je veux que vous soyez mon juge, après que je vous aurai
expliqué la vérité du fait.

Elle m'apprit alors tout ce qui lui était arrivé, depuis qu'elle avait
trouvé G... M..., qui l'attendait dans le lieu où nous étions. Il l'avait
735 reçue effectivement comme la première Princesse du monde. Il lui
avait montré tous les appartements, qui étaient d'un goût et d'une
propreté admirables. Il lui avait compté dix mille livres dans son
cabinet, et il y avait ajouté quelques bijoux, parmi lesquels étaient le
collier et les bracelets de perles qu'elle avait déjà eus de son père. Il
740 l'avait menée de là dans un salon qu'elle n'avait pas encore vu, où elle
avait trouvé une collation exquise. Il l'avait fait servir par les
nouveaux domestiques qu'il avait pris pour elle, en leur ordonnant
de la regarder désormais comme leur maîtresse ; enfin il lui avait fait
voir le carrosse, les chevaux et tout le reste de ses présents ; après quoi
745 il lui avait proposé une partie de jeu, pour attendre le souper. Je vous
avoue, continua-t-elle, que j'ai été frappée de cette magnificence.
J'ai fait réflexion que ce serait dommage de nous priver tout d'un
coup de tant de biens, en me contentant d'emporter les dix mille
francs et les bijoux ; que c'était une fortune toute faite pour vous et
750 pour moi, et que nous pourrions vivre agréablement aux dépens de
G... M... Au lieu de lui proposer la Comédie, je me suis mis dans la
tête de le sonder sur votre sujet, pour pressentir quelles facilités nous
aurions à nous voir, en supposant l'exécution de mon système. Je l'ai
trouvé d'un caractère fort traitable[1]. Il m'a demandé ce que je pensais
755 de vous, et si je n'avais pas eu quelque regret à vous quitter. Je lui ai
dit que vous étiez si aimable et que vous en aviez toujours usé si
honnêtement avec moi, qu'il n'était pas naturel que je pusse vous
haïr. Il a confessé que vous aviez du mérite, et qu'il s'était senti porté
à désirer votre amitié. Il a voulu savoir de quelle manière je croyais
760 que vous prendriez mon départ, surtout lorsque vous viendriez à

note

| 1. **traitable** : conciliant.

savoir que j'étais entre ses mains. Je lui ai répondu que la date de notre amour était déjà si ancienne, qu'il avait eu le temps de se refroidir un peu ; que vous n'étiez pas d'ailleurs fort à votre aise[1], et que vous ne regarderiez peut-être pas ma perte comme un grand malheur, parce

765 qu'elle vous déchargerait d'un fardeau qui vous pesait sur les bras. J'ai ajouté qu'étant tout à fait convaincue que vous agiriez pacifiquement, je n'avais pas fait difficulté de vous dire que je venais à Paris pour quelques affaires ; que vous y aviez consenti, et qu'y étant venu vous-même, vous n'aviez pas paru extrêmement inquiet, lorsque je

770 vous avais quitté. Si je croyais, m'a-t-il dit, qu'il fût d'humeur à bien vivre avec moi, je serais le premier à lui offrir mes services et mes civilités. Je l'ai assuré que du caractère dont je vous connaissais, je ne doutais point que vous n'y répondissiez honnêtement ; surtout, lui ai-je dit, s'il pouvait vous servir dans vos affaires, qui étaient fort

775 dérangées depuis que vous étiez mal avec votre famille. Il m'a interrompue, pour me protester qu'il vous rendrait tous les services qui dépendraient de lui ; et que si vous vouliez même vous embarquer dans un autre amour, il vous procurerait une jolie maîtresse, qu'il avait quittée pour s'attacher à moi. J'ai applaudi à son idée,

780 ajouta-t-elle, pour prévenir plus parfaitement tous ses soupçons ; et me confirmant de plus en plus dans mon projet, je ne souhaitais que de pouvoir trouver le moyen de vous en informer, de peur que vous ne fussiez trop alarmé lorsque vous me verriez manquer à notre assignation. C'est dans cette vue que je lui ai proposé de vous

785 envoyer cette nouvelle maîtresse dès le soir même, afin d'avoir une occasion de vous écrire ; j'étais obligée d'avoir recours à cette adresse[2], parce que je ne pouvais espérer qu'il me laissât libre un moment. Il a ri de ma proposition. Il a appelé son laquais, et lui ayant demandé s'il pourrait retrouver sur-le-champ son ancienne

790 maîtresse, il l'a envoyé de côté et d'autre pour la chercher. Il s'imaginait que c'était à Chaillot qu'il fallait qu'elle allât vous trouver ; mais je lui ai appris qu'en vous quittant, je vous avais promis de vous rejoindre à la Comédie ; ou que si quelque raison m'empêchait d'y aller, vous vous étiez engagé à m'attendre dans un carrosse

notes ....

| **1. à votre aise** : riche. | | **2. adresse** : manœuvre.

170

au bout de la rue Saint-André ; qu'il valait mieux par conséquent vous envoyer là votre nouvelle amante, ne fût-ce que pour vous empêcher de vous y morfondre pendant toute la nuit. Je lui ai dit encore qu'il était à propos de vous écrire un mot, pour vous avertir de cet échange, que vous auriez peine à comprendre sans cela. Il y a consenti ; mais j'ai été obligée d'écrire en sa présence, et je me suis bien gardée de m'expliquer trop ouvertement dans ma lettre. Voilà, ajouta Manon, de quelle manière les choses se sont passées. Je ne vous déguise rien, ni de ma conduite, ni de mes desseins. La jeune fille est venue, je l'ai trouvée jolie ; et comme je ne doutais point que mon absence ne vous causât de la peine, c'était sincèrement que je souhaitais qu'elle pût servir à vous désennuyer quelques moments, car la fidélité que je souhaite de vous est celle du cœur. J'aurais été ravie de pouvoir vous envoyer Marcel ; mais je n'ai pu me procurer un moment pour l'instruire de ce que j'avais à vous faire savoir. Elle conclut enfin son récit, en m'apprenant l'embarras où G... M... s'était trouvé en recevant le billet de M. de T... Il a balancé, me dit-elle, s'il devait me quitter, et il m'a assuré que son retour ne tarderait point. C'est ce qui fait que je ne vous vois point ici sans inquiétude, et que j'ai marqué de la surprise à votre arrivée.

J'écoutai ce discours avec beaucoup de patience. J'y trouvais assurément quantité de traits cruels et mortifiants pour moi, car le dessein de son infidélité était si clair, qu'elle n'avait pas même eu le soin de me le déguiser. Elle ne pouvait espérer que G... M... la laissât, toute la nuit, comme une vestale[1]. C'était donc avec lui qu'elle comptait de la passer. Quel aveu pour un amant ! Cependant je considérai que j'étais cause en partie de sa faute, par la connaissance que je lui avais donnée d'abord des sentiments que G... M... avait pour elle, et par la complaisance que j'avais eue d'entrer aveuglément dans le plan téméraire de son aventure. D'ailleurs, par un tour naturel de génie qui m'est particulier, je fus touché de l'ingénuité de son récit, et de cette manière bonne et ouverte avec laquelle elle me racontait jusqu'aux circonstances dont j'étais le plus offensé. Elle

[1]. **vestale :** prêtresse romaine qui faisait vœu de chasteté.

171

pêche sans malice[1], disais-je en moi-même. Elle est légère et imprudente ; mais elle est droite et sincère. Ajoutez que l'amour suffisait
830 seul pour me fermer les yeux sur toutes ses fautes. J'étais trop satisfait
de l'espérance de l'enlever le soir même à mon rival. Je lui dis
néanmoins : Et la nuit, avec qui l'auriez-vous passée ? Cette question,
que je lui fis tristement, l'embarrassa. Elle ne me répondit que par
des mais et des si interrompus. J'eus pitié de sa peine ; et rompant
835 ce discours, je lui déclarai naturellement que j'attendais d'elle qu'elle
me suivît à l'heure même. Je le veux bien, me dit-elle ; mais vous
n'approuvez donc pas mon projet ? Ah ! n'est-ce pas assez, repartis-je,
que j'approuve tout ce que vous avez fait jusqu'à présent ? Quoi !
nous n'emporterons pas même les dix mille francs ? répliqua-t-elle. Il
840 me les a donnés. Ils sont à moi. Je lui conseillai d'abandonner tout, et
de ne penser qu'à nous éloigner promptement ; car quoiqu'il y eût à
peine une demi-heure que j'étais avec elle, je craignais le retour de
G... M... Cependant elle me fit de si pressantes instances, pour me
faire consentir à ne pas sortir les mains vides, que je crus lui devoir
845 accorder quelque chose, après avoir tant obtenu d'elle.

Dans le temps que nous nous préparions au départ, j'entendis
frapper à la porte de la rue. Je ne doutai nullement que ce ne fût G...
M... ; et dans le trouble où cette pensée me jeta, je dis à Manon que
c'était un homme mort s'il paraissait. Effectivement je n'étais pas
850 assez revenu de mes transports, pour me modérer à sa vue. Marcel
finit ma peine, en m'apportant un billet qu'il avait reçu pour moi à
la porte. Il était de M. de T... Il me marquait que G... M... étant allé
lui chercher de l'argent à sa maison, il profitait de son absence pour
me communiquer une pensée fort plaisante : qu'il lui semblait que je
855 ne pouvais me venger plus agréablement de mon rival, qu'en
mangeant son souper et en couchant, cette nuit même, dans le lit
qu'il espérait d'occuper avec ma maîtresse ; que cela lui paraissait
assez facile, si je pouvais m'assurer de trois ou quatre hommes qui
eussent assez de résolution pour l'arrêter dans la rue, et de fidélité
860 pour le garder à vue jusqu'au lendemain ; que pour lui, il promettait

note..

| **1. sans malice :** sans penser à mal.

172

de l'amuser[1] encore une heure pour le moins, par des raisons qu'il tenait prêtes pour son retour. Je montrai ce billet à Manon, et je lui appris de quelle ruse je m'étais servi pour m'introduire librement chez elle. Mon invention et celle de M. de T... lui parurent admirables. Nous en rîmes à notre aise pendant quelques moments. Mais lorsque je lui parlai de la dernière comme d'un badinage[2], je fus surprise qu'elle insistât sérieusement à me la proposer comme une chose dont l'idée la ravissait. En vain lui demandai-je où elle voulait que je trouvasse, tout d'un coup, des gens propres à arrêter G... M... et à le garder fidèlement. Elle me dit qu'il fallait du moins tenter, puisque M. de T... nous garantissait encore une heure ; et pour réponse à mes autres objections, elle me dit que je faisais le tyran et que je n'avais pas de complaisance pour elle. Elle ne trouvait rien de si joli que ce projet. Vous aurez son couvert à souper, me répétait-elle, vous coucherez dans ses draps, et demain de grand matin vous enlèverez sa maîtresse et son argent. Vous serez bien vengé du père et du fils.

Je cédai à ses instances, malgré les mouvements secrets de mon cœur, qui semblaient me présager une catastrophe malheureuse. Je sortis, dans le dessein de prier deux ou trois gardes du corps avec lesquels Lescaut m'avait mis en liaison, de se charger du soin d'arrêter G... M... Je n'en trouvai qu'un au logis ; mais c'était un homme entreprenant, qui n'eut pas plus tôt su de quoi il était question, qu'il m'assura du succès ; il me demanda seulement dix pistoles, pour récompenser trois soldats aux gardes, qu'il prit la résolution d'employer, en se mettant à leur tête. Je le priai de ne pas perdre de temps. Il les assembla en moins d'un quart d'heure. Je l'attendais à sa maison ; et lorsqu'il fut de retour avec ses associés, je le conduisis moi-même au coin d'une rue par laquelle G... M... devait nécessairement rentrer dans celle de Manon. Je lui recommandai de ne le pas maltraiter, mais de le garder si étroitement jusqu'à sept heures du matin, que je pusse être assuré qu'il ne lui échapperait pas. Il me dit que son dessein était de le conduire à sa chambre et de l'obliger à se déshabiller, ou même à se coucher dans son lit, tandis que lui et ses

otes

1. l'amuser : la distraire. | 2. badinage : plaisanterie.

895 trois braves passeraient la nuit à boire et à jouer. Je demeurai avec eux jusqu'au moment où je vis paraître G... M... ; et je me retirai alors quelques pas au-dessous, dans un endroit obscur, pour être témoin d'une scène si extraordinaire. Le garde du corps l'aborda, le pistolet au poing, et lui expliqua civilement qu'il n'en voulait ni à sa vie ni à

900 son argent ; mais que s'il faisait la moindre difficulté de le suivre, ou s'il jetait le moindre cri, il allait lui brûler la cervelle. G... M..., le voyant soutenu par trois soldats, et craignant sans doute la bourre[1] du pistolet, ne fit pas de résistance. Je le vis emmener comme un mouton. Je retournai aussitôt chez Manon ; et pour ôter tout

905 soupçon aux domestiques, je lui dis, en entrant, qu'il ne fallait pas attendre M. de G... M... pour souper ; qu'il lui était survenu des affaires qui le retenaient malgré lui, et qu'il m'avait prié de venir lui en faire ses excuses et souper avec elle, ce que je regardais comme une grande faveur, auprès d'une si belle dame. Elle seconda fort adroite-

910 ment mon dessein. Nous nous mîmes à table. Nous y prîmes un air grave, pendant que les laquais demeurèrent à nous servir. Enfin, les ayant congédiés, nous passâmes une des plus charmantes soirées de notre vie. J'ordonnai en secret à Marcel de chercher un fiacre, et de l'avertir de se trouver le lendemain à la porte, avant six heures du

915 matin. Je feignis de quitter Manon vers minuit ; mais étant rentré doucement, par le secours de Marcel, je me préparai à occuper le lit de G... M..., comme j'avais rempli sa place à table. Pendant ce temps-là, notre mauvais génie travaillait à nous perdre. Nous étions dans le délire du plaisir, et le glaive était suspendu sur nos têtes. Le fil

920 qui le soutenait allait se rompre. Mais pour faire mieux entendre toutes les circonstances de notre ruine, il faut en éclaircir la cause.

G... M... était suivi d'un laquais, lorsqu'il avait été arrêté par le garde du corps. Ce garçon, effrayé de l'aventure de son maître, retourna en fuyant sur ses pas ; et la première démarche qu'il fit pour

925 le secourir, fut d'aller avertir le vieux G... M... de ce qui venait d'arriver. Une si fâcheuse nouvelle ne pouvait manquer de l'alarmer

note

| **1. bourre :** matière dont on bourrait les armes à feu qui se chargeaient par le canon, pour retenir la poudre.

beaucoup. Il n'avait que ce fils, et sa vivacité était extrême pour son âge. Il voulut savoir d'abord du laquais tout ce que son fils avait fait l'après-midi ; s'il s'était querellé avec quelqu'un, s'il avait pris part au démêlé d'un autre, s'il s'était trouvé dans quelque maison suspecte. Celui-ci, qui croyait son maître dans le dernier danger, et qui s'imaginait ne devoir plus rien ménager pour lui procurer du secours, découvrit tout ce qu'il savait de son amour pour Manon et de la dépense qu'il avait faite pour elle ; la manière dont il avait passé l'après-midi dans sa maison jusqu'aux environs de neuf heures, sa sortie et le malheur de son retour. C'en fut assez pour faire soupçonner au vieillard que l'affaire de son fils était une querelle d'amour. Quoiqu'il fût au moins dix heures et demie du soir, il ne balança point à se rendre aussitôt chez M. le Lieutenant de Police. Il le pria de faire donner des ordres particuliers à toutes les escouades du guet[1] ; et lui en ayant demandé une pour se faire accompagner, il courut lui-même vers la rue où son fils avait été arrêté ; il visita tous les endroits de la ville où il espérait de le pouvoir trouver ; et n'ayant pu découvrir ses traces, il se fit conduire enfin à la maison de sa maîtresse, où il se figura qu'il pouvait être retourné.

J'allais me mettre au lit, lorsqu'il arriva. La porte de la chambre étant fermée, je n'entendis point frapper à celle de la rue ; mais il entra, suivi de deux archers, et s'étant informé inutilement de ce qu'était devenu son fils, il lui prit envie de voir sa maîtresse, pour tirer d'elle quelque lumière. Il monte à l'appartement, toujours accompagné de ses archers. Nous étions prêts à nous mettre au lit ; il ouvre la porte, et il nous glace le sang par sa vue. Ô Dieu ! c'est le vieux G... M..., dis-je à Manon. Je saute sur mon épée ; elle était malheureusement embarrassée dans mon ceinturon. Les archers, qui virent mon mouvement, s'approchèrent aussitôt pour me la saisir. Un homme en chemise est sans résistance. Ils m'ôtèrent tous les moyens de me défendre.

G... M..., quoique troublé par ce spectacle, ne tarda point à me reconnaître. Il remit encore plus aisément Manon. Est-ce une illusion ? nous dit-il gravement ; ne vois-je point le Chevalier Des

---

Note

1. **escouades du guet** : patrouilles de police.

Grieux et Manon Lescaut ? J'étais si enragé de honte et de douleur, que je ne lui fis pas de réponse. Il parut rouler, pendant quelque temps, diverses pensées dans sa tête ; et comme si elles eussent allumé tout d'un coup sa colère, il s'écria en s'adressant à moi : Ah !

965 malheureux, je suis sûr que tu as tué mon fils ! Cette injure me piqua vivement. Vieux scélérat, lui répondis-je avec fierté, si j'avais eu à tuer quelqu'un de ta famille, c'est par toi que j'aurais commencé. Tenez-le bien, dit-il aux archers. Il faut qu'il me dise des nouvelles de mon fils ; je le ferai pendre demain, s'il ne m'apprend tout à l'heure[1]

970 ce qu'il en a fait. Tu me feras pendre ? repris-je. Infâme ! ce sont tes pareils qu'il faut chercher au gibet. Apprends que je suis d'un sang plus noble et plus pur que le tien[2]. Oui, ajoutai-je, je sais ce qui est arrivé à ton fils ; et si tu m'irrites davantage, je le ferai étrangler avant qu'il soit demain, et je te promets le même sort après lui.

975 Je commis une imprudence, en lui confessant que je savais où était son fils ; mais l'excès de ma colère me fit faire cette indiscrétion. Il appela aussitôt cinq ou six autres archers, qui l'attendaient à la porte, et il leur ordonna de s'assurer de tous les domestiques de la maison. Ah ! Monsieur le Chevalier, reprit-il d'un ton railleur, vous savez où

980 est mon fils et vous le ferez étrangler, dites-vous ? Comptez que nous y mettrons bon ordre. Je sentis aussitôt la faute que j'avais commise. Il s'approcha de Manon, qui était assise sur le lit en pleurant ; il lui dit quelques galanteries ironiques sur l'empire qu'elle avait sur le père et sur le fils, et sur le bon usage qu'elle en faisait. Ce vieux monstre

985 d'incontinence voulut prendre quelques familiarités avec elle. Garde-toi de la toucher ! m'écriai-je, il n'y aurait rien de sacré qui te pût sauver de mes mains. Il sortit en laissant trois archers dans la chambre, auxquels il ordonna de nous faire prendre promptement nos habits.

990 Je ne sais quels étaient alors ses desseins sur nous. Peut-être eussions-nous obtenu la liberté en lui apprenant où était son fils. Je méditais, en m'habillant, si ce n'était pas le meilleur parti. Mais s'il

---

notes

1. tout à l'heure : tout de suite.
2. Des Grieux veut dire qu'en cas de condamnation à mort, il serait décapité en tant

que gentilhomme, alors que G... M... serait pendu en tant que roturier.

était dans cette disposition en quittant notre chambre, elle était bien changée lorsqu'il y revint. Il était allé interroger les domestiques de Manon, que les archers avaient arrêtés. Il ne put rien apprendre de ceux qu'elle avait reçus de son fils ; mais lorsqu'il sut que Marcel nous avait servis auparavant, il résolut de le faire parler, en l'intimidant par des menaces.

C'était un garçon fidèle, mais simple et grossier[1]. Le souvenir de ce qu'il avait fait à l'Hôpital pour délivrer Manon, joint à la terreur que G... M... lui inspirait, fit tant d'impression sur son esprit faible, qu'il s'imagina qu'on allait le conduire à la potence ou sur la roue[2]. Il promit de découvrir tout ce qui était venu à sa connaissance, si l'on voulait lui sauver la vie. G... M... se persuada là-dessus qu'il y avait quelque chose, dans nos affaires, de plus sérieux et de plus criminel qu'il n'avait eu lieu jusque-là de se le figurer. Il offrit à Marcel, non seulement la vie, mais des récompenses pour sa confession. Ce malheureux lui apprit une partie de notre dessein, sur lequel nous n'avions pas fait difficulté de nous entretenir devant lui, parce qu'il devait y entrer pour quelque chose. Il est vrai qu'il ignorait entièrement les changements que nous y avions faits à Paris ; mais il avait été informé, en partant de Chaillot, du plan de l'entreprise et du rôle qu'il y devait jouer. Il lui déclara donc que notre vue était de duper son fils et que Manon devait recevoir ou avait déjà reçu dix mille francs, qui selon notre projet ne retourneraient jamais aux héritiers de la maison de G... M...

Après cette découverte, le vieillard emporté remonta brusquement dans notre chambre. Il passa, sans parler, dans le cabinet, où il n'eut pas de peine à trouver la somme et les bijoux. Il revint à nous avec un visage enflammé ; et nous montrant ce qu'il lui plut de nommer notre larcin, il nous accabla de reproches outrageants. Il fit voir de près, à Manon, le collier de perles et les bracelets : Les reconnaissez-vous ? lui dit-il avec un sourire moqueur. Ce n'était pas la première fois que vous les eussiez vus. Les mêmes, sur ma foi. Ils étaient de votre goût,

---

1. grossier : ignorant.

2. roue : instrument de supplice sur lequel le condamné était attaché et roué de coups.

1025 ma belle ; je me le persuade aisément. Les pauvres enfants ! ajouta-t-il. Ils sont bien aimables en effet l'un et l'autre ; mais ils sont un peu fripons. Mon cœur crevait de rage, à ce discours insultant. J'aurais donné, pour être libre un moment... Juste Ciel ! que n'aurais-je pas donné ! Enfin, je me fis violence pour lui dire, avec une modération

1030 qui n'était qu'un raffinement de fureur : Finissons, Monsieur, ces insolentes railleries. De quoi est-il question ? Voyons, que prétendez-vous faire de nous ? Il est question, Monsieur le Chevalier, me répondit-il, d'aller de ce pas au Châtelet[1]. Il fera jour demain ; nous verrons plus clair dans nos affaires, et j'espère que vous me ferez

1035 la grâce, à la fin, de m'apprendre où est mon fils.

Je compris, sans beaucoup de réflexions, que c'était une chose d'une terrible conséquence pour nous d'être une fois renfermés au Châtelet. J'en prévis, en tremblant, tous les dangers. Malgré toute ma fierté, je reconnus qu'il fallait plier sous le poids de ma fortune, et

1040 flatter mon plus cruel ennemi pour en obtenir quelque chose par la soumission. Je le priai, d'un ton honnête, de m'écouter un moment. Je me rends justice, Monsieur, lui dis-je. Je confesse que la jeunesse m'a fait commettre de grandes fautes, et que vous en êtes assez blessé pour vous plaindre. Mais, si vous connaissez la force de l'amour, si

1045 vous pouvez juger de ce que souffre un malheureux jeune homme à qui l'on enlève tout ce qu'il aime, vous me trouverez peut-être pardonnable d'avoir cherché le plaisir d'une petite vengeance, ou du moins vous me croirez assez puni par l'affront que je viens de recevoir. Il n'est besoin, ni de prison, ni de supplice pour me forcer

1050 de vous découvrir où est Monsieur votre fils. Il est en sûreté. Mon dessein n'a pas été de lui nuire, ni de vous offenser. Je suis prêt à vous nommer le lieu où il passe tranquillement la nuit, si vous me faites la grâce de nous accorder la liberté. Ce vieux tigre, loin d'être touché de ma prière, me tourna le dos en riant. Il lâcha seulement quelques

1055 mots, pour me faire comprendre qu'il savait notre dessein jusqu'à

---

note

1. Le Châtelet était une des plus importantes prisons de Paris ; il existait le Grand et le Petit Châtelet, de part et d'autre de l'île de la Cité.

l'origine. Pour ce qui regardait son fils, il ajouta brutalement qu'il se retrouverait assez, puisque je ne l'avais pas assassiné. Conduisez-les au Petit-Châtelet, dit-il aux archers, et prenez garde que le Chevalier ne vous échappe. C'est un rusé, qui s'est déjà sauvé de Saint-Lazare.

1060   Il sortit, et me laissa dans l'état que vous pouvez vous imaginer. Ô Ciel ! m'écriai-je, je recevrai avec soumission tous les coups qui viennent de ta main ; mais qu'un malheureux coquin ait le pouvoir de me traiter avec cette tyrannie, c'est ce qui me réduit au dernier désespoir. Les archers nous prièrent de ne pas les faire attendre plus

1065   longtemps. Ils avaient un carrosse à la porte. Je tendis la main à Manon pour descendre. Venez, ma chère reine, lui dis-je, venez vous soumettre à toute la rigueur de notre sort. Il plaira peut-être au Ciel de nous rendre quelque jour plus heureux.

Nous partîmes dans le même carrosse. Elle se mit dans mes bras. Je

1070   ne lui avais pas entendu prononcer un mot depuis le premier moment de l'arrivée de G... M... ; mais se trouvant seule alors avec moi, elle me dit mille tendresses en se reprochant d'être la cause de mon malheur. Je l'assurai que je ne me plaindrais jamais de mon sort, tant qu'elle ne cesserait pas de m'aimer. Ce n'est pas moi qui suis à

1075   plaindre, continuai-je. Quelques mois de prison ne m'effraient nullement, et je préférerai toujours le Châtelet à Saint-Lazare. Mais c'est pour toi, ma chère âme, que mon cœur s'intéresse. Quel sort pour une créature si charmante ! Ciel, comment traitez-vous avec tant de rigueur le plus parfait de vos ouvrages ? Pourquoi ne

1080   sommes-nous pas nés l'un et l'autre avec des qualités conformes à notre misère ? Nous avons reçu de l'esprit, du goût, des sentiments. Hélas ! quel triste usage en faisons-nous, tandis que tant d'âmes basses et dignes de notre sort jouissent de toutes les faveurs de la fortune ! Ces réflexions me pénétraient de douleur ; mais ce n'était rien en

1085   comparaison de celles qui regardaient l'avenir ; car je séchais[1] de crainte pour Manon. Elle avait déjà été à l'Hôpital ; et quand elle en

---

note

| **1. séchais** : dépérissais.

fût sortie[1] par la bonne porte, je savais que les rechutes[2] en ce genre étaient d'une conséquence extrêmement dangereuse. J'aurais voulu lui exprimer mes frayeurs. J'appréhendais de lui en causer trop. Je

1090 tremblais pour elle, sans oser l'avertir du danger, et je l'embrassais en soupirant, pour l'assurer du moins de mon amour, qui était presque le seul sentiment que j'osasse exprimer. Manon, lui dis-je, parlez sincèrement ; m'aimerez-vous toujours ? Elle me répondit qu'elle était bien malheureuse que j'en pusse douter. Hé bien, repris-je, je

1095 n'en doute point, et je veux braver tous nos ennemis avec cette assurance. J'emploierai ma famille pour sortir du Châtelet ; et tout mon sang ne sera utile à rien, si je ne vous en tire pas aussitôt que je serai libre.

Nous arrivâmes à la prison. On nous mit chacun dans un lieu

1100 séparé. Ce coup me fut moins rude, parce que je l'avais prévu. Je recommandai Manon au concierge, en lui apprenant que j'étais un homme de quelque distinction, et lui promettant une récompense considérable. J'embrassai ma chère maîtresse, avant que de la quitter. Je la conjurai de ne pas s'affliger excessivement, et de ne rien craindre

1105 tant que je serais au monde. Je n'étais pas sans argent ; je lui en donnai une partie, et je payai au concierge, sur ce qui me restait, un mois de grosse pension d'avance pour elle et pour moi.

Mon argent eut un fort bon effet. On me mit dans une chambre proprement meublée, et l'on m'assura que Manon en avait une

1110 pareille. Je m'occupai aussitôt des moyens de hâter ma liberté. Il était clair qu'il n'y avait rien d'absolument criminel dans mon affaire ; et supposant même que le dessein de notre vol fût prouvé par la déposition de Marcel, je savais fort bien qu'on ne punit point les simples volontés[3]. Je résolus d'écrire promptement à mon père, pour

1115 le prier de venir en personne à Paris. J'avais bien moins de honte, comme je l'ai dit, d'être au Châtelet qu'à Saint-Lazare. D'ailleurs, quoique je conservasse tout le respect dû à l'autorité paternelle, l'âge et l'expérience avaient diminué beaucoup ma timidité. J'écrivis donc, et l'on ne fit pas difficulté au Châtelet de laisser sortir ma lettre.

notes

| 1. **quand elle en fût sortie** : même si elle en était sortie. | 2. **rechutes** : récidives. |
| 3. **volontés** : intentions. |

1120 Mais c'était une peine que j'aurais pu m'épargner, si j'avais su que mon père devait arriver le lendemain à Paris.

Il avait reçu celle que je lui avais écrite huit jours auparavant. Il en avait ressenti une joie extrême ; mais de quelque espérance que je l'eusse flatté au sujet de ma conversion, il n'avait pas cru devoir
1125 s'arrêter tout à fait à mes promesses. Il avait pris le parti de venir s'assurer de mon changement par ses yeux, et de régler sa conduite sur la sincérité de mon repentir. Il arriva le lendemain de mon emprisonnement. Sa première visite fut celle qu'il rendit à Tiberge, à qui je l'avais prié d'adresser sa réponse. Il ne put savoir de lui ni ma
1130 demeure, ni ma condition présente ; il en apprit seulement mes principales aventures, depuis que je m'étais échappé de Saint-Sulpice. Tiberge lui parla fort avantageusement des dispositions que je lui avais marquées pour le bien, dans notre dernière entrevue. Il ajouta qu'il me croyait entièrement dégagé de Manon ; mais qu'il
1135 était surpris, néanmoins, que je ne lui eusse pas donné de mes nouvelles depuis huit jours. Mon père n'était pas dupe. Il comprit qu'il y avait quelque chose qui échappait à la pénétration de Tiberge, dans le silence dont il se plaignait, et il employa tant de soins pour découvrir mes traces, que deux jours après son arrivée, il apprit que
1140 j'étais au Châtelet.

Avant que de recevoir sa visite, à laquelle j'étais fort éloigné de m'attendre si tôt, je reçus celle de M. le Lieutenant général de Police ; ou, pour expliquer les choses par leur nom, je subis l'interrogatoire. Il me fit quelques reproches ; mais ils n'étaient ni durs ni désobli-
1145 geants. Il me dit, avec douceur, qu'il plaignait ma mauvaise conduite ; que j'avais manqué de sagesse en me faisant un ennemi tel que M. de G... M... ; qu'à la vérité il était aisé de remarquer qu'il y avait dans mon affaire plus d'imprudence et de légèreté que de malice ; mais que c'était néanmoins la seconde fois que je me trouvais
1150 sujet à son tribunal, et qu'il avait espéré que je fusse devenu plus sage, après avoir pris deux ou trois mois de leçons à Saint-Lazare. Charmé d'avoir affaire à un juge raisonnable, je m'expliquai avec lui d'une manière si respectueuse et si modérée, qu'il parut extrêmement satisfait de mes réponses. Il me dit que je ne devais pas me livrer trop
1155 au chagrin, et qu'il se sentait disposé à me rendre service, en faveur

de ma naissance et de ma jeunesse. Je me hasardai à lui recommander Manon, et à lui faire l'éloge de sa douceur et de son bon naturel. Il me répondit, en riant, qu'il ne l'avait point encore vue ; mais qu'on la représentait comme une dangereuse personne. Ce mot excita

1160 tellement ma tendresse, que je lui dis mille choses passionnées pour la défense de ma pauvre maîtresse ; et je ne pus m'empêcher de répandre quelques larmes. Il ordonna qu'on me reconduisît à ma chambre. Amour, Amour ! s'écria ce grave magistrat en me voyant sortir, ne te réconcilieras-tu jamais avec la sagesse ?

1165 J'étais à m'entretenir tristement de mes idées, et à réfléchir sur la conversation que j'avais eue avec M. le Lieutenant général de Police, lorsque j'entendis ouvrir la porte de ma chambre : c'était mon père. Quoique je dusse être à demi préparé à cette vue, puisque je m'y attendais quelques jours plus tard, je ne laissai pas d'en être frappé si

1170 vivement, que je me serais précipité au fond de la terre, si elle s'était entrouverte à mes pieds. J'allai l'embrasser, avec toutes les marques d'une extrême confusion. Il s'assit sans que ni lui ni moi eussions encore ouvert la bouche.

Comme je demeurais debout, les yeux baissés et la tête décou-

1175 verte : Asseyez-vous, Monsieur, me dit-il gravement, asseyez-vous. Grâce au scandale de votre libertinage et de vos friponneries, j'ai découvert le lieu de votre demeure. C'est l'avantage d'un mérite tel que le vôtre, de ne pouvoir demeurer caché. Vous allez à la renommée par un chemin infaillible. J'espère que le terme en sera

1180 bientôt la Grève[1], et que vous aurez effectivement la gloire d'y être exposé à l'admiration de tout le monde.

Je ne répondis rien. Il continua : Qu'un père est malheureux, lorsqu'après avoir aimé tendrement un fils, et n'avoir rien épargné pour en faire un honnête homme, il n'y trouve à la fin qu'un fripon

1185 qui le déshonore ! On se console d'un malheur de fortune ; le temps l'efface et le chagrin diminue ; mais quel remède contre un mal qui augmente tous les jours, tel que les désordres d'un fils vicieux, qui a perdu tous sentiments d'honneur ? Tu ne dis rien, malheureux,

---

note

1. la Grève : place de Grève, où avaient lieu les exécutions ; actuelle place de l'Hôtel-de-Ville.

ajouta-t-il ; voyez cette modestie contrefaite et cet air de douceur
hypocrite : ne le prendrait-on pas pour le plus honnête homme de sa
race[1] ?

Quoique je fusse obligé de reconnaître que je méritais une partie
de ces outrages, il me parut néanmoins que c'était les porter à l'excès.
Je crus qu'il m'était permis d'expliquer naturellement ma pensée. Je
vous assure, Monsieur, lui dis-je, que la modestie où vous me voyez
devant vous, n'est nullement affectée : c'est la situation naturelle d'un
fils bien né, qui respecte infiniment son père, et surtout un père irrité.
Je ne prétends pas non plus passer pour l'homme le plus réglé[2] de
notre race. Je me connais digne de vos reproches ; mais je vous
conjure d'y mettre un peu plus de bonté, et de ne pas me traiter
comme le plus infâme de tous les hommes. Je ne mérite pas des noms
si durs. C'est l'amour, vous le savez, qui a causé toutes mes fautes.
Fatale passion ! Hélas ! n'en connaissez-vous pas la force, et se peut-il
que votre sang, qui est la source du mien, n'ait jamais ressenti les
mêmes ardeurs ? L'amour m'a rendu trop tendre, trop passionné,
trop fidèle, et peut-être trop complaisant pour les désirs d'une
maîtresse toute charmante ; voilà mes crimes. En voyez-vous là
quelqu'un qui vous déshonore ? Allons, mon cher père, ajoutai-je
tendrement, un peu de pitié pour un fils qui a toujours été plein de
respect et d'affection pour vous, qui n'a pas renoncé comme vous
pensez à l'honneur et au devoir, et qui est mille fois plus à plaindre
que vous ne sauriez vous l'imaginer. Je laissai tomber quelques larmes
en finissant ces paroles.

Un cœur de père est le chef-d'œuvre de la nature ; elle y règne,
pour ainsi parler, avec complaisance, et elle en règle elle-même tous
les ressorts. Le mien, qui était avec cela homme d'esprit et de goût,
fut si touché du tour que j'avais donné à mes excuses, qu'il ne fut pas
le maître de me cacher ce changement. Viens, mon pauvre Chevalier, me dit-il, viens m'embrasser ; tu me fais pitié. Je l'embrassai. Il
me serra d'une manière qui me fit juger de ce qui se passait dans son
cœur. Mais quel moyen prendrons-nous donc, reprit-il, pour te tirer
d'ici ? Explique-moi toutes tes affaires sans déguisement. Comme il

notes

| **1. race** : lignée, famille. | **2. réglé** : qui mène une vie sage.

n'y avait rien, après tout, dans le gros de ma conduite, qui pût me déshonorer absolument, du moins en la mesurant sur celle des jeunes
1225 gens d'un certain monde, et qu'une maîtresse ne passe point pour une infamie dans le siècle où nous sommes, non plus qu'un peu d'adresse à s'attirer la fortune du jeu, je fis sincèrement à mon père le détail de la vie que j'avais menée. À chaque faute dont je lui faisais l'aveu, j'avais soin de joindre des exemples célèbres, pour en dimi-
1230 nuer la honte. Je vis avec une maîtresse[1], lui disais-je, sans être lié par les cérémonies du mariage : M. le Duc de... en entretient deux, aux yeux de tout Paris ; M. de... en a une depuis dix ans, qu'il aime avec une fidélité qu'il n'a jamais eue pour sa femme. Les deux tiers des honnêtes gens de France se font honneur d'en avoir. J'ai usé de
1235 quelque supercherie au jeu : M. le Marquis de... et le Comte de... n'ont point d'autres revenus ; M. le Prince de... et M. le Duc de... sont les chefs d'une bande de chevaliers du même Ordre. Pour ce qui regardait mes desseins sur la bourse des deux G... M..., j'aurais pu prouver aussi facilement que je n'étais pas sans modèles ; mais il me
1240 restait trop d'honneur pour ne pas me condamner moi-même, avec tous ceux dont j'aurais pu me proposer l'exemple, de sorte que je priai mon père de pardonner cette faiblesse aux deux violentes passions qui m'avaient agité, la vengeance et l'amour. Il me demanda si je pouvais lui donner quelques ouvertures sur les plus courts
1245 moyens d'obtenir ma liberté, et d'une manière qui pût lui faire éviter l'éclat[2]. Je lui appris les sentiments de bonté que le Lieutenant général de Police avait pour moi. Si vous trouvez quelques difficultés, lui dis-je, elles ne peuvent venir que de la part des G... M... ; ainsi je crois qu'il serait à propos que vous prissiez la peine de les voir. Il me le
1250 promit. Je n'osai le prier de solliciter pour Manon. Ce ne fut point un défaut de hardiesse, mais un effet de la crainte où j'étais de le révolter par cette proposition, et de lui faire naître quelque dessein funeste à elle et à moi. Je suis encore à savoir si cette crainte n'a pas causé mes plus grandes infortunes, en m'empêchant de tenter les dispositions de
1255 mon père, et de faire des efforts pour lui en inspirer de favorables à ma

notes

1. Ici au sens moderne de « femme qui n'est pas l'épouse ».

2. **l'éclat** : la notoriété publique.

malheureuse maîtresse. J'aurais peut-être excité encore une fois sa pitié. Je l'aurais mis en garde contre les impressions qu'il allait recevoir trop facilement du vieux G... M... Que sais-je ? Ma mauvaise destinée l'aurait peut-être emporté sur tous mes efforts ; mais je n'aurais eu qu'elle du moins et la cruauté de mes ennemis à accuser de mon malheur.

En me quittant, mon père alla faire une visite à M. de G... M... Il le trouva avec son fils, à qui le garde du corps avait honnêtement rendu la liberté. Je n'ai jamais su les particularités de leur conversation ; mais il ne m'a été que trop facile d'en juger par ses mortels effets. Ils allèrent ensemble, je dis les deux pères, chez M. le Lieutenant général de Police, auquel ils demandèrent deux grâces : l'une, de me faire sortir sur-le-champ du Châtelet, l'autre, d'enfermer Manon pour le reste de ses jours, ou de l'envoyer en Amérique. On commençait, dans le même temps, à embarquer quantité de gens sans aveu[1], pour le Mississippi. M. le Lieutenant général de Police leur donna sa parole de faire partir Manon par le premier vaisseau. M. de G... M... et mon père vinrent aussitôt m'apporter ensemble la nouvelle de ma liberté. M. de G... M... me fit un compliment civil sur le passé, et m'ayant félicité sur le bonheur que j'avais d'avoir un tel père, il m'exhorta à profiter désormais de ses leçons et de ses exemples. Mon père m'ordonna de lui faire des excuses de l'injure prétendue que j'avais faite à sa famille, et de le remercier de s'être employé avec lui pour mon élargissement. Nous sortîmes ensemble, sans avoir dit un mot de ma maîtresse. Je n'osai même parler d'elle aux guichetiers en leur présence. Hélas ! mes tristes recommandations eussent été bien inutiles ! L'ordre cruel était venu, en même temps que celui de ma délivrance. Cette fille infortunée fut conduite une heure après à l'Hôpital, pour y être associée à quelques malheureuses qui étaient condamnées à subir le même sort. Mon père m'ayant obligé de le suivre à la maison où il avait pris sa demeure, il était presque six heures du soir lorsque je trouvai le moment de me dérober de ses yeux pour retourner au Châtelet. Je n'avais dessein que de faire tenir quelques rafraîchisse-

note

1. **sans aveu** : sans foi ni loi.

1290 ments à Manon, et de la recommander au concierge ; car je ne me promettais pas que la liberté de la voir me fût accordée. Je n'avais point encore eu le temps, non plus, de réfléchir aux moyens de la délivrer.

Je demandai à parler au concierge. Il avait été content de ma
1295 libéralité et de ma douceur ; de sorte qu'ayant quelque disposition à me rendre service, il me parla du sort de Manon comme d'un malheur dont il avait beaucoup de regret, parce qu'il pouvait m'affliger. Je ne compris point ce langage. Nous nous entretînmes quelques moments sans nous entendre. À la fin, s'apercevant que
1300 j'avais besoin d'une explication, il me la donna, telle que j'ai déjà eu horreur de vous la dire, et que j'ai encore de la répéter. Jamais apoplexie[1] violente ne causa d'effet plus subit et plus terrible. Je tombai avec une palpitation de cœur si douloureuse, qu'à l'instant que je perdis la connaissance, je me crus délivré de la vie pour
1305 toujours. Il me resta même quelque chose de cette pensée, lorsque je revins à moi. Je tournai mes regards vers toutes les parties de la chambre et sur moi-même, pour m'assurer si je portais encore la malheureuse qualité d'homme vivant. Il est certain qu'en ne suivant que le mouvement naturel qui fait chercher à se délivrer de ses
1310 peines, rien ne pouvait me paraître plus doux que la mort, dans ce moment de désespoir et de consternation. La religion même ne pouvait me faire envisager rien de plus insupportable après la vie, que les convulsions cruelles dont j'étais tourmenté. Cependant, par un miracle propre à l'amour, je retrouvai bientôt assez de force pour
1315 remercier le Ciel de m'avoir rendu la connaissance et la raison. Ma mort n'eût été utile qu'à moi. Manon avait besoin de ma vie pour la délivrer, pour la secourir, pour la venger. Je jurai de m'y employer sans ménagement.

Le concierge me donna toute l'assistance que j'eusse pu attendre du
1320 meilleur de mes amis. Je reçus ses services avec une vive reconnaissance. Hélas ! lui dis-je, vous êtes donc touché de mes peines ? Tout le monde m'abandonne. Mon père même est sans doute un de mes

---

note

| 1. **apoplexie** : attaque cérébrale.

plus cruels persécuteurs. Personne n'a pitié de moi. Vous seul, dans le séjour de la dureté et de la barbarie, vous marquez de la compassion pour le plus misérable de tous les hommes ! Il me conseillait de ne point paraître dans la rue sans être un peu remis du trouble où j'étais. Laissez, laissez, répondis-je en sortant ; je vous reverrai plus tôt que vous ne pensez. Préparez-moi le plus noir de vos cachots ; je vais travailler à le mériter. En effet, mes premières résolutions n'allaient à rien moins qu'à me défaire des deux G... M... et du Lieutenant général de Police, et fondre ensuite à main armée sur l'Hôpital, avec tous ceux que je pourrais engager dans ma querelle. Mon père lui-même eût à peine été respecté, dans une vengeance qui me paraissait si juste ; car le concierge ne m'avait pas caché que lui et G... M... étaient les auteurs de ma perte. Mais lorsque j'eus fait quelques pas dans les rues, et que l'air eut un peu rafraîchi mon sang et mes humeurs, ma fureur fit place peu à peu à des sentiments plus raisonnables. La mort de nos ennemis eût été d'une faible utilité pour Manon, et elle m'eût exposé sans doute à me voir ôter tous les moyens de la secourir. D'ailleurs aurais-je eu recours à un lâche assassinat ? Quelle autre voie pouvais-je m'ouvrir à la vengeance ? Je recueillis toutes mes forces et tous mes esprits pour travailler d'abord à la délivrance de Manon, remettant tout le reste après le succès de cette importante entreprise. Il me restait peu d'argent. C'était néanmoins un fondement nécessaire par lequel il fallait commencer. Je ne voyais que trois personnes de qui j'en pusse attendre : M. de T..., mon père et Tiberge. Il y avait peu d'apparence d'obtenir quelque chose des deux derniers, et j'avais honte de fatiguer l'autre par mes importunités. Mais ce n'est point dans le désespoir qu'on garde des ménagements. J'allai sur-le-champ au Séminaire de Saint-Sulpice, sans m'embarrasser si j'y serais reconnu. Je fis appeler Tiberge. Ses premières paroles me firent comprendre qu'il ignorait encore mes dernières aventures. Cette idée me fit changer le dessein que j'avais, de l'attendrir par la compassion. Je lui parlai, en général, du plaisir que j'avais eu de revoir mon père ; et je le priai ensuite de me prêter quelque argent, sous prétexte de payer, avant mon départ de Paris, quelques dettes que je souhaitais de tenir inconnues. Il me présenta aussitôt sa bourse. Je pris cinq cents francs, sur six cents que

j'y trouvai. Je lui offris mon billet ; il était trop généreux pour
l'accepter.

Je tournai de là chez M. de T... Je n'eus point de réserve avec lui.
Je lui fis l'exposition de mes malheurs et de mes peines : il en savait
déjà jusqu'aux moindres circonstances, par le soin qu'il avait eu de
suivre l'aventure du jeune G... M... Il m'écouta néanmoins, et il me
plaignit beaucoup. Lorsque je lui demandai ses conseils sur les
moyens de délivrer Manon, il me répondit tristement qu'il y voyait
si peu de jour, qu'à moins d'un secours extraordinaire du Ciel, il
fallait renoncer à l'espérance ; qu'il avait passé exprès à l'Hôpital,
depuis qu'elle y était renfermée ; qu'il n'avait pu obtenir lui-même la
liberté de la voir ; que les ordres du Lieutenant général de Police
étaient de la dernière rigueur, et que pour comble d'infortune, la
malheureuse bande où elle devait entrer, était destinée à partir le
surlendemain du jour où nous étions. J'étais si consterné de son
discours, qu'il eût pu parler une heure sans que j'eusse pensé à
l'interrompre. Il continua de me dire qu'il ne m'était point allé voir
au Châtelet, pour se donner plus de facilité à me servir, lorsqu'on le
croirait sans liaison avec moi ; que depuis quelques heures que j'en
étais sorti, il avait eu le chagrin d'ignorer où je m'étais retiré, et qu'il
avait souhaité de me voir promptement, pour me donner le seul
conseil dont il semblait que je pusse espérer du changement dans le
sort de Manon ; mais un conseil dangereux, auquel il me priait de
cacher éternellement qu'il eût part : c'était de choisir quelques
braves, qui eussent le courage d'attaquer les gardes de Manon,
lorsqu'ils seraient sortis de Paris avec elle. Il n'attendit point que je lui
parlasse de mon indigence. Voilà cent pistoles, me dit-il, en me
présentant une bourse, qui pourront vous être de quelque usage.
Vous me les remettrez, lorsque la fortune aura rétabli vos affaires. Il
ajouta que si le soin de sa réputation lui eût permis d'entreprendre
lui-même la délivrance de ma maîtresse, il m'eût offert son bras et son
épée.

Cette excessive générosité me toucha jusqu'aux larmes.
J'employai, pour lui marquer ma reconnaissance, toute la vivacité
que mon affliction me laissait de reste. Je lui demandai s'il n'y avait
rien à espérer par la voie des intercessions, auprès du Lieutenant

général de Police. Il me dit qu'il y avait pensé ; mais qu'il croyait cette ressource inutile, parce qu'une grâce de cette nature ne pouvait se demander sans motif, et qu'il ne voyait pas bien quel motif on pouvait employer pour se faire un intercesseur d'une personne grave et puissante ; que si l'on pouvait se flatter de quelque chose de ce côté-là, ce ne pouvait être qu'en faisant changer de sentiment à M. de G... M... et à mon père, et en les engageant à prier eux-mêmes M. le Lieutenant général de Police de révoquer sa sentence. Il m'offrit de faire tous ses efforts pour gagner le jeune G... M..., quoiqu'il le crût un peu refroidi à son égard par quelques soupçons qu'il avait conçus de lui à l'occasion de notre affaire ; et il m'exhorta à ne rien omettre de mon côté, pour fléchir l'esprit de mon père.

Ce n'était pas une légère entreprise pour moi ; je ne dis pas seulement par la difficulté que je devais naturellement trouver à le vaincre, mais par une autre raison, qui me faisait même redouter ses approches : je m'étais dérobé de son logement contre ses ordres, et j'étais fort résolu de n'y pas retourner, depuis que j'avais appris la triste destinée de Manon. J'appréhendais avec sujet[1] qu'il ne me fit retenir malgré moi, et qu'il ne me reconduisît de même en province. Mon frère aîné avait usé autrefois de cette méthode. Il est vrai que j'étais devenu plus âgé ; mais l'âge était une faible raison contre la force. Cependant je trouvai une voie qui me sauvait du danger ; c'était de le faire appeler dans un endroit public, et de m'annoncer à lui sous un autre nom. Je pris aussitôt ce parti. M. de T... s'en alla chez G... M... et moi au Luxembourg, d'où j'envoyai avertir mon père qu'un gentilhomme de ses serviteurs était à l'attendre. Je craignais qu'il n'eût quelque peine à venir, parce que la nuit approchait. Il parut néanmoins peu après, suivi de son laquais. Je le priai de prendre une allée où nous puissions être seuls. Nous fîmes cent pas, pour le moins, sans parler. Il s'imaginait bien, sans doute, que tant de préparations ne s'étaient pas faites sans un dessein d'importance. Il attendait ma harangue, et je la méditais.

Enfin j'ouvris la bouche. Monsieur, lui dis-je en tremblant, vous êtes un bon père. Vous m'avez comblé de grâces, et vous m'avez

ote

1. avec sujet : avec raison.

pardonné un nombre infini de fautes. Aussi le Ciel m'est-il témoin
que j'ai pour vous tous les sentiments du fils le plus tendre et le plus
respectueux. Mais il me semble... que votre rigueur... Hé bien, ma
rigueur ? interrompit mon père, qui trouvait sans doute que je parlais
lentement pour son impatience. Ah ! Monsieur, repris-je, il me
semble que votre rigueur est extrême, dans le traitement que vous
avez fait à la malheureuse Manon. Vous vous en êtes rapporté à M. de
G... M... Sa haine vous l'a représentée sous les plus noires couleurs.
Vous vous êtes formé d'elle une affreuse idée. Cependant c'est la plus
douce et la plus aimable créature qui fût jamais. Que n'a-t-il plu au
Ciel de vous inspirer l'envie de la voir un moment ! Je ne suis pas plus
sûr qu'elle est charmante, que je le suis qu'elle vous l'aurait paru.
Vous auriez pris parti pour elle ; vous auriez détesté les noirs artifices
de G... M... ; vous auriez eu compassion d'elle et de moi. Hélas ! J'en
suis sûr. Votre cœur n'est pas insensible ; vous vous seriez laissé
attendrir. Il m'interrompit encore, voyant que je parlais avec une
ardeur qui ne m'aurait pas permis de finir sitôt. Il voulut savoir à quoi
j'avais dessein d'en venir, par un discours si passionné. À vous
demander la vie, répondis-je, que je ne puis conserver un moment,
si Manon part une fois[1] pour l'Amérique. Non, non, me dit-il d'un
ton sévère ; j'aime mieux te voir sans vie que sans sagesse et sans
honneur. N'allons donc pas plus loin ! m'écriai-je en l'arrêtant par le
bras. Ôtez-la-moi, cette vie odieuse et insupportable ; car dans le
désespoir où vous me jetez, la mort sera une faveur pour moi. C'est
un présent digne de la main d'un père.

Je ne te donnerais que ce que tu mérites, répliqua-t-il. Je connais
bien des pères qui n'auraient pas attendu si longtemps pour être
eux-mêmes tes bourreaux ; mais c'est ma bonté excessive qui t'a
perdu.

Je me jetai à ses genoux : Ah ! s'il vous en reste encore, lui dis-je en
les embrassant, ne vous endurcissez donc pas contre mes pleurs.
Songez que je suis votre fils... Hélas ! souvenez-vous de ma mère.
Vous l'aimiez si tendrement ! Auriez-vous souffert qu'on l'eût
arrachée de vos bras ? Vous l'auriez défendue jusqu'à la mort. Les

note

| **1. si [...] une fois** : si jamais.

autres n'ont-ils pas un cœur comme vous ? Peut-on être barbare, après avoir une fois éprouvé ce que c'est que la tendresse et la douleur ?

Ne me parle pas davantage de ta mère, reprit-il d'une voix irritée ; ce souvenir échauffe mon indignation. Tes désordres la feraient mourir de douleur, si elle eût assez vécu pour les voir. Finissons cet entretien, ajouta-t-il ; il m'importune, et ne me fera point changer de résolution. Je retourne au logis ; je t'ordonne de me suivre. Le ton sec et dur avec lequel il m'intima cet ordre, me fit trop comprendre que son cœur était inflexible. Je m'éloignai de quelques pas, dans la crainte qu'il ne lui prît envie de m'arrêter de ses propres mains. N'augmentez pas mon désespoir, lui dis-je, en me forçant de vous désobéir. Il est impossible que je vous suive. Il ne l'est pas moins que je vive, après la dureté avec laquelle vous me traitez. Ainsi je vous dis un éternel adieu. Ma mort, que vous apprendrez bientôt, ajoutai-je tristement, vous fera peut-être reprendre pour moi des sentiments de père. Comme je me tournais pour le quitter : Tu refuses donc de me suivre ? s'écria-t-il avec une vive colère. Va, cours à ta perte. Adieu, fils ingrat et rebelle. Adieu, lui dis-je dans mon transport, adieu, père barbare et dénaturé.

Je sortis aussitôt du Luxembourg. Je marchai dans les rues comme un furieux jusqu'à la maison de M. de T... Je levais, en marchant, les yeux et les mains pour invoquer toutes les puissances célestes. Ô Ciel ! disais-je, serez-vous aussi impitoyable que les hommes ? Je n'ai plus de secours à attendre que de vous. M. de T... n'était point encore retourné chez lui ; mais il revint, après que je l'y eus attendu quelques moments. Sa négociation n'avait pas réussi mieux que la mienne. Il me le dit d'un visage abattu. Le jeune G... M..., quoique moins irrité que son père contre Manon et contre moi, n'avait pas voulu entreprendre de le solliciter en notre faveur. Il s'en était défendu par la crainte qu'il avait lui-même de ce vieillard vindicatif[1], qui s'était déjà fort emporté contre lui, en lui reprochant ses desseins de commerce avec Manon. Il ne me restait donc que la voie de la violence, telle que M. de T... m'en avait tracé le plan ; j'y réduisis

Note

1. **vindicatif** : rancunier.

toutes mes espérances. Elles sont bien incertaines, lui dis-je ; mais la plus solide et la plus consolante pour moi est celle de périr du moins dans l'entreprise. Je le quittai en le priant de me secourir par ses vœux ; et je ne pensai plus qu'à m'associer des camarades à qui je pusse communiquer une étincelle de mon courage et de ma résolution.

1500

Le premier qui s'offrit à mon esprit, fut le même garde du corps que j'avais employé pour arrêter G... M... J'avais dessein aussi d'aller passer la nuit dans sa chambre, n'ayant pas eu l'esprit assez libre, pendant l'après-midi, pour me procurer un logement. Je le trouvai seul. Il eut de la joie de me voir sorti du Châtelet. Il m'offrit affectueusement ses services. Je lui expliquai ceux qu'il pouvait me rendre. Il avait assez de bon sens pour en apercevoir toutes les difficultés ; mais il fut assez généreux pour entreprendre de les surmonter. Nous employâmes une partie de la nuit à raisonner sur mon dessein. Il me parla des trois soldats aux gardes dont il s'était servi dans la dernière occasion, comme de trois braves à l'épreuve[1]. M. de T... m'avait informé exactement du nombre des archers qui devaient conduire Manon : ils n'étaient que six. Cinq hommes hardis et résolus suffisaient pour donner l'épouvante à ces misérables, qui ne sont point capables de se défendre honorablement, lorsqu'ils peuvent éviter le péril du combat par une lâcheté. Comme je ne manquais point d'argent, le garde du corps me conseilla de ne rien épargner pour assurer le succès de notre attaque. Il nous faut des chevaux, me dit-il, avec des pistolets, et chacun notre mousqueton[2]. Je me charge de prendre demain le soin de ces préparatifs. Il faudra aussi trois habits communs pour nos soldats, qui n'oseraient paraître dans une affaire de cette nature avec l'uniforme du régiment. Je lui mis entre les mains les cent pistoles que j'avais reçues de M. de T... Elles furent employées, le lendemain, jusqu'au dernier sol. Les trois soldats passèrent en revue devant moi. Je les animai par de grandes promesses, et pour leur ôter toute défiance, je commençai par leur faire présent, à chacun, de dix pistoles. Le jour de l'exécution[3] étant

1505

1510

1515

1520

1525

notes

| **1. braves à l'épreuve :** hommes de main prêts à tout. | **2. mousqueton :** fusil léger. |
| | **3. L'exécution du plan de Des Grieux.** |

192

venu, j'en envoyai un de grand matin à l'Hôpital, pour s'instruire par ses propres yeux, du moment auquel les archers partiraient avec leur proie. Quoique je n'eusse pris cette précaution que par un excès d'inquiétude et de prévoyance, il se trouva qu'elle avait été absolument nécessaire. J'avais compté sur quelques fausses informations qu'on m'avait données de leur route, et m'étant persuadé que c'était à La Rochelle que cette déplorable troupe devait être embarquée, j'aurais perdu mes peines à l'attendre sur le chemin d'Orléans. Cependant je fus informé, par le rapport du soldat aux gardes, qu'elle prenait le chemin de Normandie, et que c'était du Havre-de-Grâce qu'elle devait partir pour l'Amérique.

Nous nous rendîmes aussitôt à la porte Saint-Honoré, observant de marcher par des rues différentes. Nous nous réunîmes au bout du faubourg. Nos chevaux étaient frais. Nous ne tardâmes point à découvrir les six gardes, et les deux misérables voitures que vous vîtes à Pacy, il y a deux ans. Ce spectacle faillit de m'ôter la force et la connaissance. Ô Fortune, m'écriai-je, Fortune cruelle ! accorde-moi ici du moins, la mort ou la victoire. Nous tînmes conseil un moment sur la manière dont nous ferions notre attaque. Les archers n'étaient guère plus de quatre cents pas devant nous, et nous pouvions les couper en passant au travers d'un petit champ, autour duquel le grand chemin tournait. Le garde du corps fut d'avis de prendre cette voie, pour les surprendre en fondant tout d'un coup sur eux. J'approuvai sa pensée et je fus le premier à piquer mon cheval. Mais la Fortune avait rejeté impitoyablement mes vœux. Les archers, voyant cinq cavaliers accourir vers eux, ne doutèrent point que ce ne fût pour les attaquer. Ils se mirent en défense, en préparant leurs baïonnettes et leurs fusils, d'un air assez résolu. Cette vue, qui ne fit que nous animer, le garde du corps et moi, ôta tout d'un coup le courage à nos trois lâches compagnons. Ils s'arrêtèrent comme de concert, et, s'étant dit entre eux quelques mots que je n'entendis point, ils tournèrent la tête de leurs chevaux, pour reprendre le chemin de Paris à bride abattue. Dieux ! me dit le garde du corps, qui paraissait aussi éperdu que moi de cette infâme désertion, qu'allons-nous faire ? Nous ne sommes que deux. J'avais perdu la voix, de fureur et d'étonnement. Je m'arrêtai, incertain si ma première vengeance ne devait pas s'employer à la poursuite et au châtiment des lâches qui m'abandonnaient. Je les regardais fuir, et je jetais les yeux de l'autre côté sur les archers. S'il m'eût été possible de me partager, j'aurais fondu tout à la fois sur ces deux objets de ma rage ; je les dévorais tous ensemble. Le garde du corps, qui jugeait de mon incertitude par le mouvement égaré de mes yeux, me pria d'écouter son conseil. N'étant que deux, me dit-il, il y aurait de la folie à attaquer six hommes aussi bien armés que nous, et qui paraissent nous attendre de pied ferme. Il faut retourner à Paris et tâcher de réussir mieux dans le choix de nos braves. Les archers ne sauraient faire de grandes journées avec deux pesantes voitures ; nous les rejoindrons demain sans peine.

Je fis un moment de réflexion sur ce parti ; mais ne voyant de tous côtés que des sujets de désespoir, je pris une résolution véritablement désespérée. Ce fut de remercier mon compagnon de ses services ; et loin d'attaquer les archers, je résolus d'aller, avec soumission, les prier de me recevoir dans leur troupe, pour accompagner Manon avec eux jusqu'au Havre-de-Grâce, et passer ensuite au-delà des mers avec elle. Tout le monde me persécute ou me trahit, dis-je au garde du corps. Je n'ai plus de fond à faire sur personne[1]. Je n'attends plus rien, ni de la Fortune, ni du secours des hommes. Mes malheurs sont au comble ; il ne me reste plus que de m'y soumettre. Ainsi je ferme les yeux à toute espérance. Puisse le Ciel récompenser votre générosité ! Adieu, je vais aider mon mauvais sort à consommer ma ruine, en y courant moi-même volontairement. Il fit inutilement ses efforts pour m'engager à retourner à Paris. Je le priai de me laisser suivre mes résolutions et de me quitter sur-le-champ, de peur que les archers ne continuassent de croire que notre dessein était de les attaquer.

J'allai seul vers eux d'un pas lent, et le visage si consterné, qu'ils ne durent rien trouver d'effrayant dans mes approches. Ils se tenaient néanmoins en défense. Rassurez-vous, Messieurs, leur dis-je, en les abordant ; je ne vous apporte point la guerre, je viens vous demander des grâces. Je les priai de continuer leur chemin sans défiance et je leur appris, en marchant, les faveurs que j'attendais d'eux. Ils consul-

note

1. **Je n'ai plus de fond à faire sur personne :** je ne peux plus compter sur personne.

tèrent ensemble de quelle manière ils devaient recevoir cette ouverture. Le chef de la bande prit la parole pour les autres. Il me répondit
que les ordres qu'ils avaient de veiller sur leurs captives étaient d'une
extrême rigueur ; que je lui paraissais néanmoins si joli[1] homme, que
lui et ses compagnons se relâcheraient un peu de leur devoir ; mais
que je devais comprendre qu'il fallait qu'il m'en coûtât quelque
chose. Il me restait environ quinze pistoles ; je leur dis naturellement
en quoi consistait le fond de ma bourse. Hé bien ! me dit l'archer,
nous en userons généreusement. Il ne vous coûtera qu'un écu par
heure pour entretenir celle de nos filles qui vous plaira le plus ; c'est
le prix courant de Paris. Je ne leur avais pas parlé de Manon en
particulier, parce que je n'avais pas dessein qu'ils connussent ma
passion. Ils s'imaginèrent d'abord que ce n'était qu'une fantaisie de
jeune homme, qui me faisait chercher un peu de passe-temps avec
ces créatures ; mais lorsqu'ils crurent s'être aperçus que j'étais
amoureux, ils augmentèrent tellement le tribut, que ma bourse se
trouva épuisée en partant de Mantes, où nous avions couché, le jour
que nous arrivâmes à Pacy.

Vous dirai-je quel fut le déplorable sujet de mes entretiens avec
Manon pendant cette route, ou quelle impression sa vue fit sur moi,
lorsque j'eus obtenu des gardes la liberté d'approcher de son chariot ?
Ah ! les expressions ne rendent jamais qu'à demi les sentiments du
cœur ; mais figurez-vous ma pauvre maîtresse enchaînée par le milieu
du corps, assise sur quelques poignées de paille, la tête appuyée
languissamment sur un côté de la voiture, le visage pâle et mouillé
d'un ruisseau de larmes qui se faisaient un passage au travers de ses
paupières, quoiqu'elle eût continuellement les yeux fermés. Elle
n'avait pas même eu la curiosité de les ouvrir, lorsqu'elle avait
entendu le bruit de ses gardes, qui craignaient d'être attaqués. Son
linge était sale et dérangé, ses mains délicates exposées à l'injure de
l'air ; enfin, tout ce composé charmant, cette figure capable de
ramener l'univers à l'idolâtrie, paraissait dans un désordre et un
abattement inexprimables. J'employai quelque temps à la considérer,
en allant à cheval à côté du chariot. J'étais si peu à moi-même que je

note

| **1. joli** : aimable.

fus sur le point plusieurs fois de tomber dangereusement. Mes soupirs et mes exclamations fréquentes m'attirèrent d'elle quelques regards.

1635 Elle me reconnut, et je remarquai que, dans le premier mouvement, elle tenta de se précipiter hors de la voiture pour venir à moi ; mais, étant retenue par sa chaîne, elle retomba dans sa première attitude. Je priai les archers d'arrêter un moment par compassion ; ils y consentirent par avarice. Je quittai mon cheval pour m'asseoir auprès d'elle.

1640 Elle était si languissante et si affaiblie, qu'elle fut longtemps sans pouvoir se servir de sa langue, ni remuer ses mains. Je les mouillais pendant ce temps-là de mes pleurs ; et ne pouvant proférer moi-même une seule parole, nous étions l'un et l'autre dans une des plus tristes situations dont il y ait jamais eu d'exemple. Nos expres-

1645 sions ne le furent pas moins, lorsque nous eûmes retrouvé la liberté de parler. Manon parla peu ; il semblait que la honte et la douleur eussent altéré les organes de sa voix ; le son en était faible et tremblant. Elle me remercia de ne l'avoir pas oubliée, et de la satisfaction que je lui accordais, dit-elle en soupirant, de me voir du

1650 moins encore une fois, et de me dire le dernier adieu. Mais lorsque je l'eus assurée que rien n'était capable de me séparer d'elle, et que j'étais disposé à la suivre jusqu'à l'extrémité du monde, pour prendre soin d'elle, pour la servir, pour l'aimer et pour attacher inséparable-ment ma misérable destinée à la sienne, cette pauvre fille se livra à des

1655 sentiments si tendres et si douloureux, que j'appréhendai quelque chose pour sa vie, d'une si violente émotion. Tous les mouvements de son âme semblaient se réunir dans ses yeux. Elle les tenait fixés sur moi. Quelquefois elle ouvrait la bouche, sans avoir la force d'achever quelques mots qu'elle commençait. Il lui en échappait néanmoins

1660 quelques-uns. C'était des marques d'admiration sur mon amour, de tendres plaintes de son excès, des doutes qu'elle pût être assez heureuse pour m'avoir inspiré une passion si parfaite, des instances pour me faire renoncer au dessein de la suivre, et chercher ailleurs un bonheur digne de moi, qu'elle me disait que je ne pouvais espérer

1665 avec elle.

En dépit du plus cruel de tous les sorts, je trouvais ma félicité dans ses regards et dans la certitude que j'avais de son affection. J'avais perdu, à la vérité, tout ce que le reste des hommes estime ; mais j'étais

maître du cœur de Manon, le seul bien que j'estimais. Vivre en
Europe, vivre en Amérique, que m'importait-il en quel endroit
vivre, si j'étais sûr d'y être heureux en y vivant avec ma maîtresse ?
Tout l'univers n'est-il pas la patrie de deux amants fidèles ? Ne
trouvent-ils pas l'un dans l'autre, père, mère, parents, amis, richesses
et félicité ? Si quelque chose me causait de l'inquiétude, c'était la
crainte de voir Manon exposée aux besoins de l'indigence. Je me
supposais déjà, avec elle, dans une région inculte et habitée par des
sauvages. Je suis bien sûr, disais-je, qu'il ne saurait y en avoir d'aussi
cruels que G... M... et mon père. Ils nous laisseront du moins vivre
en paix. Si les relations qu'on en fait sont fidèles, ils suivent les lois de
la nature. Ils ne connaissent ni les fureurs de l'avarice, qui possèdent
G... M..., ni les idées fantastiques[1] de l'honneur, qui m'ont fait un
ennemi de mon père. Ils ne troubleront point deux amants qu'ils
verront vivre avec autant de simplicité qu'eux. J'étais donc tranquille
de ce côté-là. Mais je ne me formais point des idées romanesques par
rapport aux besoins communs de la vie. J'avais éprouvé trop souvent
qu'il y a des nécessités insupportables, surtout pour une fille délicate
qui est accoutumée à une vie commode et abondante. J'étais au
désespoir d'avoir épuisé inutilement ma bourse, et que le peu
d'argent qui me restait, fût encore sur le point de m'être ravi par la
friponnerie des archers. Je concevais qu'avec une petite somme
j'aurais pu espérer, non seulement de me soutenir quelque temps
contre la misère en Amérique, où l'argent était rare, mais d'y former
même quelque entreprise pour un établissement durable. Cette
considération me fit naître la pensée d'écrire à Tiberge, que j'avais
toujours trouvé si prompt à m'offrir les secours de l'amitié. J'écrivis
dès la première ville où nous passâmes. Je ne lui apportai point d'autre
motif que le pressant besoin dans lequel je prévoyais que je me
trouverais au Havre-de-Grâce, où je lui confessais que j'étais allé
conduire Manon. Je lui demandais cent pistoles. Faites-les-moi tenir
au Havre, lui disais-je, par le maître de la poste. Vous voyez bien que
c'est la dernière fois que j'importune votre affection, et que ma
malheureuse maîtresse m'étant enlevée pour toujours, je ne puis la

note

| **1. fantastiques** : sans fondement réel.

laisser partir sans quelques soulagements qui adoucissent son sort et mes mortels regrets.

1705   Les archers devinrent si intraitables, lorsqu'ils eurent découvert la violence de ma passion, que redoublant continuellement le prix de leurs moindres faveurs, ils me réduisirent bientôt à la dernière indigence. L'amour, d'ailleurs, ne me permettait guère de ménager ma bourse. Je m'oubliais[1] du matin au soir près de Manon ; et ce
1710 n'était plus par heure que le temps m'était mesuré, c'était par la longueur entière des jours. Enfin, ma bourse étant tout à fait vide, je me trouvai exposé aux caprices et à la brutalité de six misérables, qui me traitaient avec une hauteur insupportable. Vous en fûtes témoin à Pacy. Votre rencontre fut un heureux moment de relâche, qui me
1715 fut accordé par la Fortune. Votre pitié, à la vue de mes peines, fut ma seule recommandation auprès de votre cœur généreux. Le secours que vous m'accordâtes libéralement, servit à me faire gagner Le Havre, et les archers tinrent leur promesse avec plus de fidélité que je ne l'espérais.

1720   Nous arrivâmes au Havre. J'allai d'abord à la poste. Tiberge n'avait point encore eu le temps de me répondre. Je m'informai exactement quel jour je pouvais attendre sa lettre. Elle ne pouvait arriver que deux jours après ; et par une étrange disposition de mon mauvais sort, il se trouva que notre vaisseau devait partir le matin de celui auquel
1725 j'attendais l'ordinaire. Je ne puis vous représenter mon désespoir. Quoi ! m'écriai-je, dans le malheur même, il faudra toujours que je sois distingué par des excès ! Manon répondit : Hélas ! une vie si malheureuse mérite-t-elle le soin que nous en prenons ? Mourons au Havre, mon cher Chevalier. Que la mort finisse tout d'un coup nos
1730 misères ! Irons-nous les traîner dans un pays inconnu, où nous devons nous attendre sans doute à d'horribles extrémités, puisqu'on a voulu m'en faire un supplice[2] ? Mourons, me répéta-t-elle ; ou du moins, donne-moi la mort, et va chercher un autre sort dans les bras d'une amante plus heureuse. Non, non, lui dis-je, c'est pour moi un sort
1735 digne d'envie, que d'être malheureux avec vous. Son discours me fit trembler. Je jugeai qu'elle était accablée de ses maux. Je m'efforçai de

notes ....

| **1. Je m'oubliais :** je ne pensais plus à moi. | **2. supplice :** châtiment.

prendre un air plus tranquille, pour lui ôter ces funestes pensées de mort et de désespoir. Je résolus de tenir la même conduite à l'avenir ; et j'ai éprouvé, dans la suite, que rien n'est plus capable d'inspirer du courage à une femme, que l'intrépidité d'un homme qu'elle aime.

1740

Lorsque j'eus perdu l'espérance de recevoir du secours de Tiberge, je vendis mon cheval. L'argent que j'en tirai, joint à ce qui me restait encore de vos libéralités, me composa la petite somme de dix-sept pistoles. J'en employai sept à l'achat de quelques soulagements nécessaires à Manon ; et je serrai[1] les dix autres avec soin, comme le fondement de notre fortune et de nos espérances en Amérique. Je n'eus point de peine à me faire recevoir dans le vaisseau. On cherchait alors des jeunes gens qui fussent disposés à se joindre volontairement à la colonie. Le passage et la nourriture me furent accordés gratis. La poste de Paris[2] devant partir le lendemain, j'y laissai une lettre pour Tiberge. Elle était touchante, et capable de l'attendrir sans doute au dernier point, puisqu'elle lui fit prendre une résolution qui ne pouvait venir que d'un fonds infini de tendresse et de générosité pour un ami malheureux.

1745

1750

1755

Nous mîmes à la voile. Le vent ne cessa point de nous être favorable. J'obtins du capitaine un lieu à part pour Manon et pour moi. Il eut la bonté de nous regarder d'un autre œil que le commun de nos misérables associés. Je l'avais pris en particulier dès le premier jour ; et pour m'attirer de lui quelque considération, je lui avais découvert une partie de mes infortunes. Je ne crus pas me rendre coupable d'un mensonge honteux, en lui disant que j'étais marié à Manon. Il feignit de le croire, et il m'accorda sa protection. Nous en reçûmes des marques pendant toute la navigation. Il eut soin de nous faire nourrir honnêtement ; et les égards qu'il eut pour nous, servirent à nous faire respecter des compagnons de notre misère. J'avais une attention continuelle à ne pas laisser souffrir la moindre incommodité à Manon. Elle le remarquait bien ; et cette vue, jointe au vif ressentiment[3] de l'étrange extrémité où je m'étais réduit pour

1760

1765

---

notes

1. serrai : gardai.
2. La poste de Paris : la voiture de poste pour Paris.

3. ressentiment : sentiment de reconnaissance.

elle, la rendait si tendre et si passionnée, si attentive aussi à mes plus
1770 légers besoins, que c'était entre elle et moi une perpétuelle émulation[1] de services et d'amour. Je ne regrettais point l'Europe. Au
contraire, plus nous avancions vers l'Amérique, plus je sentais mon
cœur s'élargir et devenir tranquille. Si j'eusse pu m'assurer de n'y pas
manquer des nécessités absolues de la vie, j'aurais remercié la Fortune
1775 d'avoir donné un tour si favorable à nos malheurs.

Après une navigation de deux mois, nous abordâmes enfin au
rivage désiré. Le pays ne nous offrit rien d'agréable à la première vue.
C'étaient des campagnes stériles et inhabitées, où l'on voyait à peine
quelques roseaux et quelques arbres dépouillés par le vent. Nulle
1780 trace d'hommes, ni d'animaux. Cependant, le capitaine ayant fait
tirer quelques pièces de notre artillerie, nous ne fûmes pas longtemps
sans apercevoir une troupe de citoyens du Nouvel Orléans[2], qui
s'approchèrent de nous avec de vives marques de joie. Nous n'avions
pas découvert la ville. Elle est cachée, de ce côté-là, par une petite
1785 colline. Nous fûmes reçus comme des gens descendus du ciel. Ces
pauvres habitants s'empressaient pour nous faire mille questions sur
l'état de la France et sur les différentes provinces où ils étaient nés. Ils
nous embrassaient comme leurs frères, et comme de chers compagnons qui venaient partager leur misère et leur solitude. Nous prîmes
1790 le chemin de la ville avec eux ; mais nous fûmes surpris de découvrir,
en avançant, que ce qu'on nous avait vanté jusqu'alors comme une
bonne ville, n'était qu'un assemblage de quelques pauvres cabanes.
Elles étaient habitées par cinq ou six cents personnes. La maison du
Gouverneur nous parut un peu distinguée par sa hauteur et par sa
1795 situation. Elle est défendue par quelques ouvrages de terre, autour
desquels règne un large fossé.

Nous fûmes d'abord présentés à lui. Il s'entretint longtemps en
secret avec le capitaine ; et revenant ensuite à nous, il considéra, l'une
après l'autre, toutes les filles qui étaient arrivées par le vaisseau. Elles

notes

1. **émulation** : désir de surpasser l'autre.
2. Le nom est passé au féminin et avec un trait
d'union. Cette capitale de la Louisiane, alors
colonie française, fut fondée en 1717.
La colonie fut peuplée par des contingents de
femmes souvent pauvres ou orphelines, qui

partaient volontairement, dotées par le roi
(on les appelaient « filles du roi » ou « filles à
la cassette »). Mais il y eut aussi les femmes
enfermées à la Salpêtrière et déportées de
force, comme Manon.

1800 étaient au nombre de trente, car nous en avions trouvé au Havre une autre bande, qui s'était jointe à la nôtre. Le Gouverneur, les ayant longtemps examinées, fit appeler divers jeunes gens de la ville, qui languissaient dans l'attente d'une épouse. Il donna les plus jolies aux principaux, et le reste fut tiré au sort. Il n'avait point encore parlé à

1805 Manon ; mais lorsqu'il eut ordonné aux autres de se retirer, il nous fit demeurer, elle et moi. J'apprends du capitaine, nous dit-il, que vous êtes mariés, et qu'il vous a reconnus sur la route pour deux personnes d'esprit et de mérite. Je n'entre point dans les raisons qui ont causé votre malheur ; mais s'il est vrai que vous ayez autant de savoir-vivre

1810 que votre figure me le promet, je n'épargnerai rien pour adoucir votre sort, et vous contribuerez vous-mêmes à me faire trouver quelque agrément dans ce lieu sauvage et désert. Je lui répondis de la manière que je crus la plus propre à confirmer l'idée qu'il avait de nous. Il donna quelques ordres pour nous faire préparer un logement

1815 dans la ville, et il nous retint à souper avec lui. Je lui trouvai beaucoup de politesse, pour un chef de malheureux bannis. Il ne nous fit point de questions en public, sur le fond de nos aventures. La conversation fut générale ; et malgré notre tristesse, nous nous efforçâmes, Manon et moi, de contribuer à la rendre agréable.

1820 Le soir, il nous fit conduire au logement qu'on nous avait préparé. Nous trouvâmes une misérable cabane, composée de planches et de boue, qui consistait en deux ou trois chambres de plain-pied, avec un grenier au-dessus. Il y avait fait mettre cinq ou six chaises, et quelques commodités nécessaires à la vie. Manon parut effrayée à la vue d'une

1825 si triste demeure. C'était pour moi qu'elle s'affligeait, beaucoup plus que pour elle-même. Elle s'assit, lorsque nous fûmes seuls, et elle se mit à pleurer amèrement. J'entrepris d'abord de la consoler. Mais lorsqu'elle m'eut fait entendre que c'était moi seul qu'elle plaignait, et qu'elle ne considérait dans nos malheurs communs que ce que

1830 j'avais à souffrir, j'affectai de montrer assez de courage, et même assez de joie pour lui en inspirer. De quoi me plaindrais-je ? lui dis-je. Je possède tout ce que je désire. Vous m'aimez, n'est-ce pas ? Quel autre bonheur me suis-je jamais proposé ? Laissons au Ciel le soin de notre fortune. Je ne la trouve pas si désespérée. Le Gouverneur est un

1835 homme civil : il nous a marqué de la considération ; il ne permettra

pas que nous manquions du nécessaire. Pour ce qui regarde la pauvreté de notre cabane et la grossièreté de nos meubles, vous avez pu remarquer qu'il y a eu peu de personnes ici qui paraissaient mieux logées et mieux meublées que nous ; et puis tu es une chimiste[1]
1840 admirable, ajoutai-je en l'embrassant, tu transformes tout en or.

Vous serez donc la plus riche personne de l'univers, me répondit-elle ; car s'il n'y eut jamais d'amour tel que le vôtre, il est impossible aussi d'être aimé plus tendrement que vous l'êtes. Je me rends justice, continua-t-elle. Je sens bien que je n'ai jamais mérité ce prodigieux
1845 attachement que vous avez pour moi. Je vous ai causé des chagrins, que vous n'avez pu me pardonner sans une bonté extrême. J'ai été légère et volage ; et même en vous aimant éperdument, comme j'ai toujours fait, je n'étais qu'une ingrate. Mais vous ne sauriez croire combien je suis changée. Mes larmes, que vous avez vues couler si
1850 souvent depuis notre départ de France, n'ont pas eu une seule fois mes malheurs pour objet. J'ai cessé de les sentir, aussitôt que vous avez commencé à les partager. Je n'ai pleuré que de tendresse et de compassion pour vous. Je ne me console point d'avoir pu vous chagriner un moment dans ma vie. Je ne cesse point de me reprocher
1855 mes inconstances, et de m'attendrir, en admirant de quoi l'amour vous a rendu capable, pour une malheureuse qui n'en était pas digne, et qui ne payerait pas bien de tout mon sang, ajouta-t-elle avec une abondance de larmes, la moitié des peines qu'elle vous a causées.

Ses pleurs, son discours, et le ton dont elle le prononça firent sur
1860 moi une impression si étonnante, que je crus sentir une espèce de division dans mon âme. Prends garde, lui dis-je, prends garde ma chère Manon. Je n'ai point assez de force pour supporter des marques si vives de ton affection ; je ne suis point accoutumé à ces excès de joie. Ô Dieu ! m'écriai-je, je ne vous demande plus rien. Je ne cesse
1865 point de me reprocher mes inconstances, et de m'attendrir, en admirant de quoi l'amour vous a rendu capable, pour une malheureuse qui n'en était pas digne. Elle l'est, reprit-elle, si vous la faites dépendre de moi, et je sais où je puis compter aussi de trouver toujours la mienne. Je me couchai avec ces charmantes idées, qui

note

| **1. chimiste** : au sens d'« alchimiste ».

70 changèrent ma cabane en un palais digne du premier roi du monde.
L'Amérique me parut un lieu de délices après cela. C'est au Nouvel
Orléans qu'il faut venir, disais-je souvent à Manon, quand on veut
goûter les vraies douceurs de l'amour. C'est ici qu'on s'aime sans
intérêt, sans jalousie, sans inconstance. Nos compatriotes y viennent

75 chercher de l'or ; ils ne s'imaginent pas que nous y avons trouvé des
trésors bien plus estimables.

Nous cultivâmes soigneusement l'amitié du Gouverneur. Il eut la
bonté, quelques semaines après notre arrivée, de me donner un petit
emploi qui vint à vaquer[1] dans le fort. Quoiqu'il ne fût pas bien

80 distingué, je l'acceptai comme une faveur du Ciel. Il me mettait en
état de vivre sans être à charge à personne. Je pris un valet pour moi,
et une servante pour Manon. Notre petite fortune s'arrangea. J'étais
réglé dans ma conduite. Manon ne l'était pas moins. Nous ne
laissions point échapper l'occasion de rendre service et de faire du

85 bien à nos voisins. Cette disposition officieuse[2] et la douceur de nos
manières nous attirèrent la confiance et l'affection de toute la
colonie. Nous fûmes en peu de temps si considérés, que nous
passions pour les premières personnes de la ville après le Gouverneur.

L'innocence de nos occupations, et la tranquillité où nous étions

90 continuellement, servirent à nous faire rappeler insensiblement des
idées de religion. Manon n'avait jamais été une fille impie[3]. Je n'étais
pas non plus de ces libertins outrés[4], qui font gloire d'ajouter
l'irréligion à la dépravation des mœurs. L'amour et la jeunesse avaient
causé tous nos désordres. L'expérience commençait à nous tenir lieu

95 d'âge ; elle fit sur nous le même effet que les années. Nos conversations, qui étaient toujours réfléchies, nous mirent insensiblement
dans le goût d'un amour vertueux. Je fus le premier qui proposai ce
changement à Manon. Je connaissais les principes de son cœur. Elle
était droite, et naturelle dans tous ses sentiments, qualité qui dispose

100 toujours à la vertu. Je lui fis comprendre qu'il manquait une chose à
notre bonheur : C'est, lui dis-je, de le faire approuver du Ciel. Nous
avons l'âme trop belle, et le cœur trop bien fait l'un et l'autre, pour

otes

1. **vaquer** : être vacant.
2. **officieuse** : serviable.
3. **impie** : qui ne respecte pas la religion.
4. **outrés** : excessifs.

203

vivre volontairement dans l'oubli du devoir. Passe d'y avoir vécu en France, où il nous était également impossible de cesser de nous aimer, et de nous satisfaire par une voie légitime[1] ; mais en Amérique, où nous ne dépendons que de nous-mêmes, où nous n'avons plus à ménager les lois arbitraires du rang et de la bienséance, où l'on nous croit même mariés, qui empêche que nous ne le soyons bientôt effectivement, et que nous n'anoblissions notre amour par des serments que la religion autorise ? Pour moi, ajoutai-je, je ne vous offre rien de nouveau en vous offrant mon cœur et ma main ; mais je suis prêt à vous en renouveler le don au pied d'un autel. Il me parut que ce discours la pénétrait de joie. Croiriez-vous, me répondit-elle, que j'y ai pensé mille fois, depuis que nous sommes en Amérique ? La crainte de vous déplaire m'a fait renfermer ce désir dans mon cœur. Je n'ai point la présomption[2] d'aspirer à la qualité de votre épouse. Ah ! Manon, répliquai-je, tu serais bientôt celle d'un roi, si le Ciel m'avait fait naître avec une couronne. Ne balançons plus. Nous n'avons nul obstacle à redouter. J'en veux parler dès aujourd'hui au Gouverneur, et lui avouer que nous l'avons trompé jusqu'à ce jour. Laissons craindre aux amants vulgaires, ajoutai-je, les chaînes indissolubles du mariage. Ils ne les craindraient pas s'ils étaient sûrs, comme nous, de porter toujours celles de l'Amour. Je laissai Manon au comble de la joie, après cette résolution.

Je suis persuadé qu'il n'y a point d'honnête homme au monde qui n'eût approuvé mes vues dans les circonstances où j'étais ; c'est-à-dire asservi fatalement à une passion que je ne pouvais vaincre, et combattu par des remords que je ne devais point étouffer. Mais se trouvera-t-il quelqu'un qui accuse mes plaintes d'injustice, si je gémis de la rigueur du Ciel à rejeter un dessein que je n'avais formé que pour lui plaire ? Hélas ! que dis-je, à le rejeter ? Il l'a puni comme un crime. Il m'avait souffert avec patience, tandis que je marchais aveuglément dans la route du vice ; et ses plus rudes châtiments m'étaient réservés, lorsque je commençais à retourner à la vertu. Je

notes

1. Il leur avait été impossible de se marier en France, puisque Des Grieux ne pouvait obtenir le consentement de son père.

2. présomption : prétention.

35 crains de manquer de force, pour achever le récit du plus funeste
événement qui fût jamais.

J'allai chez le Gouverneur, comme j'en étais convenu avec Manon,
pour le prier de consentir à la cérémonie de notre mariage. Je me
serais bien gardé d'en parler, à lui ni à personne, si j'eusse pu me
40 promettre que son aumônier, qui était alors le seul prêtre de la ville,
m'eût rendu ce service sans sa participation ; mais, n'osant espérer
qu'il voulût s'engager au silence, j'avais pris le parti d'agir ouvertement. Le Gouverneur avait un neveu, nommé Synnelet, qui lui était
extrêmement cher. C'était un homme de trente ans, brave, mais
45 emporté et violent. Il n'était point marié. La beauté de Manon l'avait
touché, dès le jour de notre arrivée ; et les occasions sans nombre
qu'il avait eues de la voir, pendant neuf ou dix mois, avaient
tellement enflammé sa passion, qu'il se consumait en secret pour elle.
Cependant, comme il était persuadé, avec son oncle et toute la ville,
50 que j'étais réellement marié, il s'était rendu maître de son amour
jusqu'au point de n'en laisser rien éclater[1] ; et son zèle s'était même
déclaré pour moi, dans plusieurs occasions de me rendre service. Je le
trouvai avec son oncle, lorsque j'arrivai au fort. Je n'avais nulle raison
qui m'obligeât de lui faire un secret de mon dessein ; de sorte que je
55 ne fis point difficulté de m'expliquer en sa présence. Le Gouverneur
m'écouta avec sa bonté ordinaire. Je lui racontai une partie de mon
histoire, qu'il entendit avec plaisir ; et lorsque je le priai d'assister à la
cérémonie que je méditais, il eut la générosité de s'engager à faire
toute la dépense de la fête. Je me retirai fort content.

60 Une heure après, je vis entrer l'aumônier chez moi. Je m'imaginai
qu'il venait me donner quelques instructions sur mon mariage ; mais,
après m'avoir salué froidement, il me déclara, en deux mots, que
M. le Gouverneur me défendait d'y penser, et qu'il avait d'autres
vues sur Manon. D'autres vues sur Manon ! lui dis-je avec un mortel
65 saisissement de cœur ; et quelles vues donc, Monsieur l'aumônier ? Il
me répondit que je n'ignorais pas que M. le Gouverneur était le
maître ; que Manon ayant été envoyée de France pour la colonie,
c'était à lui à disposer d'elle ; qu'il ne l'avait pas fait jusqu'alors, parce

---

ote

1. éclater : paraître au jour.

qu'il la croyait mariée ; mais qu'ayant appris de moi-même qu'elle ne l'était point, il jugeait à propos de la donner à M. Synnelet, qui en était amoureux. Ma vivacité l'emporta sur ma prudence. J'ordonnai fièrement à l'aumônier de sortir de ma maison, en jurant que le Gouverneur, Synnelet et toute la ville ensemble n'oseraient porter la main sur ma femme, ou ma maîtresse, comme ils voudraient l'appeler.

Je fis part aussitôt à Manon du funeste message que je venais de recevoir. Nous jugeâmes que Synnelet avait séduit l'esprit de son oncle, depuis mon retour, et que c'était l'effet de quelque dessein médité depuis longtemps. Ils étaient les plus forts. Nous nous trouvions dans le Nouvel Orléans comme au milieu de la mer ; c'est-à-dire séparés du reste du monde par des espaces immenses. Où fuir ? dans un pays inconnu, désert, ou habité par des bêtes féroces, et par des sauvages aussi barbares qu'elles ? J'étais estimé dans la ville ; mais je ne pouvais espérer d'émouvoir assez le peuple en ma faveur, pour en espérer un secours proportionné au mal. Il eût fallu de l'argent ; j'étais pauvre. D'ailleurs le succès d'une émotion[1] populaire était incertain ; et si la fortune nous eût manqué, notre malheur serait devenu sans remède. Je roulais toutes ces pensées dans ma tête. J'en communiquais une partie à Manon. J'en formais de nouvelles, sans écouter sa réponse. Je prenais un parti ; je le rejetais pour en prendre un autre. Je parlais seul, je répondais tout haut à mes pensées ; enfin j'étais dans une agitation que je ne saurais comparer à rien, parce qu'il n'y en eut jamais d'égale. Manon avait les yeux sur moi. Elle jugeait, par mon trouble, de la grandeur du péril ; et tremblant pour moi plus que pour elle-même, cette tendre fille n'osait pas même ouvrir la bouche pour m'exprimer ses craintes. Après une infinité de réflexions, je m'arrêtai à la résolution d'aller trouver le Gouverneur, pour m'efforcer de le toucher par des considérations d'honneur, et par le souvenir de mon respect et de son affection. Manon voulut s'opposer à ma sortie. Elle me disait, les larmes aux yeux : Vous allez à la mort. Ils vont vous tuer. Je ne vous reverrai plus. Je veux mourir avant vous. Il fallut beaucoup d'efforts pour la persuader de la nécessité où j'étais de sortir, et de celle qu'il y avait pour elle de demeurer au logis. Je lui promis qu'elle me reverrait dans un instant. Elle ignorait, et moi aussi, que c'était sur elle-même que devaient tomber toute la colère du Ciel, et la rage de nos ennemis.

Je me rendis au fort. Le Gouverneur était avec son aumônier. Je m'abaissai, pour le toucher, à des soumissions qui m'auraient fait mourir de honte, si je les eusse faites pour toute autre cause. Je le pris par tous les motifs qui doivent faire une impression certaine sur un cœur qui n'est pas celui d'un tigre féroce et cruel. Ce barbare ne fit à mes plaintes que deux réponses, qu'il répéta cent fois : Manon, me dit-il, dépendait de lui. Il avait donné sa parole à son neveu. J'étais résolu de me modérer jusqu'à l'extrémité. Je me contentai de lui dire que je le croyais trop de mes amis pour vouloir ma mort, à laquelle je consentirais plutôt qu'à la perte de ma maîtresse.

Je fus trop persuadé, en sortant, que je n'avais rien à espérer de cet opiniâtre[1] vieillard, qui se serait damné mille fois pour son neveu. Cependant je persistai dans le dessein de conserver jusqu'à la fin un air de modération, résolu, si l'on en venait aux excès d'injustice, de donner à l'Amérique une des plus sanglantes et des plus horribles scènes que l'amour ait jamais produites. Je retournais chez moi, en méditant sur ce projet, lorsque le sort, qui voulait hâter ma ruine, me fit rencontrer Synnelet. Il lut dans mes yeux une partie de mes pensées. J'ai dit qu'il était brave ; il vint à moi. Ne me cherchez-vous pas ? me dit-il. Je connais que mes desseins vous offensent, et j'ai bien prévu qu'il faudrait se couper la gorge[2] avec vous. Allons voir qui sera le plus heureux. Je lui répondis qu'il avait raison, et qu'il n'y avait que ma mort qui pût finir nos différends. Nous nous écartâmes d'une centaine de pas hors de la ville. Nos épées se croisèrent ; je le blessai, et je le désarmai presque en même temps. Il fut si enragé de son malheur, qu'il refusa de me demander la vie et de renoncer à Manon. J'avais peut-être le droit de lui ôter tout d'un coup l'un et l'autre ; mais un sang généreux ne se dément jamais. Je lui jetai son épée. Recommençons, lui dis-je, et songez que c'est sans quartier[3]. Il

1. **opiniâtre** : têtu.
2. **se couper la gorge** : se battre en duel.

3. **sans quartier** : jusqu'à la mort.

m'attaqua avec une furie inexprimable. Je dois confesser que je n'étais pas fort dans les armes, n'ayant eu que trois mois de salle[1] à Paris. L'Amour conduisait mon épée. Synnelet ne laissa pas de me percer le bras d'outre en outre ; mais je le pris sur le temps[2], et je lui

2040 fournis un coup si vigoureux, qu'il tomba à mes pieds sans mouvement.

Malgré la joie que donne la victoire après un combat mortel, je réfléchis aussitôt sur les conséquences de cette mort. Il n'y avait pour moi, ni grâce ni délai de supplice à espérer. Connaissant, comme je

2045 faisais, la passion du Gouverneur pour son neveu, j'étais certain que ma mort ne serait pas différée d'une heure après la connaissance de la sienne. Quelque pressante que fût cette crainte, elle n'était pas la plus forte cause de mon inquiétude. Manon, l'intérêt de Manon, son péril et la nécessité de la perdre, me troublaient jusqu'à répandre de

2050 l'obscurité sur mes yeux, et à m'empêcher de reconnaître le lieu où j'étais. Je regrettai le sort de Synnelet. Une prompte mort me semblait le seul remède de mes peines. Cependant ce fut cette pensée même qui me fit rappeler vivement mes esprits, et qui me rendit capable de prendre une résolution. Quoi ! je veux mourir,

2055 m'écriai-je, pour finir mes peines ? Il y en a donc que j'appréhende plus que la perte de ce que j'aime ? Ah ! souffrons jusqu'aux plus cruelles extrémités pour secourir ma maîtresse ; et remettons à mourir après les avoir souffertes inutilement. Je repris le chemin de la ville. J'entrai chez moi. J'y trouvai Manon à demi morte de frayeur

2060 et d'inquiétude. Ma présence la ranima. Je ne pouvais lui déguiser le terrible accident qui venait de m'arriver. Elle tomba sans connaissance entre mes bras, au récit de la mort de Synnelet et de ma blessure. J'employai plus d'un quart d'heure à lui faire retrouver le sentiment.

2065 J'étais à demi mort moi-même. Je ne voyais pas le moindre jour à sa sûreté, ni à la mienne. Manon, que ferons-nous ? lui dis-je, lorsqu'elle eut repris un peu de force. Hélas ! qu'allons-nous faire ? Il faut nécessairement que je m'éloigne. Voulez-vous demeurer dans la

notes

| **1. salle** : salle d'armes, où l'on s'entraîne à l'escrime. | **2. sur le temps** : par surprise. |

ville ? Oui, demeurez-y. Vous pouvez encore y être heureuse ; et
070 moi, je vais, loin de vous, chercher la mort parmi les sauvages, ou
entre les griffes des bêtes féroces. Elle se leva malgré sa faiblesse ; elle
me prit par la main pour me conduire vers la porte. Fuyons ensemble,
me dit-elle ; ne perdons pas un instant. Le corps de Synnelet peut
avoir été trouvé par hasard, et nous n'aurions pas le temps de nous
075 éloigner. Mais, chère Manon ! repris-je tout éperdu, dites-moi donc
où nous pouvons aller. Voyez-vous quelque ressource ? Ne vaut-il
pas mieux que vous tâchiez de vivre ici sans moi, et que je porte
volontairement ma tête au Gouverneur ? Cette proposition ne fit
qu'augmenter son ardeur à partir. Il fallut la suivre. J'eus encore assez
080 de présence d'esprit, en sortant, pour prendre quelques liqueurs
fortes que j'avais dans ma chambre, et toutes les provisions que je pus
faire entrer dans mes poches. Nous dîmes à nos domestiques, qui
étaient dans la chambre voisine, que nous partions pour la promenade du soir ; nous avions cette coutume tous les jours, et nous nous
085 éloignâmes de la ville, plus promptement que la délicatesse[1] de
Manon ne semblait le permettre.

    Quoique je ne fusse pas sorti de mon irrésolution sur le lieu de
notre retraite, je ne laissais pas d'avoir deux espérances, sans lesquelles
j'aurais préféré la mort à l'incertitude de ce qui pouvait arriver à
090 Manon. J'avais acquis assez de connaissance du pays, depuis près de
dix mois que j'étais en Amérique, pour ne pas ignorer de quelle
manière on apprivoisait les sauvages. On pouvait se mettre entre leurs
mains, sans courir à une mort certaine. J'avais même appris quelques
mots de leur langue, et quelques-unes de leurs coutumes, dans les
095 diverses occasions que j'avais eues de les voir. Avec cette triste
ressource, j'en avais une autre du côté des Anglais qui ont, comme
nous, des établissements dans cette partie du Nouveau Monde. Mais
j'étais effrayé de l'éloignement. Nous avions à traverser, jusqu'à leurs
colonies, de stériles campagnes de plusieurs journées de largeur, et
100 quelques montagnes si hautes et si escarpées, que le chemin en
paraissait difficile aux hommes les plus grossiers et les plus vigoureux.
Je me flattais néanmoins que nous pourrions tirer parti de ces deux

Note

1. **délicatesse** : fragilité.

ressources : des sauvages pour aider à nous conduire, et des Anglais pour nous recevoir dans leurs habitations.

2105 Nous marchâmes aussi longtemps que le courage de Manon put la soutenir, c'est-à-dire environ deux lieues[1] ; car cette amante incomparable refusa constamment de s'arrêter plus tôt. Accablée enfin de lassitude, elle me confessa qu'il lui était impossible d'avancer davantage. Il était déjà nuit. Nous nous assîmes au milieu d'une vaste
2110 plaine, sans avoir pu trouver un arbre pour nous mettre à couvert. Son premier soin fut de changer le linge de ma blessure, qu'elle avait pansée elle-même avant notre départ. Je m'opposai en vain à ses volontés. J'aurais achevé de l'accabler mortellement, si je lui eusse refusé la satisfaction de me croire à mon aise et sans danger, avant que
2115 de penser à sa propre conservation[2]. Je me soumis durant quelques moments à ses désirs. Je reçus ses soins en silence et avec honte. Mais lorsqu'elle eut satisfait sa tendresse, avec quelle ardeur la mienne ne prit-elle pas son tour ! Je me dépouillai de tous mes habits, pour lui faire trouver la terre moins dure, en les étendant sous elle. Je la fis
2120 consentir, malgré elle, à me voir employer à son usage tout ce que je pus imaginer de moins incommode. J'échauffai ses mains par mes baisers ardents, et par la chaleur de mes soupirs. Je passai la nuit entière à veiller près d'elle, et à prier le Ciel de lui accorder un sommeil doux et paisible. Ô Dieu ! que mes vœux étaient vifs et
2125 sincères ! et par quel rigoureux jugement aviez-vous résolu de ne les pas exaucer ?

Pardonnez, si j'achève en peu de mots un récit qui me tue. Je vous raconte un malheur qui n'eut jamais d'exemple. Toute ma vie est destinée à le pleurer. Mais quoique je le porte sans cesse dans ma
2130 mémoire, mon âme semble reculer d'horreur, chaque fois que j'entreprends de l'exprimer.

Nous avions passé tranquillement une partie de la nuit. Je croyais ma chère maîtresse endormie, et je n'osais pousser le moindre souffle, dans la crainte de troubler son sommeil. Je m'aperçus dès le point du
2135 jour, en touchant ses mains, qu'elle les avait froides et tremblantes. Je les approchai de mon sein, pour les échauffer. Elle sentit ce mouve-

passage analysé

notes

| 1. **deux lieues** : environ 8 km. | 2. **conservation** : sauvegarde.

ment ; et faisant un effort pour saisir les miennes, elle me dit, d'une voix faible, qu'elle se croyait à sa dernière heure. Je ne pris d'abord ce discours que pour un langage ordinaire dans l'infortune, et je n'y répondis que par les tendres consolations de l'amour. Mais ses soupirs fréquents, son silence à mes interrogations, le serrement de ses mains, dans lesquelles elle continuait de tenir les miennes, me firent connaître que la fin de ses malheurs approchait. N'exigez point de moi que je vous décrive mes sentiments, ni que je vous rapporte ses dernières expressions. Je la perdis ; je reçus d'elle des marques d'amour, au moment même qu'elle expirait ; c'est tout ce que j'ai la force de vous apprendre, de ce fatal et déplorable événement.

Mon âme ne suivit pas la sienne. Le Ciel ne me trouva point sans doute assez rigoureusement puni. Il a voulu que j'aie traîné, depuis, une vie languissante et misérable. Je renonce volontairement à la mener jamais plus heureuse.

Je demeurai, plus de vingt-quatre heures, la bouche attachée sur le visage et sur les mains de ma chère Manon. Mon dessein était d'y mourir ; mais je fis réflexion, au commencement du second jour, que son corps serait exposé, après mon trépas, à devenir la pâture des bêtes sauvages. Je formai la résolution de l'enterrer et d'attendre la mort sur sa fosse. J'étais déjà si proche de ma fin, par l'affaiblissement que le jeûne et la douleur m'avaient causé, que j'eus besoin de quantité d'efforts pour me tenir debout. Je fus obligé de recourir aux liqueurs que j'avais apportées. Elles me rendirent autant de force qu'il en fallait pour le triste office que j'allais exécuter. Il ne m'était pas difficile d'ouvrir la terre, dans le lieu où je me trouvais. C'était une campagne couverte de sable. Je rompis mon épée, pour m'en servir à creuser ; mais j'en tirai moins de secours que de mes mains. J'ouvris une large fosse. J'y plaçai l'idole de mon cœur, après avoir pris soin de l'envelopper de tous mes habits, pour empêcher le sable de la toucher. Je ne la mis dans cet état qu'après l'avoir embrassée mille fois, avec toute l'ardeur du plus parfait amour. Je m'assis encore près d'elle. Je la considérai longtemps. Je ne pouvais me résoudre à fermer la fosse. Enfin, mes forces recommençant à s'affaiblir, et craignant d'en manquer tout à fait avant la fin de mon entreprise, j'ensevelis pour toujours dans le sein de la terre, ce qu'elle avait porté de plus parfait et de plus aimable. Je me couchai ensuite sur la fosse, le visage tourné vers le sable ; et fermant les yeux, avec le dessein de ne les ouvrir jamais, j'invoquai le secours du Ciel, et j'attendis la mort avec impatience. Ce qui vous paraîtra difficile à croire, c'est que pendant tout l'exercice de ce lugubre ministère, il ne sortit point une larme de mes yeux ni un soupir de ma bouche. La consternation profonde où j'étais, et le dessein déterminé de mourir, avaient coupé le cours à toutes les expressions du désespoir et de la douleur. Aussi, ne demeurai-je pas longtemps dans la posture où j'étais sur la fosse, sans perdre le peu de connaissance et de sentiment qui me restait.

Après ce que vous venez d'entendre, la conclusion de mon histoire est de si peu d'importance, qu'elle ne mérite pas la peine que vous voulez bien prendre à l'écouter. Le corps de Synnelet ayant été rapporté à la ville, et ses plaies visitées avec soin, il se trouva, non seulement qu'il n'était pas mort, mais qu'il n'avait pas même reçu de blessure dangereuse. Il apprit à son oncle de quelle manière les choses s'étaient passées entre nous, et sa générosité le porta sur-le-champ à publier[1] les effets de la mienne. On me fit chercher ; et mon absence, avec Manon, me fit soupçonner d'avoir pris le parti de la fuite. Il était trop tard pour envoyer sur mes traces ; mais le lendemain et le jour suivant furent employés à me poursuivre. On me trouva, sans apparence de vie, sur la fosse de Manon ; et ceux qui me découvrirent en cet état, me voyant presque nu et sanglant de ma blessure, ne doutèrent point que je n'eusse été volé et assassiné. Ils me portèrent à la ville. Le mouvement du transport réveilla mes sens. Les soupirs que je poussai, en ouvrant les yeux et en gémissant de me retrouver parmi les vivants, firent connaître que j'étais encore en état de recevoir du secours. On m'en donna de trop heureux[2]. Je ne laissai pas d'être renfermé dans une étroite prison. Mon procès fut instruit ; et comme Manon ne paraissait point, on m'accusa de m'être défait d'elle par un mouvement de rage et de jalousie. Je racontai naturel-lement ma pitoyable aventure. Synnelet, malgré les transports de

---

notes

| **1. publier** : faire connaître. | **2. de trop heureux** : des secours qui réussirent à me sauver la vie. |

2205 douleur où ce récit le jeta, eut la générosité de solliciter ma grâce. Il l'obtint. J'étais si faible qu'on fut obligé de me transporter de la prison dans mon lit, où je fus retenu pendant trois mois par une violente maladie. Ma haine pour la vie ne diminuait point. J'invoquais continuellement la mort, et je m'obstinai longtemps à rejeter tous les
2210 remèdes. Mais le Ciel, après m'avoir puni avec tant de rigueur, avait dessein de me rendre utiles mes malheurs et ses châtiments. Il m'éclaira de ses lumières, qui me firent rappeler des idées dignes de ma naissance et de mon éducation. La tranquillité ayant commencé à renaître un peu dans mon âme, ce changement fut suivi de près par
2215 ma guérison. Je me livrai entièrement aux inspirations de l'honneur, et je continuai de remplir mon petit emploi, en attendant les vaisseaux de France, qui vont une fois chaque année dans cette partie de l'Amérique. J'étais résolu de retourner dans ma patrie, pour y réparer, par une vie sage et réglée, le scandale de ma conduite.
2220 Synnelet avait pris soin de faire transporter le corps de ma chère maîtresse dans un lieu honorable.

Ce fut environ six semaines après mon rétablissement, que me promenant seul un jour sur le rivage, je vis arriver un vaisseau, que des affaires de commerce amenaient au Nouvel Orléans. J'étais
2225 attentif au débarquement de l'équipage. Je fus frappé d'une surprise extrême, en reconnaissant Tiberge parmi ceux qui s'avançaient vers la ville. Ce fidèle ami me remit de loin, malgré les changements que la tristesse avait faits sur mon visage. Il m'apprit que l'unique motif de son voyage avait été le désir de me voir, et de m'engager à retourner
2230 en France ; qu'ayant reçu la lettre que je lui avais écrite au Havre, il s'y était rendu en personne pour me porter les secours que je lui demandais ; qu'il avait ressenti la plus vive douleur en apprenant mon départ, et qu'il serait parti sur-le-champ pour me suivre, s'il eût trouvé un vaisseau prêt à faire voile ; qu'il en avait cherché pendant
2235 plusieurs mois dans divers ports, et qu'en ayant enfin rencontré un à Saint-Malo, qui levait l'ancre pour la Martinique, il s'y était embarqué, dans l'espérance de se procurer de là un passage facile au Nouvel Orléans ; que le vaisseau malouin ayant été pris en chemin par des corsaires espagnols, et conduit dans une de leurs îles, il s'était
2240 échappé par adresse ; et qu'après diverses courses, il avait trouvé

l'occasion du petit bâtiment qui venait d'arriver, pour se rendre heureusement près de moi.

Je ne pouvais marquer trop de reconnaissance pour un ami si généreux et si constant. Je le conduisis chez moi. Je le rendis le maître
2245 de tout ce que je possédais. Je lui appris tout ce qui m'était arrivé depuis mon départ de France ; et pour lui causer une joie à laquelle il ne s'attendait pas, je lui déclarai que les semences de vertu qu'il avait jetées autrefois dans mon cœur commençaient à produire des fruits dont il allait être satisfait. Il me protesta[1] qu'une si douce
2250 assurance le dédommageait de toutes les fatigues de son voyage.

Nous avons passé deux mois ensemble au Nouvel Orléans, pour attendre l'arrivée des vaisseaux de France ; et nous étant enfin mis en mer, nous prîmes terre[2], il y a quinze jours, au Havre-de-Grâce. J'écrivis à ma famille en arrivant. J'ai appris, par la réponse de mon
2255 frère aîné, la triste nouvelle de la mort de mon père, à laquelle je tremble, avec trop de raison, que mes égarements n'aient contribué. Le vent étant favorable pour Calais, je me suis embarqué aussitôt, dans le dessein de me rendre, à quelques lieues de cette ville, chez un gentilhomme de mes parents, où mon frère m'écrit qu'il doit
2260 attendre mon arrivée.

FIN DE LA SECONDE PARTIE

---

notes

| **1. protesta** : répondit. | **2. prîmes terre** : abordâmes.

« Un récit qui me tue »

Lecture analytique de l'extrait, p. 210, l. 2122, à p. 212, l. 2176.

Après la déportation de Manon en Louisiane, les deux amants vivent un bonheur paradoxal, malgré des conditions matérielles difficiles. C'est qu'ils semblent délivrés des fatalités sociales dans cette contrée où l'on ne connaît « *ni les fureurs de l'avarice, qui possèdent G... M..., ni les idées fantastiques de l'honneur, qui m'ont fait un ennemi de mon père* » (p. 197). En effet, Manon, considérée comme la femme de Des Grieux, n'est plus l'objet de la convoitise masculine et se trouve dans une égalité sociale avec le héros, qui leur permet enfin de « *s'aime*[r] *sans intérêt, sans jalousie, sans inconstance* » (p. 203). Mais ce bonheur est illusoire, puisqu'il repose sur le mensonge : dès que Des Grieux fait savoir qu'il n'est pas marié avec Manon, celle-ci redevient une « fille » de condition inférieure et mise à la disposition du désir de Synnelet... La fin de Manon pose donc question au lecteur : est-elle rattrapée par la fatalité sociale ? est-elle punie pour sa vie dissolue ? Sa mort constitue, en tout cas, une sorte d'ironie* du sort puisque le châtiment intervient au moment même où les deux amants souhaitent se conformer aux règles religieuses. On peut d'autant plus s'interroger sur le sens de cette mort qu'elle ne paraît pas rationnellement expliquée : pourquoi cet épuisement soudain de Manon ? de quoi meurt-elle finalement ?

Le récit de la mort de Manon constitue une sorte de clef de voûte de tout le roman, puisque, depuis le début, le lecteur attend l'explication de son absence lors de la seconde rencontre du héros avec Renoncour. Pour Des Grieux, cette disparition de Manon oriente tout son récit et en fait une sorte de grande oraison* funèbre ; le spécialiste de Prévost, Jean Sgard, qualifie même ce récit de « *rituel de nécromancie* », où il s'agirait de dépasser la mort en ressuscitant Manon par l'écriture.

* *Cf.* Lexique.

Nous pourrons voir comment ce récit qui se heurte à l'indicible parvient néanmoins à traduire l'émotion du narrateur et nous demander quelle signification cette mort donne au personnage de Manon et à l'ensemble de l'œuvre.

Un récit empreint d'émotion

❶ Relevez les adresses au destinataire. À qui Des Grieux s'adresse-t-il ? Quels sont les effets produits ?

❷ Commentez la façon dont Des Grieux raconte le moment même de la mort de Manon.

❸ Quels éléments renforcent le pathétique* de la scène ?

Une oraison* funèbre

❹ Relevez et commentez les termes et périphrases* qui désignent Manon.

❺ Comment se manifeste l'amour entre les deux héros ?

❻ Étudiez comment le texte met en scène la disparition progressive de Manon.

Une passion absolue

❼ Montrez, en vous appuyant sur l'emploi des temps, comment la mort de Manon agit sur le présent et l'avenir du narrateur.

❽ Commentez les gestes et attitudes de Des Grieux. Quelle image ce dernier donne-t-il de lui-même ?

❾ La mort de Manon constitue-t-elle une fin chrétienne ? Observez, pour répondre, le rôle du « *Ciel* » et les rites funéraires accomplis par Des Grieux.

❿ Quels sens cette mort peut-elle donner à l'ensemble du roman ?

* Cf. Lexique.

La mort de l'héroïne
Lectures croisées et travaux d'écriture

La mort du héros ou de l'héroïne clôt souvent le roman : en y mettant un terme définitif, elle transforme la vie du personnage en destin et permet souvent d'infléchir le sens que l'auteur veut donner à son personnage et, du même coup, à l'œuvre entière. En effet, la mort peut être douce ou violente, sereine ou torturée, assumée ou subie ; elle apparaît ainsi comme une consécration du personnage, une rédemption, ou au contraire un châtiment.

Les extraits proposés ici couvrent plusieurs siècles et des types de romans très différents, passant du roman courtois médiéval au roman réaliste, du registre épique* et farcesque de Rabelais au lyrisme majestueux de Cohen... Ce corpus nous permettra d'observer comment est présentée la mort de l'héroïne, quelle signification elle confère au personnage et, plus généralement, quelle vision de l'Homme transparaît à travers ces récits.

Texte A : Extrait de *Manon Lescaut* de l'abbé Prévost (p. 210, l. 2122, à p. 212, l. 2176)

Texte B : Thomas d'Angleterre, *Tristan et Yseut*
Le mythe de Tristan et Yseut est très ancien en Occident, et nous en conservons plusieurs versions écrites aux XIIᵉ-XIIIᵉ siècles, dont les plus connues sont celles de Béroul et de Thomas d'Angleterre (toutes deux incomplètes), sous forme de poèmes en octosyllabes, écrits en ancien français. Thomas vécut, dans la seconde moitié du XIIᵉ siècle, à la cour d'Henri II d'Angleterre et d'Aliénor d'Aquitaine.
Tristan et Yseut sont unis par un amour fatal, dû à un philtre bu par mégarde. Mais Yseut est l'épouse du roi Marc, l'oncle de Tristan, et les deux

217

* Cf. Lexique.

amants doivent se séparer. Cependant, le héros, blessé à mort, envoie chercher Yseut dont les dons de guérisseuse peuvent le sauver. Celle-ci, retardée en mer par une tempête, arrive trop tard, alors que Tristan vient de mourir en prononçant son nom...

Yseut est sortie de la nef et entend les grandes plaintes dans la rue, les cloches des monastères et des chapelles. Elle demande aux gens quelles sont les nouvelles : pour qui sonnent-ils ainsi ? pour qui pleurent-ils ? Un vieillard lui dit : « Belle dame, que Dieu m'aide, nous avons ici grande douleur ; personne n'en eut jamais de plus grande. Tristan le preux, le noble, est mort ; de tous ceux du royaume, il était le réconfort. Il était généreux pour les pauvres et d'une grande aide pour ceux qui souffraient. D'une blessure qu'il a reçue, il vient de mourir dans son lit. Jamais si grande calamité n'advint à ce pays. »

Dès qu'Yseut apprit la nouvelle, de douleur elle ne put dire un mot. De sa mort elle était si affligée qu'elle allait dans la rue, les vêtements en désordre, passant devant les autres jusqu'au palais. Les Bretons n'ont jamais vu femme d'une telle beauté ; ils s'étonnent à travers la cité : d'où vient-elle ? qui est-elle ?

Yseut va à l'endroit où elle voit le corps, elle se tourne vers l'Orient et pour lui prie pieusement : « Ami Tristan, quand mort je vous vois, je ne peux plus vivre, ni ne le dois. Vous êtes mort pour l'amour de moi, et je meurs, ami, de tendresse. Puisque je n'ai pu venir à temps vous guérir de votre mal, ami, ami, à cause de votre mort, je n'aurai jamais nul réconfort, ni joie, ni gaieté, ni nul plaisir. Que cet orage soit maudit, qui m'a fait tant rester en mer que je n'ai pu venir ici ! Si j'étais venue à temps, je vous aurais rendu la vie, et je vous aurais parlé doucement de l'amour qui fut entre nous ; j'aurais regretté notre aventure, notre joie, notre plaisir, la peine et la grande douleur qu'il y eut en notre amour. Je vous aurais rappelé tout cela, je vous aurais embrassé et pris dans mes bras. Si je n'ai pu vous guérir, qu'ensemble nous puissions mourir ! Comme je n'ai pu venir à temps et n'ai pas su votre malheur, comme je suis venue pour vous trouver mort, que je trouve réconfort dans le même breuvage ! Pour moi, vous avez perdu la vie, et moi j'agirai en vraie amie : pour vous je veux mourir pareillement. »

Elle le prend dans ses bras et s'étend près de lui, lui embrasse la bouche et le visage, l'enlace étroitement, et s'étend, le corps sur son corps et la bouche sur sa bouche ; alors elle rend l'esprit et meurt ainsi à côté de lui, de douleur pour son ami. Tristan mourut de son désir, Yseut parce qu'à temps elle ne put venir. Tristan mourut de son amour et la belle Yseut de sa tendresse.

Thomas d'Angleterre, extrait de *Tristan et Yseut* (v. 1173), translation de Véronique Brémond.

Texte C : François Rabelais, *Pantagruel*

François Rabelais (v. 1494-1553), moine, médecin et écrivain, est un des meilleurs représentants de l'humanisme, par sa culture, sa foi en l'Homme, sa lutte pour la tolérance, la liberté de penser et un christianisme ouvert et généreux. Ses principales œuvres sont Pantagruel *et* Gargantua. *Ces romans inclassables s'inspirent de contes populaires, à la fois comiques et épiques*, qui mettent en scène des géants amateurs de vin et de bonne chère. Mais, au-delà de l'aspect farcesque, Rabelais nous propose de nombreuses réflexions sur la religion, l'éducation, le savoir, la politique, le bonheur, etc.*
Nous sommes ici au tout début de l'œuvre : Gargantua vient d'avoir un fils, Pantagruel, mais sa femme Badebec est morte pendant l'accouchement...

Quand Pantagruel fut né, qui fut bien ébahi et perplexe ? Ce fut Gargantua son père, car, voyant d'un côté sa femme Badebec morte, et de l'autre son fils Pantagruel né, si beau et si grand, il ne savait que dire ni que faire, et le doute qui troublait son entendement était de savoir s'il devait pleurer pour le deuil de sa femme, ou rire pour la joie de son fils. D'un côté et d'autre, il avait arguments sophistiques[1] qui le suffoquaient, car il les faisait très bien *in modo et figura*[2], mais il ne les pouvait résoudre et, par ce moyen, demeurait empêtré comme la souris empiégée[3], ou un milan pris au lacet.

« Pleurerai-je ? disait-il. Oui, car pourquoi ? Ma si bonne femme est morte, qui était la plus ceci, la plus cela qui fût au monde. Jamais je ne la verrai, jamais je n'en retrouverai une telle : ce m'est une perte inestimable. Ô mon Dieu ! que t'avais-je fait pour ainsi me punir ? Que n'envoyas-tu la mort à moi avant elle ? car vivre sans elle ne m'est que languir. Ha ! Badebec, ma mignonne, m'amie, [...] ma tendrette, ma braguette, ma savate, ma pantoufle, jamais je ne te verrai. Ha, pauvre Pantagruel, tu as perdu ta bonne mère, ta douce nourrice, ta dame très aimée. Ha, fausse[4] mort, tant tu m'es malévole[5], tant tu m'es outrageuse, de m'enlever celle à laquelle l'immortalité appartenait de droit. »

Et, ce disant, pleurait comme une vache, mais tout soudain riait comme un veau, quand Pantagruel lui venait en mémoire. « Ho ! mon petit fils,

* *Cf.* Lexique

disait-il, mon couillon, mon peton, que tu es joli ! et tant je suis tenu[6] à Dieu de ce qu'il m'a donné un si beau fils, si joyeux, si riant, si joli. Ho, ho, ho, ho ! que je suis aise ! buvons. Ho ! laissons toute mélancolie ; apporte du meilleur, rince les verres, mets la nappe. [...]. »

Ce disant, ouït la litanie[7] et les *mementos*[8] des prêtres qui portaient sa femme en terre, en abandonna ses propos joyeux et tout soudain fut ravi[9] ailleurs, disant : « Seigneur Dieu, faut-il que je me contriste encore ? Cela me fâche, je ne suis plus jeune, je deviens vieux, le temps est dangereux, je pourrais prendre quelque fièvre : me voilà affolé. Foi de gentilhomme, il vaut mieux pleurer moins et boire davantage. Ma femme est morte, et bien ; par Dieu *(da jurandi[10])*, je ne la ressusciterai pas par mes pleurs. Elle est bien ; elle est en paradis pour le moins, si mieux n'est. Elle prie Dieu pour nous ; elle est bien heureuse ; elle ne se soucie plus de nos misères et calamités. Autant nous en pend à l'œil[11]. Dieu garde le demeurant[12] ! Il me faut penser à en trouver une autre ».

François Rabelais, *Pantagruel*, extrait du chapitre III, 1532, orthographe modernisée.

1. **sophistiques** : dignes des sophistes, maîtres de rhétorique* en Grèce ancienne, qui apprenaient l'art du discours et du raisonnement, avec de grands raffinements parfois trompeurs. 2. *in modo et figura* : expression latine signifiant « en mode et figure », vocabulaire de la rhétorique. 3. **empiégée** : prise au piège. 4. **fausse** : trompeuse. 5. **malévole** : malveillante. 6. **tenu** : reconnaissant. 7. **litanie** : prière de supplication. 8. *mementos* : du latin *memento* (« souviens-toi »), prières de l'office des morts. 9. **ravi** : emporté. 10. *da jurandi* : en latin « permets-moi de jurer ». 11. **à l'œil** : au nez. 12. **le demeurant** : celui qui reste, le vivant.

Texte D : Gustave Flaubert, *Madame Bovary*

Emma Bovary, fille d'agriculteur, a reçu une certaine éducation, nourrie de lectures romanesques, et aspire à une vie pleine de grands sentiments, de luxe, d'exotisme... Pour échapper à son milieu, elle épouse un médecin de campagne, Charles Bovary, mais se retrouve finalement confrontée à la médiocrité de la vie provinciale. Elle se jette alors dans l'adultère et des dépenses inconsidérées. Déçue par ses amants, acculée par les dettes, elle se suicide en avalant de l'arsenic.

Sa poitrine aussitôt se mit à haleter rapidement. La langue tout entière lui sortit hors de la bouche ; ses yeux, en roulant, pâlissaient comme deux globes de lampe qui s'éteignent, à la croire déjà morte, sans l'effrayante accélération de ses côtes, secouées par un souffle furieux comme si l'âme eût fait des bonds pour se détacher. Félicité[1] s'agenouilla devant le crucifix, et le pharmacien lui-même fléchit un peu les jarrets, tandis que

* *Cf.* Lexique.

M. Canivet[2] regardait vaguement sur la place. Bournisien[3] s'était remis en prière, la figure inclinée contre le bord de la couche, avec sa longue soutane noire qui traînait derrière lui dans l'appartement. Charles était de l'autre côté, à genoux, les bras étendus vers Emma. Il avait pris ses mains et il les serrait, tressaillant à chaque battement de son cœur, comme au contrecoup d'une ruine qui tombe. À mesure que le râle devenait plus fort, l'ecclésiastique précipitait ses oraisons* ; elles se mêlaient aux sanglots étouffés de Bovary, et quelquefois tout semblait disparaître dans le sourd murmure des syllabes latines, qui tintaient comme un glas[4] de cloche.

Tout à coup, on entendit sur le trottoir un bruit de gros sabots, avec le frôlement d'un bâton ; et une voix s'éleva, une voix rauque, qui chantait :

> *Souvent la chaleur d'un beau jour*
> *Fait rêver fillette à l'amour.*

Emma se releva comme un cadavre que l'on galvanise[5], les cheveux dénoués, la prunelle fixe, béante.

> *Pour amasser diligemment*
> *Les épis que la faux moissonne*
> *Ma Nanette va s'inclinant*
> *Vers le sillon qui nous les donne.*

– L'Aveugle[6] ! s'écria-t-elle.

Et Emma se mit à rire, d'un rire atroce, frénétique, désespéré, croyant voir la face hideuse du misérable, qui se dressait dans les ténèbres éternelles comme un épouvantement.

> *Il souffla bien fort ce jour-là*
> *Et le jupon court s'envola.*

Une convulsion la rabattit sur le matelas. Tous s'approchèrent. Elle n'existait plus.

Gustave Flaubert, extrait de Madame Bovary (III, 8), 1857.

1. Félicité est la servante des Bovary. **2.** M. Canivet est le médecin venu de Rouen, qui n'a rien pu faire pour sauver Emma. **3.** Bournisien est le curé du village. **4. glas :** tintement de cloche très lent pour annoncer la mort ou les obsèques de quelqu'un. **5. galvanise :** met en mouvement par une impulsion électrique. **6.** Personnage qu'Emma croisait quand elle allait rejoindre son amant à Rouen.

Texte E : Albert Cohen, *Belle du Seigneur*

Albert Cohen (1895-1981) est un écrivain originaire de l'île grecque de Corfou, qui a pris la nationalité suisse. Son œuvre, d'expression française, est fortement influencée par ses racines juives.

* Cf. Lexique.

Dans **Belle du Seigneur,** *Solal et Ariane ont connu une passion flamboyante, mais celle-ci sombre dans le repli sur soi qui engendre l'ennui, la satiété mortifère et une jalousie maladive de la part de Solal. Les amants, vivant dans une sorte de théâtralisation de l'amour sublime, décident de se suicider ensemble en absorbant des médicaments.*

Il posa le verre, se coucha, et elle s'étendit près de lui. Ensemble, dit-elle. Baise les cils, c'est le plus grand amour, dit-elle, glacée, étrangement tremblante.

Alors, il la prit dans ses bras, et il la serra, et il baisa les longs cils recourbés, et c'était le premier soir, et il la serrait de tout son amour mortel. Encore, disait-elle, serre-moi encore, serre-moi plus fort. Oh, elle avait besoin de son amour, en voulait vite, en voulait beaucoup, car la porte allait s'ouvrir, et elle se serrait contre lui, voulait le sentir, le serrait de toutes ses mortelles forces. À voix basse et fiévreuse, elle lui demandait s'ils se retrouveraient après, là-bas, et elle souriait que oui, ils se retrouveraient là-bas, souriait avec un peu de salive moussant au bord des lèvres, souriait qu'ils seraient toujours ensemble là-bas, et rien que l'amour vrai, l'amour vrai là-bas, et la salive maintenant coulait sur son cou, sur la robe des attentes.

Et voici, ce fut de nouveau la valse en bas, la valse du premier soir, valse à la longue traîne, et elle avait le vertige, dansant avec son seigneur qui la tenait et la guidait, dansant et ignorant le monde et s'admirant, élégante, émouvante, femme aimée, belle de son seigneur.

Mais ses pieds s'alourdissaient, et elle ne dansait plus, ne pouvait plus. Où étaient ses pieds ? Étaient-ils allés les premiers là-bas, l'attendaient-ils là-bas dans l'église en forme de montagne, l'église montagneuse où soufflait le vent noir ? Oh, quel appel, et la porte s'ouvrait. Oh, grande la porte, profond le noir et le vent soufflait hors de la porte, le vent sans cesse de là-bas, le vent humide odeur de terre, le vent froid du noir. Aimé, il faut mettre ton manteau.

Oh, maintenant un chant le long des cyprès, chant de ceux qui s'éloignent et ne regardent plus. Qui lui tenait les jambes ? Le raidissement montait, s'étendait avec un froid, et elle avait de la peine à respirer, et des gouttes étaient sur ses joues, et un goût dans sa bouche. N'oublie pas de venir, murmura-t-elle. Ce soir, neuf heures, murmura-t-elle, et elle saliva, eut un sourire stupide, voulut reculer la tête pour le regarder mais elle ne pouvait plus, et là-bas une faux était martelée. Alors, de la main, elle voulut le saluer, mais elle ne pouvait plus, sa main était partie. Attends-moi, lui disait-il de si loin. Voici venir mon divin roi, sourit-elle, et elle entra dans l'église montagneuse.

Albert Cohen, extrait de *Belle du Seigneur*, Gallimard, 1968.

Document : Camille Roqueplan, *La Mort de Manon* (dessin)
Camille Roqueplan (1803-1855) est un peintre et dessinateur français, qui illustra entre autres les romans de Walter Scott.

Corpus

Texte A : Extrait de *Manon Lescaut* de Prévost (p. 210, l. 2122, à p. 212, l. 2176).

Texte B : Extrait de *Tristan et Yseut* de Thomas d'Angleterre (pp. 217-219).

Texte C : Extrait de *Pantagruel* de François Rabelais (pp. 219-220).

Texte D : Extrait de *Madame Bovary* de Gustave Flaubert (pp. 220-221).

Texte E : Extrait de *Belle du Seigneur* d'Albert Cohen (pp. 221-223).

Document : *La Mort de Manon*, dessin de Camille Roqueplan (p. 223).

Examen des textes et de l'image

❶ Comment l'amour s'exprime-t-il malgré la mort dans les textes A, B et E ?

❷ Quel registre est employé par Rabelais (texte C) ? Montrez-en les procédés et les effets.

❸ Quelles sont les images évoquant la mort dans l'extrait de *Belle du Seigneur* (texte E) ?

❹ Quelle vision de la mort donne l'extrait de *Madame Bovary* (texte D) et comment clôt-elle le destin de l'héroïne ?

❺ Le dessin de Roqueplan vous paraît-il bien correspondre au récit de la mort de Manon ?

Travaux d'écriture

Question préliminaire

Quelle vision du héros donnent ces cinq récits et le dessin évoquant la mort de l'héroïne ? Vous en ferez ressortir les ressemblances et les différences.

Commentaire

Vous ferez le commentaire de l'extrait de *Belle du Seigneur* d'Albert Cohen (texte E).

Dissertation

Dans quelle mesure l'itinéraire d'un personnage de roman permet-il au romancier d'exprimer sa vision de l'Homme et du monde ? Pour répondre à cette question, vous vous appuierez sur les textes du corpus ainsi que sur vos lectures personnelles.

Écriture d'invention

Imaginez un dialogue argumentatif entre deux lecteurs : après avoir lu le texte de Rabelais, l'un, choqué par la légèreté du ton, soutient que l'on ne peut pas rire de tout dans un roman ; son interlocuteur défend la thèse opposée. Il sera inutile de présenter le dialogue ou d'intercaler des didascalies. Vous veillerez à employer un niveau de langue courant ou soutenu et à maintenir l'égalité de parole entre les deux interlocuteurs.

L'embarquement de Manon Lescaut par Charles-Édouard Delort (1841-1895).

Manon Lescaut :
bilan de première lecture

❶ Par qui Manon et Des Grieux sont-ils présentés pour la première fois ?

❷ Dans quelle situation et où se trouve Manon à ce moment-là ?

❸ Où et quand Des Grieux fait-il le récit de leurs aventures ?

❹ Quand et où a lieu la première rencontre entre Manon et Des Grieux ?

❺ Quel âge ont environ les deux héros lors de cette rencontre ? Quelle est leur situation familiale et sociale ?

❻ Combien de fois et avec qui Manon va-t-elle trahir Des Grieux dans le roman ?

❼ Que fait Des Grieux après avoir été enfermé pendant six mois chez son père ?

❽ Quels sont les deux événements qui provoquent une ruine brutale des deux héros ?

❾ Quelle va être la principale source de revenus de Des Grieux ?

❿ Quelles sont les raisons du premier emprisonnement de Des Grieux ?

⓫ Quelles sont les circonstances des deux évasions racontées dans le roman ?

⓬ Comment s'appelle l'ami de Des Grieux ? Quel est son rôle dans le roman ?

⓭ Quel destin subit Lescaut, le frère de Manon ?

⓮ Qui est le Prince italien ?

⓯ Pourquoi les deux héros sont-ils enfermés au Châtelet ?

⓰ À quoi Manon est-elle condamnée à cette occasion ?

⓱ Que s'apprête à faire Des Grieux pour la sauver ? Pourquoi échoue-t-il ?

⓲ Contre qui et pourquoi Des Grieux se bat-il en duel ?

⓳ Où et comment Manon meurt-elle ?

⓴ Que devient Des Grieux après la mort de celle-ci ?

Dossier

Bibliolycée

Prévost : un abbé écrivain

Une jeunesse mouvementée

Antoine-François Prévost naît en 1697 à Hesdin-en-Artois, d'une famille bourgeoise assez aisée : son père a acheté la charge de conseiller du roi (qui lui conférait la noblesse) et celle de procureur, titres grâce auxquels il occupe une place importante dans la cité. D'une famille de 6 enfants, Antoine est le troisième des 5 garçons qui deviendront ecclésiastiques ou magistrats. Sa mère et sa sœur décèdent lorsqu'il a 14 ans.

Comme son héros Des Grieux, il poursuit des études dans un collège de jésuites* à Hesdin, sans doute jusqu'à 15 ans ; mais, dans une époque troublée par la guerre de la Succession d'Espagne (terminée en 1713 par la paix d'Utrecht), il révèle ses hésitations entre les carrières ecclésiastique et militaire : sa biographie assez lacunaire pour cette période le montre engagé en tant que volontaire dans différents emplois militaires, mais aussi inscrit au noviciat des jésuites. Il donne, selon son biographe Dom Dupuis, « *dans quelques petits écarts de jeunesse qui n'avaient point d'autre source que son inexpérience et la vivacité de son imagination* » : il se serait engagé une deuxième fois, puis, après une désertion, se serait enfui en Hollande. En 1717, il est au noviciat du collège de La Flèche, puis sans doute officier lors de la campagne d'Espagne en 1719, qui se termine la même année.

Selon les termes mêmes de Prévost, « *la malheureuse fin d'un engagement trop tendre* [le] *conduisit au* tombeau » (*Le Pour et Contre*), c'est-à-dire à l'abbaye bénédictine de Jumièges. Ailleurs, il parle de « *mauvaises affaires* » (peut-être des ennuis judiciaires) qui l'y auraient amené « *comme dans un asile* »... Toujours est-il qu'il prononce ses vœux monastiques en 1721, selon lui avec « *toutes les restrictions intérieures qui pouvaient l'autoriser à les rompre* » – on retrouve ici la rhétorique* de Des Grieux toujours prêt à s'excuser par avance de ses transgressions ! Ordonné prêtre en 1726, il est transféré à l'abbaye de Saint-Germain-des-Prés à Paris, où il a la possibilité de mener une vie assez mondaine, de fréquenter les salons (en particulier, celui de Mme de Tencin), tout en lisant énormément.

* *Cf.* Lexique.

Naissance d'un écrivain

La vie religieuse ne l'empêche d'ailleurs pas de participer, avec un autre bénédictin, à l'écriture des *Aventures de Pomponius, chevalier romain* qui paraît anonymement en Hollande en 1724, roman satirique qui critique sévèrement l'institution monastique et célèbre la passion amoureuse qui fait le bonheur de l'être humain. En 1728 paraissent sans nom d'auteur les premiers tomes des *Mémoires et Aventures d'un homme de qualité qui s'est retiré du monde*. La même année, Prévost met fin brutalement à huit années de vie monastique, en s'enfuyant de Saint-Germain-des-Prés (comme Des Grieux, il change de costume pour passer inaperçu) après une lettre incendiaire à son supérieur. Prévost récupère de l'argent auprès des libraires (les éditeurs de l'époque) en échange des tomes III et IV des *Mémoires* (qui paraissent en novembre 1728) et se réfugie en Angleterre. Il s'y convertit sans doute à l'anglicanisme, moins par conviction que par un certain opportunisme : l'Angleterre apporte, en effet, un soutien financier aux nouveaux convertis ; il devient précepteur du fils d'un homme très riche, John Eyles, grâce auquel il est admis dans la meilleure société. Mais il a l'audace de courtiser la fille de son « patron » et doit quitter l'Angleterre pour la Hollande en 1729. Il y fait paraître, deux ans plus tard, le roman *Cleveland* et les trois derniers tomes des *Mémoires*, où l'*Histoire du Chevalier Des Grieux et de Manon Lescaut* figure au tome VII. C'est à ce moment qu'il prend Prévost d'Exiles comme nom de plume.

Un abbé pas très catholique !

Prévost rencontre en mars de la même année Hélène Eckardt, dite « Lenki », pour laquelle il va éprouver une vive passion. Cette « *véritable sangsue qui avait épuisé la plupart de ses amants* » aux dires des contemporains, d'une jalousie féroce, oblige Prévost à se brouiller avec nombre de ses relations, à travailler comme un forçat pour payer les dépenses élevées du ménage, et même, comme Des Grieux, à commettre certaines malversations...
Accablé de dettes, il regagne l'Angleterre en 1733 avec Lenki, en emportant les avances versées par ses libraires sur ses productions à

venir. Il y redevient précepteur et lance parallèlement un périodique, *Le Pour et Contre*, où s'expriment son esprit curieux et son goût pour les débats contradictoires ; mais il se retrouve incarcéré à la fin de l'année pour une tentative d'escroquerie sur son ancien élève Francis Eyles : alors qu'il risque la peine de mort, la victime retire généreusement sa plainte et Prévost est libéré quelques jours plus tard. Pendant ce temps, en juin 1733, une édition de *Manon Lescaut*, indépendante des six premiers volumes, avait pénétré sans autorisation en France : le succès et le scandale avaient été immédiats et, dès octobre, ce « *livre abominable* » avait été interdit pour son immoralité et les exemplaires saisis.

Prévost rentre en France où, dès 1734, il obtient du pape une absolution pour sa conduite et peut réintégrer une branche plus libérale de l'ordre bénédictin, malgré de violentes attaques auxquelles il répond par une apologie dans *Le Pour et Contre*. En 1736, Prévost obtient sécurité et stabilité en devenant aumônier du prince de Conti, grand seigneur libertin : il est protégé de ses ennemis mais ne reçoit pas de salaire et doit donc vivre de sa plume en écrivant beaucoup ; et comme il mène une vie brillante, fréquentant salons philosophiques (il se lie d'amitié avec Voltaire en 1737) et spectacles, entretenant plusieurs maîtresses, il est toujours à court d'argent. Cependant, menacé d'être embastillé pour avoir collaboré à un petit journal satirique, il doit de nouveau fuir en 1741.

Une fin plus édifiante

Revenu à Paris, il mène une vie plus apaisée et féconde en réédition de ses romans et en travaux de traduction (les romans de l'anglais Richardson, notamment *Clarisse Harlowe*) et de compilation (la collection *Histoire générale des voyages*, publiée de 1745 à 1759). Son travail lui permet d'acquérir en 1746 une petite maison sur la colline de Chaillot. Il y travaille à une nouvelle édition de *Manon Lescaut*, qui paraît en 1753. Son aisance financière est confirmée par l'octroi du bénéfice d'un prieuré en 1754. Il se lie avec Mme de Genty et Jean-Jacques Rousseau et est reçu par Mme de Pompadour, maîtresse de Louis XV. Puis, le prince de Conti l'ayant chargé d'écrire l'histoire de sa famille, l'abbé s'installe à Saint-Firmin, près du château de Chantilly, où il meurt d'apoplexie en 1763. Il est enterré chez les bénédictins de Senlis.

L'aube des Lumières

Fin et début de règnes

L'histoire personnelle de l'abbé Prévost traverse trois périodes historiques bien différentes.

La fin du règne de Louis XIV

Cette fin de règne est une période austère et troublée : le roi vieillissant, devenu très dévot, ravive les persécutions religieuses en révoquant, en 1685, l'édit de Nantes (qui accordait une certaine liberté religieuse aux protestants) et en faisant détruire Port-Royal, fief des jansénistes*, en 1710. Tandis que le peuple est épuisé par les famines de 1693 et 1709, les intellectuels voient la censure se renforcer et les Comédiens-Italiens sont expulsés de Paris en 1697 (ils seront rappelés par le Régent dès 1716). Plusieurs périodes de guerre se succèdent (guerre de la Ligue d'Augsbourg de 1688 à 1697, puis guerre de Succession d'Espagne de 1701 à 1714), qui ruinent le pays et dessinent une nouvelle carte politique en Europe, mettant en jeu la maîtrise des empires coloniaux et du commerce.

La Régence (1715-1723)

Louis XIV décède le 1er septembre 1715. En attendant la majorité du futur roi, Philippe d'Orléans devient régent. Ce libertin notoire donne l'exemple d'une vie de luxe et de plaisirs, qui favorise une importante évolution des mœurs et des arts avec le style « rococo » (Watteau, Boucher, Fragonard...) : les « fêtes galantes », les plaisirs de la mondanité, les séductions du théâtre ou la fantaisie des jardins à l'anglaise remplacent la rigueur et l'austérité classiques... S'installant au Palais-Royal, le Régent rend à Paris une place prééminente, sur le plan de la vie politique et culturelle. Épris de paix, il veut redonner à la France sa prospérité et encourage les innovations économiques, comme celles du financier écossais Law qui invente un nouvel art du crédit. Même si Law fait faillite, les affaires ont été dynamisées et toute l'économie du pays s'en trouve vivifiée (régression du chômage, développement des commerces extérieur et triangulaire...).

* Cf. Lexique.

Le règne de Louis XV (1723-1774)

Le pays retrouve une paix et une prospérité relatives, qui permettent un grand essor démographique et une modernisation du royaume par le développement du réseau routier et l'expansion des commerces intérieur et extérieur. Mais les disparités sociales restent immenses entre une aristocratie accrochée à ses privilèges, une bourgeoisie montante qui s'enrichit et des classes populaires misérables. L'État monarchique est menacé par les prétentions de l'aristocratie, les revendications des parlements de province et des dissidences de toutes sortes : religieuses, avec les protestants, les jésuites* expulsés du royaume en 1664 ; intellectuelles, avec l'affirmation du « philosophe » qui, au nom de la raison et de la liberté, conteste l'ordre établi. La seconde partie de ce règne se voit ternie par des guerres qui causent la perte d'une partie de l'Empire colonial français et une vive désaffection de la population pour le roi.

Le règne de l'argent

La fin du XVIIe et le début du XVIIIe siècle sont marqués par une mutation sociale qui voit l'affaiblissement de l'aristocratie et l'expansion du pouvoir de l'argent et des financiers (comme le fermier général M. de B... dans *Manon Lescaut*). En 1718, John Law ouvre la Banque royale rue Vivienne (là où s'installent les deux héros) : des fortunes colossales se construisent rapidement et sombrent tout aussi vite lors de la banqueroute deux ans plus tard. L'attrait de la fortune facile se répand dans tous les milieux et incite à tous les moyens pour s'enrichir : la spéculation, le jeu ou l'escroquerie. Tout s'achète et se vend, depuis les titres nobiliaires jusqu'aux charmes féminins des maîtresses entretenues par de riches amants et faisant vivre ainsi leur « amant de cœur », appelé aussi « greluchon » (c'est ce que conseille Lescaut à Des Grieux). L'argent offre un accès plus facile aux divertissements comme l'opéra, le théâtre, ou encore les maisons de jeu. Le luxe s'introduit dans la vie quotidienne à travers les réceptions, les habits à la mode, les bijoux, les carrosses, etc. (on voit ainsi Des Grieux peinant à soutenir le train de vie de Manon, comme Prévost avec Lenki). La prospérité du royaume permet un accroissement de la classe

* Cf. Lexique.

moyenne, mais au prix du délaissement des classes inférieures, réduites à la pauvreté ou à la marginalité (durement réprimée par le pouvoir).

Le goût du plaisir et du bonheur

Après l'austérité de la fin du règne de Louis XIV, la Régence donne libre cours à la frivolité, la légèreté et l'insouciance ; on découvre un nouvel art de vivre fondé sur la sensualité, le corps, la revendication de la liberté. Plaisir et bonheur sont considérés comme des aspirations légitimes et naturelles de l'Homme, que ni la religion ni la société ne devraient museler. Le bonheur devient l'objet de débats philosophiques (comme dans notre roman entre Des Grieux et Tiberge) : refusant la seule perspective des félicités éternelles de l'Au-delà, l'individu désire l'accomplissement de son bonheur ici-bas, dans l'épanouissement de sa personnalité, aussi bien à travers sa raison et son intelligence que son cœur et sa sensibilité. Le bonheur doit résulter de choix individuels et non plus d'une norme morale et sociale imposée de l'extérieur. Les absolus sont ainsi remis en question et on assiste à un relativisme moral et philosophique dont l'« Avis de l'auteur » de *Manon Lescaut* se fait l'écho.

La condition de l'écrivain

Les écrivains forment une catégorie peu homogène : on y rencontre des grands aristocrates (Montesquieu), des membres du clergé (Prévost), des bourgeois (Marivaux, Diderot, etc.), ou encore des femmes (Mme de Tencin, Mme du Châtelet, Mme Riccoboni, etc.). À moins d'être employés par un mécène ou d'avoir une charge auprès du roi (Voltaire était historiographe), ils doivent souvent exercer une autre activité pour subsister. Cependant, ils sont de plus en plus nombreux à vouloir vivre de leur plume (c'est le cas de Prévost) en vendant leurs manuscrits ; mais leur situation est difficile, car la propriété littéraire et les droits d'auteur n'existent pas : une fois le manuscrit vendu, il peut être modifié, édité sans que l'auteur puisse intervenir – ce qui explique le nombre d'éditions fautives ou tronquées. Finalement, après de nombreux combats, la propriété littéraire est implicitement reconnue en 1749 suite à une décision du

Conseil du roi en faveur de Crébillon fils dans une affaire l'opposant à ses créanciers, tandis que Beaumarchais parvient à fonder la Société des auteurs dramatiques en 1777.

L'écrivain est aussi soumis à la censure, qu'elle vienne du roi (la Librairie) ou des instances religieuses comme la Sorbonne. Un manuscrit, pour paraître, a besoin du privilège du roi, obtenu après lecture d'un censeur qui juge de sa conformité avec les normes politiques, religieuses ou morales. En cas de refus (de plus en plus fréquent sous Louis XV), des éditions clandestines et anonymes paraissent alors en France ou dans des pays plus tolérants comme les Pays-Bas, Genève ou l'Angleterre. Mais l'auteur risque de voir son livre saisi (ce fut le cas pour *Manon Lescaut*) et brûlé, et surtout de se retrouver emprisonné (ce fut le cas pour Diderot et Voltaire) ; pour y échapper, beaucoup se font oublier quelque temps à l'étranger avant de revenir en France.

C'est au Siècle des lumières que l'écrivain acquiert le statut moderne d'intellectuel : celui-ci ne fréquente plus la Cour, mais de nouveaux foyers intellectuels comme les salons, les clubs et les cafés, et devient un individu potentiellement dangereux, capable par sa pensée indépendante et ses écrits de s'élever contre les pouvoirs en place.

Genèse et carrière de Manon Lescaut

Prévost a dû être influencé par un ouvrage paru en 1713 en Hollande, *Les Illustres Françaises* de Robert Challe, roman constitué de sept histoires, dont l'une des héroïnes se prénomme justement Manon. Une autre histoire, celle de M. des Prez et de Mlle de L'Épine, nous montre des amours contrariées par un père tyrannique et intraitable face à la mésalliance, qui fait enfermer son fil à Saint-Lazare, alors que sa jeune amante est emmenée à l'Hôpital (comme Manon) où elle meurt. On y retrouve des héroïnes volages mais charmantes et souvent victimes des circonstances, des amoureux sensibles et passionnés, narrateurs de leur propre histoire, et toujours prêts à excuser leur passion...

La première édition de *Manon Lescaut* est celle qui parut en Hollande en avril-mai 1731 et qui constitue le 7e et dernier tome des *Mémoires et Aventures d'un homme de qualité*. En 1733 circule sans autorisation en France une édition indépendante des *Mémoires*, intitulée *Histoire du Chevalier Des Grieux et de Manon Lescaut*, qui sera rapidement interdite ; mais cette action plus symbolique que réellement efficace n'empêchera pas les nombreuses rééditions. En 1753, Prévost fait paraître une édition corrigée et enrichie de l'épisode du Prince italien. Jusqu'à notre époque, le texte a été constamment réédité, parfois dans des éditions prestigieuses par leurs illustrations. Les romantiques anglais d'abord, puis français, furent sensibles à la peinture pathétique* du sentiment amoureux. L'œuvre a été portée à plusieurs reprises sur la scène lyrique, entre autres par Daniel Auber en 1856, Jules Massenet en 1884 et Giacomo Puccini en 1893. On en trouve également de nombreuses versions cinématographiques, dont celle d'Henri Georges Clouzot datant de 1949.

Manon Lescaut sur scène à la fin du XIXᵉ siècle.

* *Cf.* Lexique.

Prévost en son temps

Vie et œuvre de Prévost	Événements historiques et culturels
1697 Naissance.	
1701	Guerre de Succession d'Espagne (→ 1714).
1713 Entre dans l'armée ?	Robert Challe, *Les Illustres Françaises*.
1715	Mort de Louis XIV. Régence.
1717 Noviciat de La Flèche.	Début de la déportation en Louisiane.
1720 Est admis à l'abbaye de Jumièges.	Faillite du système de Law.
1721 Vœux monastiques.	Montesquieu, *Lettres persanes*.
1723	Début du règne de Louis XV.
1728 1ers tomes des *Mémoires et Aventures d'un homme de qualité…* S'enfuit de Saint-Germain-des-Prés.	
1731 *Manon Lescaut* paraît en Hollande, où il rencontre Lenki. *Histoire de Monsieur Cleveland*.	Marivaux, *La Vie de Marianne* (1731-1741).
1733 Périodique *Le Pour et Contre*. Incarcéré en Angleterre pour malversation. Édition clandestine et interdite de *Manon Lescaut* en France.	Pope, *Essai sur l'homme*.
1734 Rentre en France.	Voltaire, *Lettres philosophiques*.
1735	Lesage, *Gil Blas de Santillane* (débuté en 1715).
1736 Est aumônier du prince de Conti.	Crébillon fils, *Les Égarements du cœur et de l'esprit*.
1740 Est en exil. *Histoire d'une Grecque moderne*.	
1746 S'installe à Chaillot.	
1751 Traduction de *Clarisse Harlowe* de Richardson.	Début de l'*Encyclopédie* (à partir de 1750).
1753 Nouvelle édition de *Manon Lescaut*.	
1756	Guerre de Sept Ans (→ 1763).
1759 Publie *Histoire générale des voyages*.	Voltaire, *Candide*.
1763 Décède d'une apoplexie.	Voltaire, *Traité sur la tolérance*.

structure de l'œuvre

Une structure en enchâssement

Dès l'origine du genre, le roman comporte des histoires secondaires à l'intérieur de l'histoire principale, et le narrateur premier passe la parole à un autre conteur. Cette structure, que l'on appelle « l'enchâssement », se trouve à son apogée dans le roman précieux* du XVIIe siècle (*L'Astrée* d'Honoré d'Urfé) et reste très appréciée au siècle suivant (on la retrouve dans les contes de Voltaire, dans *Jacques le Fataliste* de Diderot, etc.).

Manon Lescaut s'insère de la même façon dans un ensemble de récits dont le narrateur est le Marquis de Renoncour, l'« *homme de qualité* » qui présente l'histoire du Chevalier Des Grieux au tome VII de ses *Mémoires*.

Dans le récit-cadre*, Renoncour nous raconte sa double rencontre avec les deux héros. Puis, à l'exception d'une courte pause, il cède la narration à Des Grieux qui, encore proche de l'événement, va lui raconter sa propre histoire de façon linéaire de juillet 1712 à février 1717. Le récit à la 1re personne devant un auditoire permet d'accentuer le pathétique* mais aussi de présenter l'analyse très fine d'une conscience et d'un cœur dominés par une passion violente et tragique.

L'inscription du récit dans le temps réel (« *Le Chevalier Des Grieux ayant employé plus d'une heure à ce récit* ») contribue à donner plus de vraisemblance à la fiction. Elle place également le lecteur au centre d'un jeu de miroirs assez fascinant, où Prévost, qui n'apparaît jamais, se dissimule à la fois derrière Renoncour et derrière son héros et laisse ainsi au lecteur une grande liberté d'interprétation.

DATES	DURÉES	LIEUX	ÉVÉNEMENTS
Narrateur : Marquis de Renoncour			
1715	début de l'année	Pacy	1re rencontre avec Des Grieux (DG) et Manon (M) : le convoi des filles déportées.
1717	début de l'année	Calais	2e rencontre avec DG de retour d'Amérique.

* *Cf.* Lexique.

DATES	DURÉES	LIEUX	ÉVÉNEMENTS
Narrateur : Des Grieux			
1712	28 juillet	Amiens	Rencontre de M ; enlèvement ; DG a 17 ans, M environ 15.
	fin août	Paris, rue Vivienne	Quelques semaines de bonheur, puis **1re trahison de M avec M. de B...** Enlèvement de DG par les laquais de son père.
1712-1713	env. 1 an	chez son père	DG séquestré pendant 6 mois ; puis décide de rentrer au Séminaire avec Tiberge.
1713-1714	env. 1 an	Séminaire Saint-Sulpice	Études de théologie. Retrouve M le jour de sa soutenance ; s'enfuit avec elle. M a 17 ans.
	quelques semaines	Chaillot Paris	Semaines de bonheur à Chaillot. Rencontre du frère Lescaut. Incendie à Chaillot : **ruine**.
1714	quelques semaines vers octobre	Paris	DG rentre dans la Ligue des tricheurs. Vol par les domestiques : **ruine**. **2e trahison de M** : s'enfuit pour se faire entretenir par le **vieux G... M...** Retrouvailles + plan pour escroquer G... M... DG a 19 ans. Les deux amants sont arrêtés chez eux et emprisonnés.
	3 mois	Saint-Lazare	DG joue l'hypocrite. S'enfuit en tuant un gardien.
1715	quelques jours en janvier	Paris	DG se lie avec T..., fils d'un administrateur de l'Hôpital où est M. Évasion de M ; mort de Lescaut. Installation à l'auberge de Chaillot.
Narrateur : Renoncour, le temps d'une pause pour le dîner, puis Des Grieux			
1715	quelques semaines	Chaillot	Quelques semaines de bonheur. Épisode du Prince italien. Rencontre du fils de G... M... qui tombe amoureux de M. **3e trahison de Manon** : scène de la Comédie. Retrouvailles + plan pour séquestrer G... M... Arrestation par le vieux G... M...
	quelques jours	Châtelet Paris	Visite et intervention de son père : libération de DG. Apprend que M va être déportée. Tentative pour attaquer le convoi.

DATES	DURÉES	LIEUX	ÉVÉNEMENTS
	février	Pacy Le Havre	Accompagne M et embarque avec elle.
	2 mois		Traversée.
1715-1716 1716	10 mois février	Louisiane	Vie dure mais heureuse ; conversion de M. Mais Synnelet est amoureux d'elle. Duel où il est laissé pour mort. Fuite des deux amants : **mort de M.**
	3 mois 6 semaines 2 mois	Louisiane	Maladie de DG. Arrivée de Tiberge. Attente du bateau avec Tiberge.
	env. 2 mois	Calais	Traversée vers la France.

Une caution morale ?

Le choix d'insérer l'histoire dans un récit-cadre* permet à Prévost de la placer sous le patronage d'un « *homme de qualité* » : le Marquis de Renoncour, qui se présente lui-même comme « *une personne d'honneur et de bon sens* » (p. 11), est un noble d'un certain âge, plein d'expérience et retiré du monde qu'il regarde désormais avec lucidité et sagesse. Son regard oriente donc celui du lecteur, dès l'« Avis » où il nous invite à une certaine indulgence pour Des Grieux en soulignant la complexité du personnage qui présente « *un caractère ambigu, un mélange de vertus et de vices, un contraste perpétuel de bons sentiments et d'actions mauvaises* » (p. 10). C'est également par ses yeux que nous faisons connaissance avec les héros, et ce premier contact suscite la sympathie du lecteur par un spectacle « *capable de fendre le cœur* » (p. 14) : celui de la pauvre Manon enchaînée et éplorée. Il est intéressant de voir comment le narrateur désamorce aussitôt ce que pourrait avoir de dégradant cette vision d'une fille déportée pour mauvaises mœurs par le portrait qu'il fait de l'héroïne : « *il y en avait une dont l'air et la figure étaient si peu conformes à sa condition, qu'en tout autre état je l'eusse prise pour une personne du premier rang. Sa tristesse et la saleté de son linge et de ses habits l'enlaidissaient si peu, que sa vue m'inspira du respect et de la pitié* » (p. 14). Dès le début, l'héroïne présente un hiatus entre sa situation qui suscite une condamnation

* *Cf.* Lexique.

morale et sa personnalité inspirant la pitié. De même, Renoncour nous invite à voir en Des Grieux « *un homme qui a de la naissance et de l'éducation* » (p. 15), et cet auditeur curieux et bienveillant nous dispose favorablement à écouter une histoire « *des plus touchantes* » (p. 16).

En revanche, Renoncour n'interviendra plus à la fin du récit, laissant le lecteur tirer sa propre morale de cette histoire, comme il l'y invitait dès son « Avis ». Au lecteur donc de méditer sur le sens du destin des personnages et de porter son jugement sur les actes et les sentiments des héros.

Une histoire rétrospective

La structure enchâssée a également un fort impact sur le lecteur qui connaît d'avance l'issue du destin des personnages ; sa curiosité est d'emblée sollicitée par le début *in medias res** qui entraîne, chez Renoncour comme chez le lecteur, « *mille réflexions sur le caractère incompréhensible des femmes* » (p. 17) : comment cette belle jeune fille a-t-elle pu se retrouver dans la situation dégradante d'une déportée ? Puis la seconde rencontre avec Des Grieux, « *beaucoup plus pâle* » (p. 17), éploré et sans Manon, oriente la lecture vers le pathétique* ; la fin apparemment malheureuse de leurs aventures suscite, chez le lecteur, compassion et indulgence pour les débordements de ces deux jeunes amants.

Racontant son histoire quelques mois après son deuil, Des Grieux veut essayer de comprendre les mécanismes qui l'ont conduit à cette issue fatale ; mais la connaissance de celle-ci l'amène à dramatiser son récit par de nombreuses prolepses* qui renforcent le suspense et l'intérêt du lecteur : « *Pendant ce temps-là, notre mauvais génie travaillait à nous perdre. Nous étions dans le délire du plaisir, et le glaive était suspendu sur nos têtes. Le fil qui le soutenait allait se rompre* » (p. 174). Le héros souligne également par des regrets répétés l'enchaînement de conséquences néfastes engendré par certains de ses choix. Le recours constant aux instances du Ciel, à la Providence transforme ainsi les mésaventures peu morales de Des Grieux en leur conférant la dimension d'un destin tragique et exemplaire où l'expiation précède la faute et la pardonne quasiment d'avance.

* *Cf. Lexique.*

Un temps subjectif

Le récit de Des Grieux couvre un peu plus de quatre ans (de juillet 1712 à début 1717), mais il passe par le prisme de la mémoire du narrateur qui glisse sur les périodes assez longues où il est sans Manon (les six mois de séquestration chez son père, l'année de Saint-Sulpice, la quasi-année qui suit la mort de Manon). Au contraire, le ralentissement du temps et la dramatisation mettent en valeur des scènes en forme de tableaux, souvent centrées sur Manon (comme la rencontre, les trois scènes de retrouvailles, la mort), traitées sur le mode théâtral et pathétique*, où le temps semble s'arrêter ou s'étirer. Des Grieux sélectionne aussi des moments de débats tournant autour du thème de la passion (les discussions avec son père ou Tiberge) qui lui servent souvent à se justifier ; il sait aussi ménager l'attention de son auditoire en intercalant des scènes de comédie (le souper avec le vieux G... M... ou l'épisode du Prince italien) ou des épisodes franchement romanesques comme les deux évasions (celles de Saint-Lazare et de l'Hôpital).

Le temps s'accélère notablement après la double évasion des héros, comme si une sorte d'étau fatal se resserrait sur eux : moins d'un mois les sépare de leur seconde arrestation pour le Châtelet. Puis, en deux jours, après la nouvelle de la déportation de Manon, Des Grieux multiplie les démarches (Tiberge, M. de T..., son père), convoque les braves puis tente d'attaquer le convoi ; mais l'accélération de la narration et l'échec de tous ses efforts soulignent la force de l'adversité et la condamnation fatale de la passion.

De la déchéance à la rédemption

Le motif de la répétition, très caractéristique de la structure de *Manon Lescaut*, permet de mettre en lumière deux aspects essentiels de l'œuvre : la dégradation morale et la régénération.

La récurrence des situations souligne d'abord la dégradation morale des deux amants :

* Cf. Lexique.

– leurs châtiments sont de plus en plus infamants, de la maison religieuse de Saint-Lazare à la prison du Châtelet, jusqu'à la déportation de Manon ;

– Des Grieux s'enfonce dans la criminalité, les compromissions et le mensonge ; de Chevalier de Malte, il passe à « *Chevalier d'industrie* » (membre de la Ligue des tricheurs) ; il commence par un simple enlèvement amoureux, puis devient meurtrier lors de sa fuite de Saint-Lazare et hors-la-loi en voulant attaquer le convoi à la tête d'une bande d'hommes de main ;

– les trois interventions de son père, qui manifeste au début compréhension puis pardon, s'achèvent sur une rupture et un quasi-reniement ;

– les trahisons de Manon se font de plus en plus cruelles et viles : elle verse quelques pleurs la première fois, laisse une lettre pleine d'un matérialisme vulgaire à la suivante, et, à la dernière, pousse le cynisme jusqu'à proposer à Des Grieux une prostituée à sa place !

Mais, à partir de la déportation de Manon, vécue comme une expiation avant la rédemption, la répétition des motifs montre, au contraire, une régénération des personnages, manifestant ainsi une sorte de permanence de leur nature positive, que les actes dictés par les circonstances n'ont finalement pas réussi à dégrader. Des Grieux veut se persuader que, malgré le temps et les événements, il est resté le même et n'a pas perdu sa noblesse d'origine ni ses aspirations à la vertu. Ainsi, la plupart des motifs marqués négativement sont repris de façon positive, comme s'ils révélaient enfin la vraie nature des personnages (*cf.* pp. 244-245).

Errance et enfermement

Le roman est également structuré par un principe d'alternance, entre périodes de bonheur et catastrophes, aisance financière et ruine, fidélité et trahison, aspirations à la vertu et déchéance... Cette alternance se marque dans l'espace du roman, qui nous montre les personnages ballottés entre errance et enfermement.

L'errance est signe à la fois de la précarité de leur vie mais aussi de leur jeunesse qui revendique sa liberté et ne peut encore se fixer de façon stable ni moralement ni matériellement. Il est révélateur que la première apparition des héros ait lieu lors d'une étape d'un convoi en partance pour l'exil et leur rencontre à la descente du coche d'Arras. Les deux amants sont souvent en fuite, dans des logements loués ou des auberges, correspondant à leur volonté d'échapper aux cadres sociaux (enlèvement de Manon), aux lois, à la police... Cette fuite culminera dans la traversée de l'Océan et celle, fatale, du désert de Louisiane.

Au contraire, l'enfermement symbolise le poids oppressant de l'ordre moral et aristocratique, qui permet à un père de faire enfermer son fils pour sauvegarder l'honneur de la famille, ou de l'ordre social, qui met à l'écart ses marginaux. Même la fuite à l'autre bout du monde ne délivrera pas les amants de cette tyrannie du père dont ils trouveront un nouvel avatar dans la personne du Gouverneur de la Louisiane (qui porte symboliquement le nom d'un roi). L'emprisonnement représente la répression des désirs individuels et des transgressions sociales : ainsi Manon est-elle au début en route vers le couvent, « *pour arrêter sans doute son penchant au plaisir* » (p. 20).

Cette alternance entraîne alors pour Des Grieux une sorte de spirale infernale : l'enfermement ne fait qu'exacerber le désir de liberté pour lui et pour Manon – ce qui le conduit à des actes de plus en plus criminels, dont les conséquences entraînent alors un emprisonnement à chaque fois plus rigoureux et plus dégradant.

Le statut de la Louisiane est intéressant à observer dans cette logique : la déportation peut être vécue comme le pire des châtiments, mais Des Grieux la perçoit comme une libération des cadres sociaux oppressants de l'Ancien Monde : « *nous ne dépendons que de nous-mêmes, [...] nous n'avons plus à ménager les lois arbitraires du rang et de la bienséance* » (p. 204). Cependant, victimes à nouveau de l'arbitraire du Gouverneur qui reproduit le même ordre social, les deux amants se retrouveront prisonniers, sans autre possibilité de fuite que la mort : « *Nous nous trouvions dans le Nouvel Orléans comme au milieu de la mer* » (p. 206). La fin très pessimiste du roman semble prouver qu'il n'existe aucun espace de liberté pour ceux qui veulent vivre une passion sincère qui ne s'inscrit pas dans les codes moraux et sociaux de son époque.

MOTIFS RÉPÉTÉS	DÉGRADATION MORALE	RÉGÉNÉRATION
Trahison de Manon	• Avec M. de B… • Avec G… M… • Avec le jeune G… M… (+ parodie avec le Prince italien)	• Fidélité de M : « *Je suis assuré du cœur de Manon.* »
Retrouvailles (et pardon)	• À Saint-Sulpice après la 1re trahison : DG s'enfuit du Séminaire. • Chez G… M… après la 2e trahison : pardon et décision de duper le vieillard et de fuir avec son argent. • Retrouvailles à l'Hôpital. • Chez le jeune G… M… : pardon et décision de le duper et de le séquestrer.	• Retrouvailles des amants sur la route vers Le Havre : M pleine de honte et de reconnaissance pour DG.
Emprisonnements	• De DG chez son père. • De DG à Saint-Lazare et de M à l'Hôpital. • Des deux amants au Châtelet.	• « *Nous nous trouvions dans le Nouvel Orléans comme au milieu de la mer.* » • DG emprisonné à tort pour le meurtre présumé de M.
Fuites ou évasions	• Enlèvement de M par DG. • DG fuit de Saint-Sulpice. • DG s'enfuit de Saint-Lazare en tuant le gardien. • Évasion de M de l'Hôpital. • Tentative avortée de DG pour attaquer le convoi des déportées.	• Duel noble contre Synnelet. • Fuite des deux amants dans le désert de Louisiane, alors qu'ils veulent légaliser leur situation.
Morts	• Meurtre du portier de Saint-Lazare. • Meurtre crapuleux de Lescaut.	• Fausse mort de Synnelet. • Mort édifiante de Manon.
Ruine financière	• Incendie à Chaillot. • Vol par les domestiques.	• Richesse morale : « *Nous y avons trouvé des trésors bien plus estimables.* »

MOTIFS RÉPÉTÉS	DÉGRADATION MORALE	RÉGÉNÉRATION
Moments de bonheur	• 3 semaines à Paris au début. • Quelques semaines à Chaillot après Saint-Sulpice et avant l'incendie. • De nouveau vie dans l'opulence grâce au jeu avant le vol par les domestiques. • À l'auberge de Chaillot avant la rencontre de G… M… Ces moments de bonheur sont de plus en plus liés à l'argent procuré par l'enfoncement dans la délinquance.	• Bonheur en Louisiane : vie simple et honnête.
Intervention du père de Des Grieux	• Fait enlever et séquestrer son fils, puis le laisse libre de son choix. • Vient le voir au Châtelet, lui pardonne et le fait libérer (mais contribue à la déportation de M). • Scène de rupture au Luxembourg quand DG lui demande d'intervenir pour M.	• Réintégration dans sa famille à son retour en France.
Aide de Tiberge	• Rencontre après la fuite de Saint-Sulpice : propose une grosse somme à DG. • DG lui demande une aide financière après la double évasion. • DG lui ment pour obtenir de l'argent (en vue de libérer M).	• En Louisiane : « *Je le rendis le maître de tout ce que je possédais.* »
Le mariage	• « *Nous fraudâmes les droits de l'Église.* » • M refuse que DG fasse des démarches auprès de son père pour l'épouser.	• Ils sont décidés à se marier : « *anobli*[r] *notre amour par des serments que la religion autorise* ».

Un roman d'un nouveau genre

Le roman : un genre apprécié et contesté

Au début du XVIIIe siècle, le genre romanesque connaît un essor grandissant et prend des formes très diversifiées : roman picaresque* (*Gil Blas de Santillane* de Lesage, 1715-1735), roman licencieux ou libertin (*Les Égarements du cœur et de l'esprit* de Crébillon fils, 1736-1738), roman épistolaire (*Lettres persanes* de Montesquieu, 1721), et surtout le récit-Mémoires à la 1re personne, présenté comme une authentique autobiographie, comme *La Vie de Marianne* de Marivaux (1731-1742) et les *Mémoires et Aventures d'un homme de qualité* de Prévost. Le roman, publié en petit format, est facile à lire ; livré au public par tomes successifs qui entretiennent le suspense, il se veut divertissant et gagne rapidement un grand lectorat bourgeois et en partie féminin.

Ce succès inquiète les autorités politiques et morales, d'autant que le roman est souvent irrévérencieux : l'État tente d'en contrôler de plus en plus l'édition et la diffusion, et la police de la Librairie (organe de la censure royale) refuse facilement le « privilège », jusqu'à interdire quasi totalement la parution des nouveaux romans en 1737. Mais les œuvres parviennent néanmoins à être publiées dans des pays plus tolérants comme la Hollande (c'est le cas de la 1re édition de *Manon Lescaut* en 1731) et circulent clandestinement.

Le roman est contesté également sur le plan esthétique, pour son goût de l'invraisemblance et de l'emphase, hérité des œuvres baroques* et précieuses* (romans fleuves comme l'*Astrée* d'Honoré d'Urfé [1607-1628] ou *Clélie* de Mlle de Scudéry [1654-1660]). Son « immoralité » lui vaut de nombreux ennemis, sous prétexte qu'il peint des passions qui ne sont pas suffisamment ou clairement condamnées et peut donc conduire au vice... Les jésuites* en particulier, reprenant des critiques déjà portées au XVIIe siècle par

* *Cf.* Lexique.

Boileau, s'élèvent contre le mauvais goût des romans et le danger moral qu'ils représentent, d'autant que leur lecture échappe à tout contrôle des instances morales et religieuses.

Manon Lescaut : une « histoire »

Ce terme définissait à l'époque un récit bref, présentant généralement une intrigue amoureuse mêlée d'obstacles. L'histoire s'inscrit en réaction contre les épanchements du roman héroïque du XVIIe siècle, qui mettait en scène des héros totalement idéalisés et des péripéties rocambolesques : à un romanesque artificiel, l'histoire préfère l'ancrage dans la réalité contemporaine et des héros de condition moyenne, à la psychologie fouillée et vraisemblable, qui se heurtent à des obstacles réalistes liés à la société de leur temps.

Ce genre se rattache au modèle du récit-cadre* regroupant différentes histoires courtes, inventé par Boccace au XIVe siècle avec le *Décaméron* et repris à la Renaissance, en France, par Marguerite de Navarre dans l'*Heptaméron* puis dans *Les Illustres Françaises* de Challe, le modèle de Prévost. Ces récits sont donc marqués par l'oralité d'un conteur qui raconte sa propre expérience, sur un ton naturel, et s'éloigne des outrances idéalisantes pour montrer des personnages plus complexes, dont la conscience fluctuante et tourmentée échappe aux jugements tout faits (comme on le voit très bien avec les personnages de Prévost, pris entre déchéance et aspirations vertueuses).

Manon Lescaut satisfait ainsi chez ses lecteurs le goût du vraisemblable et de l'authentique, tout en conservant les ingrédients romanesques traditionnels : n'y trouve-t-on pas deux enlèvements, deux évasions, un duel ? Ces épisodes où Prévost cultive la dramatisation, la rapidité des actions et le suspense sont cependant traités avec réalisme : la précision dans la topographie de Saint-Lazare ou dans les détails du plan sert à rendre crédible la scène mouvementée de l'évasion. L'auteur sait aussi ménager des pauses dans la tension dramatique à travers de véritables scènes de comédie, comme le dîner avec G... M... où Des Grieux se fait passer pour le frère de Manon et multiplie les phrases à double sens qui créent une compli-

* *Cf.* Lexique.

cité amusée avec le lecteur : « *nos deux chairs se touchent de bien proche ; aussi j'aime ma sœur Manon comme un autre moi-même* » (p. 114).

Le procédé de l'histoire racontée rend également le récit plus vivant par les adresses au destinataire qui permettent de susciter sa curiosité (p. 19 : « *Vous le connaîtrez par les meilleures dans la suite de mon histoire* »), de mettre en valeur un événement particulièrement émouvant ou dramatique (p. 211 : « *N'exigez point de moi que je vous décrive mes sentiments* », s'exclame Des Grieux au moment de raconter la mort de Manon), et souvent de souligner le caractère exceptionnel des personnages (p. 37 : « *Vous verrez à quel excès il le porta* »).

Un récit réaliste ?

Prévost a choisi d'ancrer son roman dans une réalité datée, même si la chronologie est parfois un peu floue : ainsi, les premières déportations de femmes vers la Louisiane sont un peu postérieures à la date de la fiction, puisqu'elles commencèrent en 1717. Les référents géographiques sont nombreux, évoquant avec précision la topographie parisienne : le Châtelet, le Luxembourg, le Palais-Royal, etc. Le procédé consistant à désigner les personnages par des initiales permet d'échapper à la censure mais encourage aussi le lecteur à se livrer au petit jeu des « clés* » : ainsi a-t-on a pu reconnaître le fermier général Melchior de Blair dans M. de B... Loin des héros parfaits et de l'aristocratie fantasmatique des romans précieux*, on côtoie dans *Manon Lescaut* un monde marginal de filles entretenues, de tricheurs, d'assassins, et des hauts personnages libidineux et corrompus ! Tous ces procédés concourent à l'effet de réel, renforcé par le récit-cadre* mettant en scène la rencontre avec le héros dans des lieux précis, comme l'auberge du *Lion d'or* à Calais. Prévost évoque avec beaucoup de vraisemblance les mœurs et faits de société de son époque : les familles, par peur des désordres ou des mésalliances, enfermaient au couvent des filles trop volages ou en prison des jeunes gens trop libertins ; la corruption des financiers, la multiplication des établissements de jeu, la délinquance des « gardes du corps » sont des faits attestés par tous les contemporains.

* *Cf.* Lexique.

Mais ce « réalisme » n'a pas pour but, comme un siècle plus tard pour Balzac, de donner un tableau exhaustif et analytique de la société contemporaine : les détails précis sur la topographie, les mœurs ou les sommes d'argent ont surtout pour finalité de cautionner la vraisemblance de la peinture d'une passion exceptionnelle. De plus, le poids de la réalité sur les jeunes amants confère à leur passion une dimension tragique ; celle-ci se trouve renforcée par la tension entre réalisme trivial et aspirations nobles du héros : au moment de l'évasion de l'Hôpital, Des Grieux doit donner son pantalon (sa « *culotte* ») à Manon, détail comique mais qui, dans ces instants dramatiques, ne porte pas atteinte à la dignité du héros ; Prévost souligne ainsi que les circonstances avilissantes où se trouve plongé le héros paraissent indignes de lui et sont une épreuve de plus pour sa passion.

Un roman à la 1re personne

Cette forme narrative est particulièrement appréciée au début du XVIIIe siècle car elle permet d'exprimer des problèmes individuels, de donner accès à la conscience et à la sensibilité d'un personnage dans lequel le lecteur peut se retrouver. Elle accroît l'illusion réaliste en se faisant passer pour des Mémoires authentiques et en usant d'un style plus simple et « naturel » que celui des romans héroïques du siècle précédent.

Une voix subjective

Dans le récit à la 1re personne, tout passe par le prisme de la perception et de la mémoire du héros-narrateur. On a vu, dans l'étude de la structure, que Des Grieux sélectionnait dans ses souvenirs tous les événements ayant trait à Manon et passait rapidement sur les périodes sans elle : sa vie comme son récit semblent ainsi orientés par la présence ou l'absence de Manon. D'autre part, Des Grieux souligne lui-même les choix qu'il fait dans sa propre histoire intérieure : « *Je remarque ainsi les diverses occasions où mon cœur sentit un retour vers le bien, parce que c'est à ce souvenir que j'ai dû ensuite une partie de ma force, dans les plus malheureuses circonstances de ma vie* » (p. 94). La dramatisation du récit qui fait passer sans cesse de moments de bonheur en catastrophes, à travers des

« grandes scènes » soigneusement choisies, conduit le lecteur, à travers le suspense, à épouser les espoirs et les désespoirs des personnages et à suspendre souvent, sans s'en rendre compte, son jugement moral envers un héros présenté comme une victime du sort...

Ce qui compte alors dans le roman, c'est la voix subjective du héros livré à la passion ; comme le dit le critique Jean Rousset dans *Narcisse romancier* (José Corti, 1978), « *c'est lui-même et sa passion que le narrateur révèle, par les limites et les erreurs de sa vision déformante* ». En effet, ce type de récit interdit l'omniscience*, puisque le lecteur est soumis à la perception du héros-narrateur qui laisse de multiples zones d'ombre ; ainsi, nous n'avons jamais accès à l'intériorité de Manon ni à ses motivations, mais à une sorte de « reconstruction » opérée par le narrateur qui nous oblige à passer par son interprétation : « *J'ai toujours été persuadé qu'elle était sincère ; quelle raison aurait-elle eue de se contrefaire jusqu'à ce point ?* » (p. 140). Le narrateur garde d'ailleurs souvent ses propres interrogations sans arriver à affirmer de vérité définitive – par exemple, sur ce qui a poussé Manon à le revoir à Saint-Sulpice : « *un reste de curiosité, ou peut-être quelque repentir de m'avoir trahi (je n'ai jamais pu démêler lequel de ces deux sentiments)* » (p. 53). Malgré la distance temporelle, la réalité conserve pour lui son opacité et ses questionnements prennent même des accents tragiques quand il s'agit de démêler ses propres responsabilités – par exemple, pour n'avoir pas parlé de la libération de Manon à son père : « *Que sais-je ? Ma mauvaise destinée l'aurait peut-être emporté sur tous mes efforts ; mais je n'aurais eu qu'elle du moins et la cruauté de mes ennemis à accuser de mon malheur* » (p. 185). Même sa propre intériorité n'offre qu'une transparence incomplète et se heurte aux limites de son analyse « *car* [il] *ignore encore aujourd'hui par quelle espèce de sentiments* [il fut] *alors agité* » (p. 96) ; face au changement qu'a opéré la passion sur sa propre nature, il en est réduit aux interrogations : « *Je me suis étonné mille fois, en y réfléchissant, d'où me venait alors tant de hardiesse et de facilité à m'exprimer* » (p. 21).

Enfin, le récit est orienté également par l'intention de Des Grieux : s'il a une telle envie de raconter, est-ce pour le plaisir émouvant d'évoquer le souvenir de Manon ou pour se faire pardonner, voire

* Cf. Lexique.

pour se justifier, comme il l'énonce dès le début de façon un peu ambiguë : « *Je suis sûr qu'en me condamnant, vous ne pourrez pas vous empêcher de me plaindre* » (p. 18) ? Dans le cours du récit interviennent des appels à l'auditeur qui fonctionnent comme des justifications : « *Donnez-moi un amant qui n'entre point aveuglément dans tous les caprices d'une maîtresse adorée, et je conviendrai que j'eus tort de céder si facilement* » (p. 157). Même les jugements sévères qu'il porte sur lui au cours de la narration (p. 118 : « *Je dois le confesser à ma honte, je jouai, à Saint-Lazare, un personnage d'hypocrite* ») ne sont-ils pas une façon d'obtenir son pardon, selon l'adage « *Faute avouée à demi pardonnée* » ?

Ce qui rend ce roman si fascinant pour le lecteur, c'est justement cette incertitude sur le récit qui mêle sincérité et mauvaise foi et qui nous montre une conscience reconstruisant son passé, prise entre nostalgie, passion et remords, et tentant de se comprendre.

Le décalage temporel

Des Grieux raconte son histoire presque un an après la mort de Manon, alors qu'il a choisi de revenir à « *des idées dignes de* [sa] *naissance et de* [son] *éducation* » (p. 213) ; se mêlent donc la voix du jeune Des Grieux, amant passionné de Manon (le *je* narré), et celle du Des Grieux repenti, mais toujours plein du souvenir de son amante et du chagrin de sa mort (le *je* narrant). D'ailleurs, dans la conscience de Des Grieux, présent et passé semblent parfois se confondre, puisque son aventure avec Manon conditionne sa vie présente et future, au point qu'il « *renonce volontairement à la mener jamais plus heureuse* » (p. 211).

Pour donner vie et suspense à son récit, le narrateur fait revivre les événements tels qu'il les a ressentis et ne nous donne les éclaircissements qu'après coup : ainsi le complot de Manon avec G... M... ne nous est-il expliqué que par les propos de son père qui apprend la vérité à son fils ; de même pour l'enfermement de Manon à l'Hôpital (révélé par M. de B... à Des Grieux) ou la nouvelle de sa déportation annoncée par le concierge du Châtelet ; ainsi le lecteur épouse-t-il les inquiétudes et les interrogations du héros et sa stupéfaction horrifiée au moment de la révélation. Mais le narrateur joue aussi habilement avec le décalage temporel et le fait qu'il connaît déjà les conséquences des événements et des actes : en effet, il annonce souvent des malheurs à venir sans en dévoiler la teneur – ce qui pique la curiosité du lecteur : « *je n'eus pas le moindre soupçon du coup cruel qu'on se préparait à me porter* » (p. 39). Surtout, cette connaissance de l'avenir lui permet de prendre parfois de la distance par rapport au *je* narré et de révéler ainsi l'illusion ou la naïveté du personnage : « *j'avais la crédulité de m'imaginer qu'elle était encore plus à plaindre que moi* » (p. 43) ; « *j'étais la dupe de l'amour* » (p. 162) ; les pleurs de Manon avant la première trahison sont qualifiées par le narrateur de « *perfides larmes* » (p. 42), alors que le personnage ne connaît pas encore la duplicité de son amante... Sans doute encore une autre façon de passer pour une victime, plus facilement excusable...

Enfin, le décalage temporel fait ressortir la responsabilité du narrateur dans la conduite du récit, soit que celui-ci en souligne la logique rétrospective (p. 174 : « *Mais pour faire mieux entendre toutes les circonstances de notre ruine, il faut en éclaircir la cause* »), soit qu'il justifie certains choix (p. 115 : « *Vous verrez que ce n'est pas sans raison que je me suis étendu sur cette ridicule scène* »).

La voix de l'émotion

Le récit à la 1re personne, où le narrateur se confond avec le héros, permet de rendre compte au plus près des émotions ressenties et de susciter également, par empathie, celles du lecteur. Tout l'art du conteur consiste à faire renaître l'émotion vécue et à surmonter la distance du temps : « *je trouve encore de la douceur dans un souvenir qui me représente sa tendresse et les agréments de son esprit* » (p. 148). Ainsi le texte multiplie-t-il les exclamations pour faire ressentir la violence des affects : « *Terrible changement !* » (p. 38) ; « *Dieux ! quelle apparition surprenante !* » (p. 53). La narration laisse une très grande part au discours direct*, que ce soit dans des dialogues ou dans des monologues intérieurs qui semblent rendre compte, dans l'instant, des mouvements de la conscience ou du sentiment : « *Ô Dieux ! Dieux ! serait-il possible que Manon m'eût trahi et qu'elle eût cessé de m'aimer !* » (p. 46). Les gestes et attitudes souvent décrits amplifient et théâtralisent l'émotion, comme les « *ruisseaux de larmes* » lors de la troisième trahison de Manon, l'accès de rage violente contre G... M..., ou encore la prostration suicidaire à la mort de Manon : « *Je me couchai ensuite*

* *Cf.* Lexique.

sur la fosse, le visage tourné vers le sable ; et fermant les yeux, avec le dessein de ne les ouvrir jamais » (p. 212). Enfin, les nombreuses interrogations traduisent le désarroi du héros au moment de l'action mais aussi la difficulté du narrateur à comprendre sa propre intériorité : « *Par quelle fatalité, disais-je, suis-je devenu si criminel ?* » (p. 110).

Mais, à cause précisément du caractère exceptionnel de ses senti-ments, le narrateur se heurte aux limites de la parole, pour rendre compte d'« *une de ces situations uniques auxquelles on n'a rien éprouvé qui soit semblable* » (p. 96) ; à plusieurs reprises, c'est l'émotion même qui l'empêche de raconter davantage, en particu-lier la mort de Manon : « *Pardonnez, si j'achève en peu de mots un récit qui me tue* » (p. 210). Des Grieux met en évidence les insuffi-sances du langage pour traduire la force et la diversité des expé-riences affectives : « *Ah !*

les expressions ne ren-dent jamais qu'à demi les sentiments du cœur » (p. 195). L'excès de l'émo-tion et des réactions qu'elle suscite défie l'ex-pression car cet excès semble « *incroyable à ceux qui n'ont jamais senti de passions vio-lentes* » (p. 162). Mais finalement ces difficultés invoquées et ces silences revendiqués rendent le discours de l'émotion encore plus émouvant pour le lecteur !

**Louis XV
par Hyacinthe Rigaud (1730, détail).**

Un roman ancré dans son époque

Le roman de Prévost peut apparaître comme un parfait reflet de son époque : dans le premier tiers du XVIIIe siècle, marqué par le règne finissant de Louis XIV et la Régence, se manifestent en effet de nouvelles aspirations au bonheur, à la liberté du sentiment ou à l'épanouissement de la sensibilité, que l'on retrouve dans *Manon Lescaut*. Les grands débats politiques des Lumières, eux, se développeront un peu plus tard...

Une peinture impitoyable de la société

Bien que le roman se déroule en majeure partie pendant les dernières années de Louis XIV et ait été écrit au début du règne de Louis XV, il reflète plutôt la période intermédiaire de la Régence, théâtre de la jeunesse mouvementée de Prévost. Cette peinture de l'immoralité ambiante n'obéit pas, pour l'auteur, à un simple souci de réalisme, mais sert en quelque sorte d'alibi à la malhonnêteté des héros : les aspirations de Des Grieux à la vertu et à une vie honnête se heurtent à une réalité contraignante et à une société corruptrice, en une tension tragique.

Une société corrompue

La majeure partie du roman se déroule dans un univers urbain, dans un milieu un peu marginal où l'on voit des filles entretenues (Manon), des tricheurs professionnels (Lescaut et Des Grieux), des voleurs (le couple de domestiques) et des hommes prêts à tout pour de l'argent (les gardes que recrute le héros pour attaquer le convoi). Lescaut représente l'incarnation de ce monde marginal, « *sans principes d'honneur* » (p. 70), qui vit de façon totalement illicite et finit d'ailleurs lâchement assassiné pour une sordide escroquerie. Âme damnée de Des Grieux, il lui propose avec un total cynisme de devenir proxénète en vivant des charmes de Manon (p. 73 : « *Une fille comme elle devrait nous entretenir, vous, elle et moi* ») ou de se faire « gigolo » de « *quelque dame vieille et libérale* » (p. 74) ; c'est lui aussi qui parle à sa sœur de G... M..., « *vieux voluptueux, qui payait prodiguement les plaisirs* », et lui suggère tous les « *avantages à se mettre à sa solde* » (p. 95).

L'argent semble le moteur essentiel de cette société, comme le montre la mention obsédante des sommes d'argent dans le roman : Des Grieux en a sans cesse besoin, pour payer les transports (le carrosse de louage pour Manon), le logement, les domestiques, bref, le train de vie très dispendieux de Manon... Mais, surtout, il s'en sert constamment pour corrompre ou pour agir de façon illicite : il veut acheter les domestiques de son père ; il doit soudoyer les gardiens pour que Manon ait une vie décente en prison ou les gardes du convoi pour avoir le droit de lui parler, et payer les hommes de main pour l'attaque du convoi... Prévost donne ainsi l'impression que tout s'achète : la justice, l'amour, la liberté...

La tentation se révèle terrible surtout pour Manon qui n'y résiste jamais car ses richissimes amants lui offrent une vie princière avec bijoux, rente, hôtel richement meublé, domestiques. Cette vénalité débauchée ne semble gêner personne, surtout pas ceux qui la pratiquent et l'excusent, comme le vieux G... M... prétendant cyniquement « *qu'il était permis à la faiblesse des hommes de se procurer certains plaisirs que la nature exige, mais que la friponnerie et les artifices honteux méritaient d'être punis* » (p. 119). C'est d'ailleurs uniquement parce qu'elle refuse les termes du « contrat » et préfère « gruger » ses riches amants que Manon se retrouve emprisonnée, et non pour avoir vendu ses charmes.

Cet étalage effréné du luxe révèle l'ascension rapide des financiers de classe moyenne, comme M. de B... et G... M... que Des Grieux père et fils regardent avec mépris du haut de leur aristocratie – voir la remarque ironique* du père Des Grieux à l'égard de M. de B... : « *C'est bien d'un homme tel que lui, de qui d'ailleurs je ne suis pas connu, qu'il faut attendre des sentiments si nobles* » (p. 45) –, mais avec lesquels ils doivent compter. C'est finalement ce luxe corrupteur qui contribue à la déchéance morale des héros.

Car l'immoralité a gagné toutes les classes de la société, et Des Grieux s'en sert souvent comme d'une justification de sa propre conduite face aux tenants de la morale que sont Tiberge et son père : ainsi a-t-il beau jeu de mentionner pour sa défense « *qu'une maîtresse ne passe point pour une infamie dans le siècle où nous sommes, non plus qu'un peu d'adresse à s'attirer la fortune du*

* *Cf.* Lexique.

jeu » (p. 184), et de citer « *des exemples célèbres* » de ducs, princes ou marquis qui entretiennent des maisons de jeu...

La loi des pères

Face aux aspirations illusoires des jeunes amants, la société s'incarne dans les personnages de pères, qui représentent à la fois l'autorité coercitive et le pouvoir de l'argent, mais offrent une image bien dégradée de leur fonction. M. Des Grieux figure l'aristocrate du siècle de Louis XIV, s'exprimant comme un héros de Corneille ou le vieux Don Louis, père du Don Juan de Molière (p. 190 : « *j'aime mieux te voir sans vie que sans sagesse et sans honneur* ») ; s'il sait se montrer indulgent, tendre et compréhensif avec son fils, son code de l'honneur aliénant et rigide, qui refuse catégoriquement toute mésalliance avec Manon, l'amène à renier son fils – ce qui causera probablement sa mort. Cet échec du personnage montre que les valeurs nobiliaires de lignée et d'honneur se sont totalement dégradées et n'ont plus de poids face à la montée d'une classe nouvelle de gens rendus puissants par leur argent ; il est significatif que M. Des Grieux soit d'ailleurs obligé à deux reprises de collaborer avec ces nouveaux riches qu'il méprise, lors de l'enlèvement de son fils dénoncé par M. de B... et pour la déportation de Manon décidée avec le vieux G... M...

Quant à ces personnages incarnant la classe et les valeurs montantes, ils montrent dans le roman une image totalement dégradée du père : vieillards libidineux, dont on moque à plusieurs reprises « *l'incontinence* », et quasiment incestueux pour G... M..., qui convoite la même maîtresse que son fils, ils sont à la fois grotesques et dangereux ; le vieux G... M... est le héros d'une scène de comédie que jouent à ses dépens les deux jeunes amants et se fera « plumer » par Manon, mais il saura se venger cruellement (et d'ailleurs récupérer symboliquement ses bijoux), et ni la violence de Des Grieux, qui manque de l'étrangler à Saint-Lazare, ni ses rodomontades d'aristocrate (p. 176 : « *Apprends que je suis d'un sang plus noble et plus pur que le tien* ») n'y pourront rien – c'est le pouvoir dégradant de l'argent qui fait désormais la loi et semble autoriser injustice et immoralité.

Toutes ces figures paternelles – auxquelles on peut ajouter le Gouverneur de la Louisiane – représentent une sorte de principe de réalité, un ordre coercitif et tout-puissant puisqu'il peut enfermer, emprisonner ou déporter de manière totalement arbitraire. Appuyé sur la force de l'État (le Lieutenant général de Police) et sur l'argent, il supprime tous ceux qui ne rentrent pas dans ses cadres, que ce soit le fils qui ne suit pas le code de la lignée familiale ou la fille entretenue qui ne respecte pas le « marché » conclu avec son riche amant. Cette loi extérieure joue, dans le roman, le rôle de la Fatalité en contrecarrant sans cesse l'amour des deux héros ; c'est parce que Des Grieux la refuse au nom de la loi de l'amour qu'il se retrouve emporté dans une spirale de transgressions qui le conduisent à la délinquance.

Une société de classes

Prévost fait apparaître dans son roman, même si ce n'est peut-être pas délibéré, une société fortement ancrée dans la hiérarchie d'Ancien Régime. Même si l'aristocratie voit son pouvoir nettement concurrencé par celui de l'argent, Des Grieux conserve toujours une certaine morgue qui lui fait regarder avec mépris ceux qui ne sont pas de sa classe, comme le vieux G... M..., le portier de Saint-Lazare, qui n'est qu'un « *coquin* » que l'on tue sans remords, ou encore le domestique Marcel, « *simple et grossier* » (p. 177)...

Certains critiques ont proposé du roman une lecture sociale qui fait ressortir la fracture entre Des Grieux, « *né quelque chose* », et Manon, roturière et sans soutien. Son rang permet à Des Grieux d'être traité avec certains égards à Saint-Lazare ou au Châtelet – ce qui est loin d'être le cas de Manon, « *condamnée à remplir tous les jours une certaine tâche de travail, comme une condition nécessaire pour obtenir quelque dégoûtante nourriture* » (p. 116). Alors que Des Grieux, tricheur, fuyard et meurtrier, se voit toujours protégé et libéré par son père, Manon et son frère payent le prix fort pour leurs transgressions. Mais la mort de Lescaut ne semble provoquer aucune réaction de quiconque, de même que celle du portier, immédiatement étouffée – ce qui est le reflet de leur « nullité » sociale. Si Des Grieux s'élève contre la loi des pères, il se trouve toutefois « protégé » par eux, au nom de sa caste, et sait profiter de ces privilèges : ainsi se comporte-t-il en enfant (avec larmes, etc.) face au Lieutenant général, pour que celui-ci le traite avec indulgence « *en faveur de sa naissance et de sa jeunesse* » (p. 181). D'ailleurs, la coalition des deux pères à la fin n'a d'autre but que de conserver le clivage entre le fils de famille et la fille de rien : « *ils demandèrent deux grâces : l'une, de me faire sortir sur-le-champ du Châtelet, l'autre, d'enfermer Manon pour le reste de ses jours* » (p. 185). C'est pourquoi, après la disparition de Manon, il récupère son statut et retrouve son frère et l'ensemble des liens familiaux chez « *un gentilhomme de ses parents* » (p. 214).

Au contraire, Manon n'a aucun soutien social ni familial ; ses parents veulent la cloîtrer et son frère la prostituer ; pour une femme de son milieu, la marge de manœuvre entre le couvent et la prostitution sous toutes ses formes est étroite : si elle veut mener une vie indépendante et luxueuse, elle doit prendre des risques, que Des Grieux ne peut comprendre. Tant qu'elle reste dans son rôle de « femme entretenue » et se plie aux lois du « marché », elle ne sera pas inquiétée ; c'est ainsi que sa conduite avec M. de B... peut s'interpréter non comme une « trahison » envers Des Grieux, mais comme le choix de vivre en femme entretenue, et donc de « rendre » le jeune noble à sa famille et à l'autorité de son père et de son frère. Et c'est justement lorsqu'elle veut sortir de sa caste et de son rôle en épousant Des Grieux qu'elle se voit cruellement châtiée. Manon, en quelque sorte, se bat contre un monde qui veut la posséder sans la reconnaître : elle ne peut que disparaître, être niée (Renoncour ne s'étonne pas de son absence à Calais...), pour que la société reprenne ses droits et le jeune aristocrate son rang...

Un roman libertin ?

Le terme *libertin* peut avoir différents sens : il désigne ceux qui s'affranchissent des règles sociales et morales pour mener une vie de plaisirs et de débauche, ou, dans un sens plus fort, ceux qui revendiquent une liberté d'esprit et s'en prennent ainsi à la religion et à ses dogmes (comme Don Juan, par exemple), ou ceux qui érigent la perversion en système de pouvoir sur les autres (comme le feront, quelques décennies plus tard, Merteuil et Valmont dans *Les Liaisons dangereuses* de Laclos). Nous verrons que, si *Manon Lescaut* rejoint par certains côtés la mode contemporaine des romans galants, comme ceux de Crébillon fils, le libertinage qui y est évoqué a ses limites.

« *De fieffés libertins* » ?

C'est ainsi que G... M... traite nos deux amants, et il est vrai qu'ils s'affranchissent de nombreuses lois sociales ou religieuses : le roman s'ouvre sur une première transgression, quand Des Grieux enlève Manon destinée au couvent ; lui-même deviendra séminariste défroqué en s'enfuyant de Saint-Sulpice et se soustraira à l'autorité de son père, bafouant ainsi les deux principales autorités qui fondent la société de l'époque. « *Fraud*[ant] *les droits de l'Église* » (p. 38), les deux amants mènent une vie de plaisirs et d'argent facile, s'amusant avec insouciance à inventer des stratagèmes pour berner G... M..., le Prince italien ou le jeune G... M..., sans penser aux conséquences... Tous deux rejettent en s'en moquant la « *harangue apostolique* » de Tiberge, et Des Grieux développe même face à lui une sorte de cynisme cautionné par l'immoralisme ambiant : « *je l'exhortais à n'être pas plus scrupuleux qu'un grand nombre d'évêques et d'autres prêtres, qui savent accorder fort bien une maîtresse avec un bénéfice* » (p. 93). Le héros en vient même à développer une justification fort peu morale de la friponnerie, selon laquelle la Providence elle-même aurait veillé à la stupidité des riches et des grands, afin que ce soit un « *fond excellent de revenu pour les petits* » (p. 73) !

On comprend donc que le roman, qui montrait la morale ou les préceptes de l'Église mis à mal face à la passion, ait alors pu déclencher les foudres de moralistes austères et être jugé immoral par la majorité des contemporains. Mais l'ambiguïté tient à la complaisance et la sympathie que le lecteur éprouve pour ces deux jeunes amants charmants mais sans beaucoup de scrupules : il profite avec eux du « *plaisir d'une scène agréable* » (p. 113) aux dépens du vieux G... M..., rit de leurs stratagèmes, et s'émeut de leurs dangers et de leurs malheurs – et comment plaindre leurs victimes, ces vieillards vicieux et cruels qui profitent honteusement de leur argent et se croient tout permis ?

Les limites du libertinage

Cependant, on peut se demander s'il s'agit vraiment de libertinage dans ce roman : Des Grieux se défend clairement d'être un « *de ces libertins outrés, qui font gloire d'ajouter l'irréligion à la dépravation des mœurs* » (p. 203) ; il n'y a aucune provocation religieuse dans la conduite des deux héros, mais plutôt une dimension ludique qui s'explique par leur jeunesse. Comme le souligne Des Grieux, « *la débauche n'avait nulle part à* [sa] *conduite* » et ses aspirations sont bien loin de tout système libertin de conquête féminine et de recherche effrénée du plaisir : « *Il est sûr que du naturel tendre et constant dont je suis, j'étais heureux pour toute ma vie, si Manon m'eût été fidèle* » (p. 38).

D'ailleurs, l'érotisme du roman paraît, à nos yeux, bien sage ! Si l'on voit à plusieurs reprises Des Grieux en petite tenue au saut du lit ou si la scène où Manon coiffe Des Grieux en le regardant « *avec une curiosité avide* » (p. 151) dévoile une évidente sensualité, Prévost cultive l'art de la suggestion sans jamais verser dans la grivoiserie. Le désir et le plaisir amoureux sont clairement évoqués, mais seulement par des tournures euphémiques* propres à cette époque, comme les « *transports* » ou « *l'ivresse* »...

Le libertinage apparaît donc comme un accident dans la vie des héros, sans qu'il corresponde à aucune motivation profonde, car, du fond de leur être, ils restent attachés à la vertu. Le narrateur s'attache à montrer que leur vie déréglée n'est pas la conséquence d'un choix, mais une sorte d'obligation pour sauvegarder leur amour ; c'est au nom d'une morale du sentiment qu'il en est venu à rejeter les lois morales et sociales qui l'empêchaient de vivre sa passion. Finalement, les deux amants se montrent accessibles aux remords et prompts au repentir, et, en Louisiane, ils éprouvent rapidement le désir de consacrer leur amour par le mariage – conduite aux antipodes du libertinage !

Un roman moral ?

Les romans de cette époque affichent fréquemment un but moral, pour se défendre de l'accusation de corruption des mœurs qui entache le genre. L'« Avis de l'auteur » (le terme invite d'ailleurs à confondre la voix de l'auteur fictif, Renoncour, avec celle de Prévost) insiste clairement sur cet enjeu du texte.

« Un traité de morale, réduit agréablement en exercice » (p. 11)

Renoncour affiche clairement son intention de « *servir à l'instruction des mœurs* » et « *d'instruire* [le lecteur] *en l'amusant* » (p. 10) ;

* *Cf.* Lexique.

pour lui, le récit possède le grand atout de présenter la morale « *en exercice* », sous forme de cas pratiques en quelque sorte, comme celui de Des Grieux montrant « *un exemple terrible de la force des passions* » (p. 9). C'est donc l'occasion pour le lecteur d'exercer son discernement et son jugement, puisque « *chaque aventure est un modèle d'après lequel on peut se former* » ; on peut remarquer d'ailleurs que Renoncour laisse le lecteur absolument libre de son opinion, puisqu'il ne reprend pas la parole après le récit de Des Grieux. En effet, Renoncour est un sage plein d'expérience, qui se méfie de tout dogmatisme en matière de morale car il connaît la « *bizarrerie du cœur humain, qui lui fait goûter des idées de bien et de perfection, dont il s'éloigne dans la pratique* » (p. 10) ; il sait donc l'inutilité d'une leçon de morale univoque et abstraite et préfère confronter la réflexion du lecteur à du concret.

L'histoire offre d'ailleurs souvent des débats moraux, voire théologiques, sur la question de la passion, du bonheur ou de la vertu, entre Des Grieux et son père, ou le Supérieur de Saint-Lazare, ou surtout Tiberge : différentes voix et conceptions se font entendre, et, même si elles sont présentées à travers le prisme déformant de la parole de Des Grieux, elles peuvent susciter la réflexion du lecteur. On peut penser que c'est la fonction essentielle du personnage de Tiberge, double vertueux de Des Grieux, incarnation de ce qu'il serait sans doute devenu sans la rencontre de Manon, et voix de sa conscience : sans cesse présent pour tenir le discours de la vertu et de la religion face aux errances de Des Grieux, il lui propose une autre voie, qui n'est pas sans provoquer d'ailleurs une certaine nostalgie chez le héros : « *je jetai les yeux en soupirant vers Amiens, vers la maison de mon père, vers Saint-Sulpice et vers tous les lieux où j'avais vécu dans l'innocence* » (p. 110).

Enfin, le héros lui-même donne à son récit la dimension d'une sorte de confession et en appelle d'emblée au jugement moral de ses auditeurs et donc du lecteur : « *Je veux vous apprendre, non seulement mes malheurs et mes peines, mais encore mes désordres et mes plus honteuses faiblesses. Je suis sûr qu'en me condamnant, vous ne pourrez pas vous empêcher de me plaindre* » (p. 18).

Interrogations religieuses

La personnalité complexe de Prévost, écartelé entre sa vie monastique et sa carrière d'abbé-auteur mondain aux multiples aventures amoureuses, se retrouve dans son roman où se mêlent libertinage et interrogations religieuses... Cette dimension religieuse est sensible à travers les personnages de Tiberge et du Père lazariste, la nostalgie de la vertu sans cesse exprimée par le héros ou encore les mentions répétées du Ciel ou de la Providence. Celle-ci guide la trajectoire de Des Grieux, qui, après les errements de la concupiscence et de la passion auxquels met fin la mort de Manon, peut revenir à la vertu incarnée par Tiberge. On peut donc voir *Manon Lescaut* sous l'angle de la rédemption du héros qui va finalement accomplir son salut et devient un nouveau « fils prodigue », revenant vers sa famille après avoir touché le fond du désespoir et de la misère dans une vie dissolue... C'est d'ailleurs l'interprétation que donne le narrateur lui-même, en usant d'un vocabulaire chrétien : « *Mais le Ciel, après m'avoir puni avec tant de rigueur, avait dessein de me rendre utiles mes malheurs et ses châtiments. Il m'éclaira de ses lumières, qui me firent rappeler des idées dignes de ma naissance et de mon éducation* » (p. 213) ; l'évanouissement de Des Grieux sur la tombe de Manon et sa longue maladie peuvent se comprendre comme une sorte de mort à sa passion, après laquelle il renaît à une « *vie sage et réglée* », aux côtés de Tiberge.

Le roman se fait l'écho de débats théologiques, souvent habilement utilisés par Des Grieux pour sa propre justification ; ainsi Tiberge traite-t-il son ami de « *janséniste** » quand celui-ci invoque avec complaisance « [sa] *misère et* [sa] *faiblesse* » pour expliquer son incapacité à résister à la passion ; selon la doctrine janséniste, en effet, la volonté de l'homme est impuissante contre les passions ou les péchés sans le secours de Dieu et de Sa grâce. Le roman nous présente une vision pessimiste de l'Homme emporté par ses passions et se sentant coupable, sans jamais trouver le bonheur terrestre, qui peut se rapprocher du jansénisme*. Mais Des Grieux se disculpe bien vite de l'abdication de sa volonté, sans chercher la rigueur morale et la lucidité qu'exigeaient ces mêmes jansénistes, et prône une conception du bonheur amoureux bien éloignée de leur austérité... Au contraire, sa mauvaise foi latente s'accorde bien avec la morale de l'intention, prônée par les jésuites*, ces adversaires des jansénistes qui proposaient une vision plus optimiste et plus indulgente de l'Homme et montraient qu'il devait être jugé non sur ses actes, mais sur ses intentions. Pour Prévost, il faut juger les gens sur

* *Cf.* Lexique.

ce qu'ils sont – et tous le montrent, Renoncour comme le Supérieur de Saint-Sulpice – et non sur ce qu'ils font.

La question du bonheur

Le XVIIIe siècle voit l'épanouissement de l'individu qui se libère peu à peu des cadres sociaux contraignants de la caste ou de la religion et aspire à des choix de vie personnels. Dans *Manon Lescaut*, la question du bonheur se pose dès l'« Avis de l'auteur » où Renoncour s'interroge à propos « *des moyens d'arriver au bonheur, des faiblesses de la nature qui nous en éloignent, et des remèdes qui peuvent les guérir* » (p. 10).

Le jeune Des Grieux qui ouvre le récit est encore totalement dépendant de ces cadres familiaux et institutionnels (l'école, l'Église) ; pour lui qui mène « *une vie si sage et si réglée* » (p. 18), la rencontre avec Manon va dévoiler des horizons insoupçonnés et ouvrir son cœur « *à mille sentiments de plaisir* » (p. 22).

Désormais pour lui, l'amour pour Manon est indissociable de son bonheur, qu'il veut vivre ici et maintenant, comme le montre cette phrase où il reprend le ton du *carpe diem* antique aux dépens de l'idéologie chrétienne qui faisait souvent de la vie terrestre une « *vallée de larmes* » : « *Dieux ! pourquoi nommer le monde un lieu de misères, puisqu'on y peut goûter de si charmantes délices !* » (p. 94). Face à Tiberge, prônant une vie fondée sur la vertu et espérant les félicités éternelles de l'Au-delà, Des Grieux vante le seul bonheur terrestre : « *De la manière dont nous sommes faits, il est certain que notre félicité consiste dans le plaisir ; je défie qu'on s'en forme une autre idée ; or le cœur n'a pas besoin de se consulter longtemps pour sentir que, de tous les plaisirs, les plus doux sont ceux de l'amour* » (p. 126). Il se révolte contre le déni des passions et la morale du renoncement qui ont animé tout le XVIIe siècle ; au contraire, pour lui, seul l'amour donne la force de renoncer aux fausses valeurs du rang ou de la richesse : « *Vivre en Europe, vivre en Amérique, que m'importait-il en quel endroit vivre, si j'étais sûr d'y être heureux en y vivant avec ma maîtresse ? Tout l'univers n'est-il pas la patrie de deux amants fidèles ? Ne trouvent-ils pas l'un dans l'autre, père, mère, parents, amis, richesses et félicité ?* » (p. 197).

Cette aspiration au bonheur de l'amour est bien éloignée de toute tentation de débauche libertine, puisqu'elle se conjugue avec le goût d'une vie calme et retirée qui parcourt toute l'œuvre – et que

Prévost réalisera vers la fin de sa vie en s'installant à Chaillot. Des Grieux ne recherche pas pour eux-mêmes le luxe, les plaisirs ou les dangers d'une vie marginale, mais se verrait au contraire comblé par une existence calme et retirée, pourvu qu'il soit avec Manon (p. 50). Ce rêve d'un bonheur simple rejoint celui de Renoncour dans l'« Avis » et s'inspire des conceptions de l'épicurisme* antique, empreint de sagesse et de détachement. Il rejette et condamne l'agitation de la grande ville nécessairement corruptrice, et aspire à conjuguer bonheur et vertu. La Louisiane réactive ce rêve, mais en l'épurant encore de tout superflu : isolés du monde par un océan, les amants mènent une vie fondée sur la vertu et l'amour conjugal et transforment leur « *misérable cabane* » (p. 201) en un « *lieu de délices* » (p. 203). Cependant, la loi coercitive et arbitraire de l'État ainsi que le passé de Manon et l'attrait qu'elle exerce sur les hommes jouent le rôle d'une fatalité cruelle et brisent violemment toute possibilité de bonheur pour les amants.

Une fin morale ?

Le lecteur peut avoir l'impression que les amants sont sévèrement punis à chaque transgression par les instances de la société, et même de façon excessive pour Manon, qui paie le fait d'être d'une classe inférieure. Mais ces châtiments sociaux ne semblent pas porter leurs fruits, puisque Des Grieux, voulant à chaque fois recouvrer sa liberté et celle de Manon, est au contraire contraint à l'hypocrisie (à Saint-Lazare) et s'enfonce dans la délinquance en devenant meurtrier ou hors-la-loi. Les codes issus de la société apparaissent donc purement coercitifs, excessifs et injustes, et sans aucune valeur morale pour l'individu.

En revanche, après la déportation, Manon semble vivre une véritable repentance, manifestée en particulier par ses larmes abondantes (lors des retrouvailles avec Des Grieux dans le convoi, à l'arrivée en Louisiane, etc.). Elle exprime à plusieurs reprises les remords de sa conduite passée (p. 202 : « *J'ai été légère et volage* ») et se juge « *indigne* » de l'amour de Des Grieux et même du mariage. Elle souligne sa conversion (p. 202 : « *Mais vous ne sauriez croire combien je suis changée* ») qui la fait passer du luxe à la pauvreté, des divertissements parisiens à la solitude d'une pauvre colonie, des multiples amants à la fidélité conjugale, du goût de la séduction à la fuite devant le désir de Synnelet.

* *Cf.* Lexique.

Mais plutôt que la vertu, ce sont l'amour et la conscience du dévouement de Des Grieux par passion pour elle qui régénèrent Manon : le « *vif ressentiment de l'étrange extrémité où je m'étais réduit pour elle, la rendait si tendre et si passionnée* » (p. 199). Les deux amants semblent atteindre alors un amour parfait dans l'égalité et la réciprocité, comme le dit Manon à Des Grieux : « *s'il n'y eut jamais d'amour tel que le vôtre, il est impossible aussi d'être aimé plus tendrement que vous l'êtes* » (p. 202).

En apparaissant donc comme une punition à contretemps, la fin du roman laisse un goût amer, comme le souligne la révolte du narrateur lui-même : « *se trouvera-t-il quelqu'un qui accuse mes plaintes d'injustice, si je gémis de la rigueur du Ciel à rejeter un dessein que je n'avais formé que pour lui plaire ?* » (p. 204). Prévost semble bien suggérer que ce ne sont pas les errements loin de la vertu qui sont punis, puisque Manon meurt au moment même où elle vit selon les lois les plus strictes de la morale, victime d'un pouvoir injuste et totalement innocente (pour une fois !) du désir qu'elle a provoqué. Paradoxalement, ce sont même sa fidélité à Des Grieux et sa volonté de le suivre jusqu'au bout qui la font périr. Dans une perspective finalement très pessimiste, l'auteur montre que l'absolu de leur amour se heurte inexorablement aux limites de la réalité et des codes sociaux.

De même, la lecture morale de la trajectoire de Des Grieux, que l'on a vue plus haut, demanderait à être nuancée ; en effet, l'issue de son histoire se présente comme un strict retour au début, comme si tout l'épisode avec Manon se trouvait effacé : Des Grieux reprend le chemin conforme à sa classe sociale et au code familial, se réfugie auprès de son frère et retrouve dans les dernières lignes la « *vie sage et réglée* » (p. 18) qu'il évoquait au tout début du récit. Mais, là aussi, quelle amertume dans ce retour à la norme morale et sociale, qui se fait par l'abandon de toute forme de bonheur dans une existence « *languissante et misérable* » que le héros « *renonce volontairement à […] mener jamais plus heureuse* » (p. 211).

Manon Lescaut, loin de n'être qu'un roman léger et galant, soulève donc des problèmes sociaux et moraux qui trouveront bien des échos dans la suite du siècle et ouvre des perspectives d'interprétation qui ne sont toujours pas closes presque 300 ans plus tard…

Le roman et ses personnages

Des Grieux : un personnage divisé

Entre noblesse et ignominie

Le héros pourrait être celui d'une tragédie : ce jeune noble, doué de « *toutes les qualités dont se forme le plus brillant mérite* » (p. 10), se prépare à une vie digne de son rang et de ses aspirations morales en choisissant l'ordre de Malte. Tous les personnages sont sensibles à son air extérieur qui révèle « *une personne qui a de la naissance et de l'éducation* », et ceux qui le connaissent mieux, comme son père, Tiberge ou le Supérieur de Saint-Lazare, lui reconnaissent « *un excellent fond de caractère* » (p. 118). Le héros lui-même possède des scrupules propres à sa classe sociale et conserve des « *principes d'honneur* » (p. 47) qui lui font ressentir avec force, quand il arrive à Saint-Lazare, l'« *humiliation qui allait* [le] *rendre la fable de toutes les personnes de* [sa] *connaissance, et la honte de* [sa] *famille* » (p. 117). Il est capable par ailleurs d'un grand courage et se montre prêt à braver la mort l'épée à la main pour délivrer Manon de sa charrette de déportées.

Mais Prévost fait naître le tragique en confrontant ce héros à une réalité cruelle et parfois sordide où ces valeurs ne peuvent plus s'incarner – ce qui provoque chez lui « *un contraste perpétuel de bons sentiments et d'actions mauvaises* » (p. 10). L'objet de sa passion d'abord n'est pas de son rang : cette différence sociale déclenche l'hostilité de son père qui ne pourra admettre « *les désordres d'un fils vicieux, qui a perdu tous sentiments d'honneur* » (p. 182). La vie avec Manon l'entraîne dans un milieu de « *coquins* », incarné par Lescaut, « *homme brutal, et sans principes d'honneur* » (p. 70), qui apparaît comme le contraire de Des Grieux, mais que celui-ci va devoir suivre...

Le plus douloureux pour Des Grieux, c'est que Manon elle-même semble indigne de la noblesse de son amour et qu'il ressent cruellement sa « *grossièreté de sentiments* » (p. 97), laquelle répond si mal à sa « *délicatesse* ». Cette même discordance se retrouve dans le fait que sa passion absolue et désintéressée se voit sans cesse confrontée aux nécessités matérielles et dégradantes qui vont le conduire aux actions les plus ignobles : « *L'amour est plus fort que l'abondance, plus fort que les trésors et les richesses, mais il a besoin de leur secours ; et rien n'est plus désespérant, pour un amant délicat, que de se voir ramené par là, malgré lui, à la grossièreté des âmes les plus basses* » (p. 139). Prévost nous montre plusieurs fois le personnage dans une situation avilissante – comme le moment où il est surpris en chemise dans le lit du jeune G... M... –, alors qu'il se targue de sa noblesse d'une façon totalement intempestive, voire ridicule... Et ses scrupules à l'idée d'aller demander de l'argent à M. T... (p. 141 : « *Il n'y a qu'une âme lâche qui en soit capable, par une bassesse qui l'empêche d'en sentir l'indignité* ») paraissent de bien mauvaise foi, puisqu'il va s'empresser de le faire auprès de Tiberge !

Toute la souffrance du personnage, mais aussi sa grandeur viennent de ce hiatus tragique et injuste à ses yeux entre sa noblesse naturelle (et celle que Manon va finir par révéler) et les circonstances extérieures qui provoquent la déchéance des deux amants : « *Pour-quoi ne sommes-nous pas nés l'un et l'autre avec des qualités conformes à notre misère ? Nous avons reçu de l'esprit, du goût, des sentiments. Hélas ! quel triste usage en faisons-nous, tandis que tant d'âmes basses et dignes de notre sort jouissent de toutes les faveurs de la fortune !* » (p. 179).

L'épisode américain montrera un certain rétablissement de l'équi-libre, puisque les héros peuvent enfin vivre leur amour dans l'honnêteté, après avoir renoncé à toutes prétentions de rang ou de luxe. Le symbole de cette unité retrouvée est sans doute le duel avec Synnelet : alors qu'on a vu le héros montrer son courage à l'occasion de combats infâmes, comme l'évasion de Saint-Lazare ou le coup de main contre le convoi des déportées, ce duel loyal contre Synnelet lui donne l'occasion de prouver qu'« *un sang généreux ne se dément jamais* » (p. 207).

Entre aveuglement et lucidité

Renoncour souligne dès l'« Avis de l'auteur » que le récit constituera « *un exemple terrible de la force des passions* » (p. 9), thème racinien par excellence. En effet, la peinture de la passion prend parfois des teintes jansénistes* qui la montrent comme une force aliénante et dégradante, « *une source de misères et de désordres* »

* *Cf.* Lexique.

(p. 110) face à laquelle l'être humain perd son libre arbitre ; le héros se sent « *emporté tout d'un coup loin de son devoir, sans se trouver capable de la moindre résistance et sans ressentir le moindre remords* » (p. 52), et déplore « *l'aveuglement d'un amour fatal, qui* [lui] *faisait violer tous les devoirs* » (p. 78). La forme rétrospective du roman permet au narrateur de rendre encore plus sensible le mouvement fatal vers « *le précipice où* [s]*es passions* [l]*'ont entraîné* » (p. 19).

Cependant, si le héros semble par moments perdre tout jugement moral et pactiser bien facilement avec sa conscience, comme lors du meurtre du gardien de Saint-Lazare, il n'a rien d'un cynique qui professerait un amoralisme absolu : le héros souffre de la conscience de sa responsabilité et de sa honte, comme le souligne d'emblée Renoncour voyant en Des Grieux « *un jeune aveugle, qui refuse d'être heureux, pour se précipiter volontairement dans les dernières infortunes ;* [...] *qui prévoit ses malheurs, sans vouloir les éviter* » (p. 10).

Des Grieux lui-même se présente à son père comme « *asservi fatalement à une passion* [qu'il] *ne pouvai*[t] *vaincre, et combattu par des remords* [qu'il] *ne devai*[t] *point étouffer* » (p. 204) – phrase qui souligne bien le piège tragique emprisonnant le personnage entre l'impuissance et la culpabilité.

Le narrateur, en effet, dénonce souvent son aveuglement sur la fidélité de Manon et sa « *téméraire confiance* » (p. 160) quant à l'impunité et la sécurité des deux amants, en utilisant fréquemment les verbes *croire* et *s'imaginer* ; mais il montre aussi comment il est mû par la seule volonté de conserver Manon, tout en s'inquiétant des conséquences de ses décisions (p. 173 : « *Je cédai à ses instances, malgré les mouvements secrets de mon cœur, qui semblaient me présager une catastrophe malheureuse* »). La conscience du héros est constamment déchirée dans une « *alternative perpétuelle de haine et d'amour, d'espérance ou de désespoir, selon l'idée sous laquelle Manon s'offrait à* [son] *esprit* » (p. 48), ou entre le mépris pour « *la plus volage et la plus perfide de toutes les créatures* » (p. 47) et l'amour qui subsiste toujours au fond de son cœur. Sa passion en fait donc un personnage à la fois lucide et dominé, comme les grands héros raciniens.

Des Grieux : entre sincérité et mauvaise foi

Le récit à la 1re personne donne encore plus de complexité et de profondeur au héros : en effet, celui-ci raconte sa propre histoire et ne peut donc s'empêcher de la transformer en plaidoyer et d'y dégager justifications ou excuses... Le lecteur, n'ayant pas d'autre perspective que celle de Des Grieux, puisque Renoncour n'intervient pas dans la narration (à une exception près), est donc souvent amené à s'interroger sur la sincérité du héros-narrateur et sur le degré de manipulation de son récit...

Les justifications de Des Grieux

Le narrateur insiste fréquemment sur la jeunesse des deux amants et leur légèreté inconsciente pour excuser leurs actes. Le terme « *enfants* » est utilisé plusieurs fois, et même par leur ennemi juré, G... M..., qui l'emploie avec ironie* bien sûr mais minimise tout de même leur conduite : « *Les pauvres enfants ! Ils sont bien aimables en effet l'un et l'autre ; mais ils sont un peu fripons* » (p. 178). Le Lieutenant général de Police, organe de la loi, voit dans le cas de Des Grieux « *plus d'imprudence et de légèreté que de malice* » (p. 181). Le narrateur a bien soin de noter l'humeur « *folâtre* » de Manon qui fait de ses friponneries des farces enfantines sans conséquence !

Des Grieux a une propension un peu facile à rejeter la responsabilité de ses actes sur autrui ; ainsi le meurtre du gardien de Saint-Lazare est-il imputé tout d'abord à l'obstination du Supérieur (p. 130 : « *Voilà de quoi vous êtes cause, mon Père, dis-je assez fièrement à mon guide* »), puis à Lescaut, puisque le héros avait bien pris soin de lui demander un pistolet sans balle (p. 130 : « *C'est votre faute, lui dis-je ; pourquoi me l'apportiez-vous chargé ?* »). La corruption de Des Grieux semble bien excusée par l'immoralité sociale ambiante, et il a beau jeu d'invoquer « *des exemples célèbres, pour en diminuer la honte* » (p. 184) : ces grands noms endurcis dans le vice font paraître bien pâles les friponneries d'un tout jeune homme ! La fatalité, ressort essentiel d'une œuvre tragique, est souvent invoquée par Des Grieux, sous des formes diverses et parfois ambi-

* *Cf. Lexique.*

guës, pour expliquer les malheurs qui l'accablent ou les actes qu'il commet. On la retrouve ainsi dans l'interrogation aux accents très raciniens « *Par quelle fatalité, disais-je, suis-je devenu si criminel ?* » (p. 110) ou dans la conception pessimiste de la passion vue comme « *un de ces coups particuliers du destin, qui s'attache à la ruine d'un misérable, et dont il est aussi impossible à la vertu de se défendre, qu'il l'a été à la sagesse de les prévoir* » (p. 77). Le héros utilise aussi la notion astrologique de « prédestination » en attribuant à « *l'ascendant de* [sa] *destinée* » (p. 20) sa première rencontre avec Manon ou la violence de la passion qui l'emporte. Il a recours à l'allégorie antique de la Fortune pour évoquer les vicissitudes, les aléas du sort : « *La Fortune ne me délivra d'un précipice que pour me faire tomber dans un autre* » (p. 113).

Toutes ces instances surnaturelles empruntées aux mythologies païennes – de même que le « *mauvais génie* » qui « *travaill*[e] à [le] *perdre* » (p. 174) – font du héros-narrateur la victime de forces qui le dépassent et lui permettent plus ou moins consciemment de dégager sa responsabilité, voire d'obtenir le pardon pour ses actions viles ou criminelles. Des Grieux semble voir, en effet, la fatalité partout : les catastrophes (incendie, vol) qui tombent sur les amants comme pour les empêcher de vivre honnêtement ; la société corrompue qui tente et perd Manon ; Lescaut, conseiller diabolique qui pousse les deux amants dans la voie de la délinquance ; ou le caractère même de Manon dont celle-ci n'est pas responsable et qui, aux yeux de Des Grieux, enclenche un mécanisme fatal (p. 70 : « *Manon était passionnée pour le plaisir. Je l'étais pour elle* »).

Mais il invoque aussi à maintes reprises le Ciel (ou la Providence), notion chrétienne qu'il semble utiliser parfois avec une certaine désinvolture, notamment quand il attribue à « *la protection du Ciel* » le fait d'avoir pensé à emprunter de l'argent à Tiberge ! Cette instance divine lui procure une autre manière de se disculper : en évoquant la « colère » ou la « rigueur » du Ciel, il transforme sa vie de désordres en une trajectoire voulue par Dieu où les revers de fortune et les malheurs sont autant de châtiments préparant la rédemption finale ; sa passion pour Manon prend donc pour le narrateur un sens *a posteriori* quand il observe « *la manière dont la Providence enchaîne les événements* » (p. 138). La malheureuse Manon devient finalement à la fois la victime et l'instrument de la

conversion du héros, lui-même étant puni avant de se racheter :
« *Mais le Ciel, après m'avoir puni avec tant de rigueur, avait dessein de me rendre utiles mes malheurs et ses châtiments* » (p. 213). Ainsi, l'invocation récurrente à la Fatalité ou au Ciel donne une nouvelle envergure aux aventures parfois scabreuses de Des Grieux et contribue à la justification et au pardon du héros.

La morale de l'intention

En bon élève des jésuites*, Des Grieux utilise à son sujet toutes les ressources de la casuistique* qui repose sur une distinction subtile entre l'action et l'intention. Il dégage ainsi sa culpabilité en montrant que, s'il a mal agi, ce n'est pas par volonté perverse, mais poussé par des motifs plus nobles : s'il triche au jeu, c'est pour conserver l'amour de Manon ; s'il prend les armes contre l'ordre établi, c'est pour libérer son amante, victime à ses yeux d'un sort injuste... La pureté de ces intentions se voit pervertie par la nécessité ou par les caprices d'un sort malveillant, comme le souligne le narrateur : « *Quelque répugnance que j'eusse à tromper, je me laissai entraîner par une cruelle nécessité* » (p. 79).

Tout le roman semble prouver que l'indignité de leur conduite n'a pu entamer le fond naturellement bon des deux héros – ce qui permet ainsi de répondre à la question que se pose le Supérieur de Saint-Lazare (et le lecteur), se demandant « *comment, avec de si bonnes qualités,* [Des Grieux a] *pu* [se] *livrer à l'excès du libertinage* » (p. 118). En effet, les scrupules, les remords, les regrets d'une vie honnête, régulièrement manifestés par le héros, montrent bien que ses actes indignes ne dépendent pas d'un choix librement consenti, puisqu'il se trouve toujours « *bien aise, au contraire, de* [s]*'appliquer à quelque chose d'honnête et de raisonnable, autant que ce dessein pourrait s'accorder avec* [son] *amour* » (p. 143). L'épisode américain confirme cette conception en montrant la rédemption des deux héros, où semble se manifester alors leur vraie nature : « *Nous avons l'âme trop belle, et le cœur trop bien fait l'un et l'autre, pour vivre volontairement dans l'oubli du devoir* » (p. 203). Mais où commence la mauvaise foi dans ces déclarations ? Et cette morale de l'intention se transforme bien vite pour Des Grieux en une morale de l'irresponsabilité...

* Cf. Lexique.

L'utilisation de la rhétorique*

Des Grieux est rompu, par ses études, à la pratique de l'éloquence et de la rhétorique, et il les utilise fréquemment quand il s'agit de persuader ceux qui s'opposent à sa passion, comme son père, Tiberge ou le Supérieur. On le voit manœuvrer habilement en ne disant que ce qui peut lui servir (p. 121 : « *Je lui représentai les choses, à la vérité, du côté le plus favorable pour nous* »), quitte même à utiliser la dissimulation (p. 199 : « *pour m'attirer de lui quelque considération, je lui avais découvert une partie de mes infortunes* ») ; il sait très bien provoquer l'émotion et l'attendrissement de l'interlocuteur, en « *échauff*[ant] *ses sentiments naturels* » (p. 132). Le narrateur souligne souvent les tactiques rhétoriques et les effets produits par ses paroles, qui mettent en valeur la maîtrise qu'il en a : il désamorce ainsi la colère de son père par le « *tour* » qu'il donne à ses excuses et s'arrange pour répondre au Gouverneur « *de la manière* [qu'il croit] *la plus propre à confirmer l'idée qu'il* [a d'eux] » (p. 201). Des Grieux reconnaît avoir joué « *un rôle d'hypocrite* » auprès du Supérieur et avoir menti plusieurs fois à Tiberge pour obtenir de lui de l'argent ou l'amener à porter la lettre à Lescaut. Cette maîtrise avouée et parfois perverse de la rhétorique et de l'art de la persuasion amène le lecteur à se poser des questions sur la sincérité du récit de Des Grieux : même si, cette fois, il n'attend apparemment rien d'autre qu'une écoute de son destinataire, quel effet veut-il produire sur lui ? s'agit-il pour lui d'une confession ? d'une justification ? quels infléchissements fait-il subir aux événements qu'il raconte ? Toutes ces questions renforcent encore le plaisir et l'intérêt de ce roman...

L'élévation du ton

L'utilisation de procédés ou de termes renvoyant à la tragédie classique du XVIIe siècle permet aussi à Prévost de magnifier son sujet et de lui conférer une tenue morale dont il a bien besoin ! Ainsi voit-on Des Grieux s'évanouir d'émotion, verser des torrents de larmes ou se jeter aux pieds de son père, de Manon ou du Supérieur de Saint-Lazare, en des postures théâtrales. Les dialogues sont émaillés de procédés rhétoriques qui évoquent la langue tragique : invocations aux divinités païennes (Vénus, la Fortune) ou au Dieu chrétien (p. 120 : « *Ô Dieu ? m'écriai-je, en poussant mille soupirs ;*

* Cf. Lexique.

justice du Ciel ! ») ; exclamations (p. 54 : « *Perfide Manon ! ah ! perfide ! perfide !* ») ; dédoublement du personnage s'adressant à lui-même dans un monologue (p. 72 : « *Malheureux Chevalier !* ») ; hyperboles* (« *amante mille fois volage* », « *la plus détestable de toutes les barbaries* »)... Certaines formules emphatiques, comme « *faut-il que je vive un moment, après une telle infamie ?* » (p. 120), ne sont pas loin de rappeler des vers cornéliens ! On peut d'ailleurs remarquer un certain décalage entre ces formulations très nobles et les circonstances les plus avilissantes : ainsi, dans le carrosse qui les emmène au Châtelet, Des Grieux s'exclame : « *Ciel, comment traitez-vous avec tant de rigueur le plus parfait de vos ouvrages ?* » (p. 179) ; ou encore, quand il s'apprête à un vulgaire coup de main contre le convoi, il a des mots dignes d'un preux chevalier ou d'un noble héros guerrier : « *Ô Fortune, m'écriai-je, Fortune cruelle ! accorde-moi ici du moins, la mort ou la victoire* » (p. 193) ! Cette élévation de ton contrebalance la situation indigne des deux héros, tout en soulignant sans doute l'exaltation naïve de Des Grieux, qui peut susciter chez le lecteur une certaine indulgence amusée...

Des Grieux, héros de l'amour

Cette passion est également présentée comme un absolu qui rend Des Grieux capable, par amour, de braver les épreuves ou la mort et lui donne une stature de héros ; elle le conduit aussi à un dévouement sublime qui entraînera d'ailleurs la rédemption de Manon et semble aux yeux du narrateur (et sans doute du lecteur) excuser tous les débordements.

La passion, signe d'élection

La passion est le signe d'élection des âmes prédestinées. Des Grieux y engage sa vie entière, dès le premier regard de Manon qui devient la « *maîtresse de* [son] *cœur* » (p. 20). La passion est sans cesse marquée par un caractère d'exception souligné par les nombreuses hyperboles : « *je l'aime avec une passion si violente, qu'elle me rend le plus infortuné de tous les hommes* » (p. 15). Elle place Des Grieux dans une sorte d'aristocratie du cœur, qu'il revendique d'autant plus qu'elle peut contribuer à effacer la bassesse de certaines de ses

* *Cf.* Lexique.

actions : « *Il y a peu de personnes qui connaissent la force de ces mouvements particuliers du cœur. Le commun des hommes n'est sensible qu'à cinq ou six passions, dans le cercle desquelles leur vie se passe, et où toutes leurs agitations se réduisent. Ôtez-leur l'amour et la haine, le plaisir et la douleur, l'espérance et la crainte, ils ne sentent plus rien. Mais les personnes d'un caractère plus noble peuvent être remuées de mille façons différentes ; il semble qu'elles aient plus de cinq sens, et qu'elles puissent recevoir des idées et des sensations qui passent les bornes ordinaires de la nature* » (p. 117).

Les sacrifices de Des Grieux

Au nom de sa passion, Des Grieux sacrifie toutes les autres valeurs, en particulier celles qui lui viennent de son rang social, et « *tous les avantages de la fortune et de la nature* », comme le dit Renoncour dès l'« Avis de l'auteur ». Ainsi renonce-t-il pour Manon « *aux douceurs de la maison de* [son] *père* » (p. 97) et à sa voie toute tracée de Chevalier de Malte qui lui aurait apporté richesse et honneur. Il proclame souvent avec fierté la grandeur des sacrifices consentis et les revendique comme une sorte de défi à la société (p. 55 : « *Je vais perdre ma fortune et ma réputation pour toi* ») ou comme la preuve du caractère exceptionnel de son amour (p. 196 : « *J'avais perdu, à la vérité, tout ce que le reste des hommes estime* »). Les souffrances subies et exaltées lui paraissent comme le sceau de sa passion – ce qui la grandit et l'authentifie.

Des Grieux subit au cours du roman un véritable dépouillement, puisqu'il accepte, pour rester avec Manon, l'exil et la misère : il a perdu son rang, sa famille, sa réputation, son titre de Chevalier, son héritage, et même son pays... C'est d'ailleurs ce dévouement total qui va provoquer la « conversion » de Manon et transformer sa soif de possession et d'appropriation en don total d'elle-même, à l'exemple de son amant.

Ces renoncements successifs semblent atteindre au sublime et font presque de Des Grieux un martyr de la passion « *disposé à suivre* [Manon] *jusqu'à l'extrémité du monde, pour prendre soin d'elle, pour la servir, pour l'aimer et pour attacher inséparablement* [sa] *misérable destinée à la sienne* » (p. 196). Mais, surtout, ils font finalement oublier que c'est aussi la morale et sa conscience que le héros sacrifie : il accepte, pour garder Manon, l'avilissement, le partage avec d'autres amants et même le meurtre. La force ambiguë de ce roman est de faire passer la dégradation morale et sociale pour un sacrifice exemplaire, au nom de la passion, qui semble sanctifier ce qui relève de la transgression ou du péché.

L'absolu de la passion

Alors que le roman classique, comme *La Princesse de Clèves*, montrait la vertu comme un absolu auquel l'héroïne sacrifiait la passion, Prévost opère ici un renversement des valeurs caractéristique de son siècle : l'amour, sentiment naturel qui vient du « *cœur* » (terme tant de fois présent dans le récit), devient la valeur suprême face à laquelle les préceptes religieux qui nient l'aspiration au bonheur ou les lois sociales présentées comme injustes, aliénantes ou corrompues n'ont aucun poids. L'amour profane se voit en quelque sorte sacralisé : la discussion avec Tiberge où le héros met en balance le bonheur obtenu par la voie de la vertu et celui donné par l'amour est à cet égard révélatrice. C'est d'ailleurs l'amour qui régénérera Manon, et non la vertu...

Dans les déclarations de Des Grieux, la passion revêt un caractère exclusif et globalisant, réunissant toutes les sortes de bonheurs, de biens ou de valeurs : « *Tout l'univers n'est-il pas la patrie de deux amants fidèles ? Ne trouvent-ils pas l'un dans l'autre, père, mère, parents, amis, richesses et félicité ?* » (p. 197). Et Manon en vient à prendre pour Des Grieux la place que pourrait occuper la divinité : « *Elle me tient lieu de gloire, de bonheur et de fortune.* [...] *estimer une chose plus que ma vie n'est pas une raison pour l'estimer autant que Manon* » (p. 141) ; la formule du narrateur faisant de son amante une « *figure capable de ramener l'univers à l'idolâtrie* » (p. 195) n'est pas une simple hyperbole* rhétorique*, mais traduit la dimension quasi religieuse et donc blasphématoire qu'atteint la passion du héros...

Ainsi Des Grieux parvient-il à l'abnégation généreuse et au dépassement de soi-même qui sont le propre des héros, qu'ils agissent au nom d'un code chevaleresque, de la vertu et de l'honneur, de la patrie, ou de toute autre valeur à travers les siècles... Et cet héroïsme de la passion transfigure les actes sans gloire et parfois pitoyables qu'il est amené à commettre. La question prend même une dimension métaphysique* en confrontant le héros au mal et à la perver-

* *Cf.* Lexique.

sion de ses intentions : « *L'amour est une passion innocente ; comment s'est-il changé, pour moi, en une source de misères et de désordres ?* » (p. 110).

Manon : « une énigme » (p. 43)

Le personnage a toujours séduit, fasciné ou intrigué, au point de supplanter Des Grieux dans le titre du roman... Sa présence irradie, en effet, toute l'œuvre et conditionne le récit du narrateur comme elle a agi sur sa vie. Mais il est bien difficile de donner une interprétation univoque et définitive de cette « *charmante et perfide créature* » (p. 53).

Un personnage lacunaire

Des Grieux donne de Manon une connaissance très fragmentaire ; le lecteur n'a même pas de description physique de cette femme si attirante, et ne saura jamais de quelle couleur sont ses yeux ou ses cheveux : manière d'autant plus efficace de stimuler son imagination ! Lors de sa première apparition à Renoncour, elle tente de « *dérober son visage aux yeux des spectateurs* » (p. 14) – mouvement qu'elle reproduira à plusieurs reprises au cours du roman, en se cachant les yeux ; par ce geste symbolique, l'auteur veut peut-être signifier que ce personnage échappe sans cesse à la perception directe du lecteur...

Manon semble tomber du ciel à l'hôtellerie d'Amiens, incarnation de la Fatalité ou de la Providence, sans que l'on sache d'où elle vient, ni qui sont ses parents. Quel est son passé ? Où a-t-elle appris ce qu'elle sait ? On comprend simplement qu'elle appartient au milieu bourgeois – d'où sa fierté d'avoir un amant de plus haute condition (p. 22 : « *étant d'une naissance commune, elle se trouva flattée d'avoir fait la conquête d'un amant tel que moi* »).

Mais surtout ce personnage n'a pas d'existence autonome, puisque le lecteur ne le perçoit que par le regard des deux narrateurs ; nous ne savons donc rien de sa vie quand Manon est séparée du héros, et ses paroles sont toujours rapportées par le narrateur et orientées par les jugements qu'il porte sur elle – le recours fréquent au discours indirect* souligne bien le poids du narrateur. Nous n'avons

* *Cf.* Lexique.

aucun accès à son intériorité et donc aucun moyen de juger de ses motivations ou de sa sincérité.

Un être objet du désir

Manon vit essentiellement à travers le désir qu'elle suscite chez les hommes qui la voient : le regard de Renoncour est immédiatement attiré par cette « *belle personne* » (p. 15) malgré son triste état. Sans que le texte évoque expressément des tentatives de séduction de sa part, Manon attire M. de B... qui, « *l'ayant vue à sa fenêtre,* [...] *était devenu passionné pour elle* » (p. 67) ou le Prince italien à la promenade. Le jeune G... M... ou Synnelet tombent amoureux d'elle dès le premier regard. Quant à Des Grieux, il la trouve « *si charmante* » qu'il en est « *enflammé tout d'un coup jusqu'au transport* » (p. 20). À peine née, la « *fureur* » de la passion des deux jeunes amants surprend les gens de l'auberge de Saint-Denis. Et, à chaque retrouvaille, tous les reproches du héros s'évanouiront devant les larmes de celle qui a « *l'air de l'Amour même* » (p. 53). Il reste uni amoureusement à elle jusqu'après sa mort, « *la bouche attachée sur le visage et sur les mains de* [sa] *chère Manon* » (p. 211), comme si l'ardeur du désir pouvait la ramener à la vie.

Dans tous ces cas, on ne voit que la réaction masculine au charme de Manon. Qu'en est-il de sa responsabilité à elle ? N'est-elle qu'une vulgaire séductrice qui sait attirer tous les hommes qui passent pour en tirer profit ? Ce n'est pas ainsi que le texte la présente : si Manon ne résiste certes pas longtemps à ses riches amants, l'initiative ne semble pas venir directement d'elle mais des amants eux-mêmes qui veulent acheter ses charmes et ne lésinent pas sur le prix. Dans le cas de G... M..., c'est même Lescaut qui joue le proxénète et conseille le « marché » à sa sœur. En revanche, elle sait résister au Prince italien, et la fin du roman la montre même comme une victime de ses charmes, puisque c'est le désir qu'elle suscite involontairement chez Synnelet qui entraînera sa mort.

Manon n'apparaît pas non plus comme une femme fatale à la sensualité destructrice : l'argent et le luxe lui paraissent bien plus essentiels que le plaisir amoureux, et elle est capable d'une vie fort rangée avec Des Grieux du moment qu'elle possède un certain train de vie...

Femme-enfant ou femme « expérimentée » ?

Encore très jeune puisqu'elle n'a que 15 ou 16 ans au début du récit, Manon garde un côté enfantin : « *folâtre* », « *badine* », elle aime rire, plaisanter, s'amuser en toute insouciance ; c'est le sens de l'épisode du Prince italien, rajouté dans l'édition de 1753, où on la voit jouer avec Des Grieux qu'elle coiffe comme une poupée ! Mais le jeu vire au tragique dans le stratagème pour passer la nuit avec Des Grieux dans le lit même du jeune G... M..., « *chose dont l'idée la ravissait* » (p. 173) mais qui va lui coûter sa déportation en Louisiane. Comme les enfants, elle est attirée par tout ce qui brille et ne peut résister à de beaux bijoux ou à un carrosse : ainsi avoue-t-elle à Des Grieux que M. de B... « *l'avait éblouie par de si magnifiques promesses* » (p. 67) !

Elle semble n'avoir aucune conscience du bien et du mal, car le mal pour elle est ce qui porte atteinte à sa liberté et à son plaisir ; ainsi peut-elle tenir des propos où s'affiche presque ingénument sa « morale » fondée uniquement sur ce qui peut lui apporter plaisir et richesse : « *J'ai fait réflexion que ce serait dommage de nous priver tout d'un coup de tant de biens, en me contentant d'emporter les dix mille francs et les bijoux ; que c'était une fortune toute faite pour vous et pour moi, et que nous pourrions vivre agréablement aux dépens de G... M...* » (p. 169). Le fait d'envoyer une prostituée à sa place auprès de son amant, ressenti par Des Grieux lui-même comme « *quelque chose de si cruel et de si insultant* », est interprété ensuite par celui-ci comme « *un effet de sa compassion pour [s]es peines* » (p. 164), geste par lequel la jeune fille ne pense pas une seconde blesser son amour...

Mais, à d'autres moments, Manon apparaît « *bien plus expérimentée* », comme le note avec ambiguïté le narrateur dès leur première rencontre ou le Prince italien avec dépit (p. 152 : « *je vous trouve bien moins novice que je ne me l'étais figuré* »). En effet, elle affiche crûment sa volonté de « plumer » ses amants dans la lettre qu'elle laisse à Des Grieux lors de sa deuxième trahison : « *Malheur à qui va tomber dans mes filets !* » Faire commerce de son corps ne lui pose aucun problème moral, car ce n'est pour elle qu'un marché, qu'elle expose avec un cynisme désarmant : « *Il est vrai qu'il m'a baisé plus d'un million de fois les mains ; il est juste qu'il paie ce plaisir, et ce ne sera point trop que cinq ou six mille francs, en proportionnant le prix à ses richesses et à son âge* » (p. 113). Mais, là encore, Manon réagit comme une enfant, ivre de son pouvoir sur les hommes et avide de liberté : n'écoutant que le principe de plaisir et l'attrait du luxe, elle veut violer les lois du « marché » en prenant leur argent sans leur donner la contrepartie ; le principe de réalité et la loi sociale l'en puniront cruellement...

Manon semble bien souvent au-delà, ou plutôt en deçà, du bien et du mal ; elle ne se pose aucun cas de conscience avant d'agir puisque sa seule motivation est de sauvegarder sa liberté et son plaisir ; elle ne comprend pas les larmes ou les reproches de Des Grieux, puisqu'elle estime « *travaille*[r] *pour rendre* [s]*on Chevalier riche et heureux* » (p. 96). Ainsi, quand Des Grieux la retrouve chez G... M... après sa troisième trahison, il ne sait comment comprendre « *le caractère de cette étrange fille* » qui ne donne à sa vue que des « *marques légères de surprise* » (p. 166) : fait-elle preuve de talents de comédienne hors pair ou plutôt d'un amoralisme complet qui la laisse hors d'atteinte de tout reproche moral et ne la fera s'émouvoir que devant les larmes de son amant ?

Le corps et le cœur

Pour Manon, le corps n'est qu'un instrument qui peut lui procurer l'argent nécessaire à sa vie et à son bonheur, et cette conception traverse d'ailleurs tout le roman : les riches financiers achètent impunément Manon ; son frère Lescaut est prêt à l'exploiter sans vergogne ; et Des Grieux lui-même profite sans scrupule de « *la figure avantageuse* [qu'il avait] *reçue de la nature* » (p. 74) pour mieux tricher au jeu... Pour Manon, ce qui concerne le corps n'engage pas la personne entière ; c'est sans doute ce qui peut expliquer l'envoi de la prostituée à sa place auprès de Des Grieux ; elle est parfaitement en accord avec elle-même quand, tout en étant entretenue par un riche amant, elle réclame du héros la seule « *fidélité* [...] *du cœur* » (p. 171), et le reproche de duplicité ne semble pas pertinent ici. D'ailleurs, Manon respecte cette fidélité-là et il est très clair qu'elle n'éprouve d'amour que pour Des Grieux, tout en vendant son corps à ses amants qu'elle dupe et abandonne allègrement... Mais, pour Des Grieux qui vit dans l'absolu de la passion, cette dichotomie entre le cœur et le corps ne va pas sans souffrance (p. 171, il constate avec regret que « *le dessein de son infidélité était si clair, qu'elle n'avait pas même eu le soin de le* [lui] *déguiser* »).

Comment juger Manon ?

Le personnage a fait couler beaucoup d'encre et a suscité bien des jugements contradictoires : comment l'interpréter, en effet, puisqu'on ne la connaît que par le récit de Des Grieux pour qui aussi elle demeure une énigme ? comment concilier l'incohérence de ses aspirations et de ses conduites ? Un lecteur contemporain de la première édition, La Barre de Beaumarchais, relève déjà les ambiguïtés du personnage : « *Croirait-on qu'il pût rester de la compassion pour une personne qui déshonore de la sorte son sexe ? Avec tout cela il est impossible de ne pas la plaindre, parce que M. d'Exiles a eu l'adresse de la faire paraître plus vertueuse et plus malheureuse que criminelle.* »

Amoureuse ou « *catin* » ?

Pour les critiques du XVIIIe ou du XIXe siècle, Manon est une « *coureuse* », une « *catin* », une « *fille perdue* », mais aussi capable d'amour pour Des Grieux. Dès la rencontre à Amiens, le personnage soulève des questions : n'est-elle qu'une aventurière qui cherche à profiter d'un fils de famille pour la sauver du couvent ou partage-t-elle l'émotion de Des Grieux ? Et le texte ne donne aucune réponse mais juxtapose, au contraire, les deux interprétations : « [Elle] *parut fort satisfaite de cet effet de ses charmes. Je crus apercevoir qu'elle n'était pas moins émue que moi* » (p. 22).

Comment expliquer ses larmes lors de sa première trahison ? Pourquoi finalement revient-elle trouver Des Grieux à Saint-Sulpice après deux ans de séparation, alors qu'elle mène une vie de luxe conforme à ses souhaits ? Le héros lui-même ne peut que suggérer différentes explications, comme « *un reste de curiosité, ou peut-être quelque repentir de* [l]*'avoir trahi* » (p. 53) ; quant à Manon, elle évoque la permanence de l'amour ou « *le mouvement de son cœur et l'impétuosité de ses désirs* » (p. 67), comme si elle s'était rendu compte de la profondeur du sentiment qu'elle porte à Des Grieux ...

Comment concilier ces infidélités récurrentes, ces tromperies de plus en plus grossières, avec les manifestations d'un amour passionné telles que les larmes, les caresses, les baisers, et les grandes déclarations comme « *Je prétends mourir [...] si vous ne me rendez votre cœur, sans lequel il est impossible que je vive* » (p. 54) ? Des Grieux lui-même ne peut comprendre ces incohérences : « *on ne verse pas des pleurs si tendres pour un malheureux qu'on a trahi, et qu'on abandonne cruellement* » (p. 167) ; s'il traite parfois Manon de « *fille ingrate et sans foi* » ou d'« *amante mille fois volage et cruelle* », il assure aussi qu'elle est « *tendre et sincère* » (p. 47), « *droite, et naturelle dans tous ses sentiments* » (p. 203).

La complexité du personnage et la profondeur que lui donne Prévost sont telles qu'il serait sans doute simpliste de réduire Manon à la duplicité perverse ou à la frivolité volage. L'épisode du Prince italien est à cet égard très intéressant : il n'ajoute rien à l'action et son intérêt est donc à chercher ailleurs, comme une autre image de Manon, qui « *représente sa tendresse et les agréments de son esprit* » (p. 148). Cet épisode apparaît comme une sorte de parodie des trahisons précédentes, où l'on retrouve les mêmes ingrédients, poussés à l'extrême : un amant encore plus riche et prestigieux – un « *seigneur étranger* » (p. 148) fait plus d'effet qu'un fermier général ! –, des promesses mirobolantes, la dissimulation de Manon provoquant l'inquiétude de Des Grieux ; mais tout cela se termine dans un grand éclat de rire et un cri d'amour de Manon : « *Voici l'homme que j'aime, et que j'ai juré d'aimer toute ma vie* » (p. 152). Prévost montre donc ici à la fois la profondeur de l'amour de l'héroïne, capable cette fois de résister à la tentation, et son inconsciente légèreté qui la fera céder à la suivante...

Enfin, l'épisode américain élève l'héroïne au rang d'amoureuse tragique et oriente donc l'interprétation du lecteur vers un amour authentique de Manon, une fois qu'il s'est libéré de certaines contraintes sociales et matérielles : on peut remarquer qu'à ce moment-là, Des Grieux a renoncé à son statut social et partage donc réellement le même sort et les mêmes risques que Manon.

Les excuses de Manon

L'ambiguïté du personnage est encore renforcée par Des Grieux qui tente sans cesse de justifier l'objet de sa passion.

La grande excuse de Manon dans ce roman se trouve dans le rôle de l'argent, représenté comme agent de corruption morale : Des Grieux veut absolument la dédouaner de l'accusation de cupidité, en montrant qu'elle n'aime pas l'argent pour lui-même mais pour le bonheur qu'il procure – ce qui donne lieu à une étonnante peinture du « *caractère extraordinaire* » de l'héroïne, toute en paradoxes et en ambiguïtés (p. 78 : « *Jamais fille n'eut moins d'attachement qu'elle pour l'argent, mais elle ne pouvait être tranquille un moment avec la crainte d'en manquer* »). Cette terreur de la pauvreté explique toutes ses trahisons, en leur ôtant ainsi une part de leur immoralité : si Manon est infidèle, ce n'est pas par perversité ni par goût de la débauche, mais quasiment par « nécessité » psychologique et matérielle ! De plus, la tentation du luxe et du plaisir et son corollaire, la peur du manque, agissent si fort sur Manon qu'ils semblent lui ôter toute conscience et toute lucidité morales ; comme le dit le narrateur dans une formule assez saisissante, « *elle n'était plus rien, et elle ne se reconnaissait pas elle-même, lorsque ayant devant les yeux des femmes qui vivaient dans l'abondance, elle se trouvait dans la pauvreté et le besoin* » (p. 140). D'ailleurs, les précisions récurrentes des sommes d'argent, le détail des promesses des amants, la vénalité généralisée (gardiens, domestiques, soldats...) entourent l'héroïne d'une sorte de filet de corruption dont elle ne peut s'échapper et qui la disculpe en même temps.

La responsabilité de Manon se voit ainsi fréquemment gommée par le héros qui lui trouve l'excuse de la jeunesse ou en fait une victime de la volonté ou du désir des autres : c'est Lescaut qui tient auprès d'elle le rôle d'âme damnée, la poussant dans la voie du vice et de l'infidélité et lui donnant des conseils de tentateur (p. 95 : « *troublée comme elle était par notre disgrâce, elle entra dans tout ce qu'il entreprit de lui persuader* »). Des Grieux choisit même de s'accuser pour disculper en partie sa maîtresse d'une intention perverse : « *Cependant je considérai que j'étais cause en partie de sa faute, par la connaissance que je lui avais donnée d'abord des sentiments que G... M... avait pour elle, et par la complaisance que j'avais eue d'entrer aveuglément dans le plan téméraire de son aventure* » (p. 171).

Des Grieux utilise avec brio la distinction entre l'intention et l'action pour orienter le jugement du lecteur sur Manon : tout le récit tend à prouver que l'on ne peut la juger sur ses actes car ils ne correspondent pas à ses intentions et sont en contradiction avec son fond naturel ; à chaque trahison, le malheureux héros soutient avec plus ou moins de mauvaise foi le même *credo* : « *Elle pèche sans malice* [...]. *Elle est légère et imprudente ; mais elle est droite et sincère* » (p. 171). Il met aussi dans la bouche de Manon la même rhétorique* : « *Il faut bien que je sois coupable, me dit-elle tristement, puisque j'ai pu vous causer tant de douleur et d'émotion ; mais que le Ciel me punisse si j'ai cru l'être, ou si j'ai eu la pensée de le devenir !* » (p. 167). Mais, là encore, il serait sans doute trop simple de taxer immédiatement Manon d'hypocrisie manipulatrice, car nous avons vu précédemment que l'héroïne se situe en dehors des cadres moraux et obéit à sa logique propre. D'autant plus que l'épisode américain semble révéler la véritable nature de Manon et mettre sa conduite en accord avec ses sentiments.

La rédemption par l'amour ?

La fin du roman rajoute encore de la complexité au personnage en nous montrant, à partir de sa condamnation à la déportation, une sorte de conversion de l'héroïne par l'amour (et non par la religion ou les châtiments de la société) : où est alors sa vérité ? est-ce sa nature profonde qui se révèle, après avoir été dissimulée par la contrainte sociale ou le regard des autres ? Cette héroïne divisée et ambivalente trouve ici une unité et une cohérence, que certains lecteurs ont jugées trop simplificatrices : faut-il y voir seulement la volonté de Prévost de faire une fin « morale » ou lire tout le roman, comme l'ont fait certains critiques, comme un cheminement de l'héroïne vers la conscience de soi ?

L'amour va la faire accéder à la conscience morale : face au sacrifice de Des Grieux, elle semble se retourner vers son passé et en éprouver un véritable remords (p. 202 : « *Je ne me console point d'avoir pu vous chagriner un moment dans ma vie. Je ne cesse point de me reprocher mes inconstances, et de m'attendrir, en admirant de quoi l'amour vous a rendu capable, pour une malheureuse qui n'en était pas digne, et qui ne payerait pas bien de tout mon sang, ajouta-t-elle avec une abondance de larmes, la moitié des peines*

* *Cf.* Lexique.

qu'elle vous a causées »). Une fois mise au ban de la société, elle est délivrée, si l'on peut dire, de sa carapace sociale qui l'enfermait dans son statut de fille entretenue sans scrupule et peut retrouver le chemin de son cœur et juger ainsi de ses actes à l'aune du sentiment et non plus du seul intérêt.

La déportation semble rétablir une unité dans son être que l'on a vu jusque-là divisé, et toute sa personne est désormais centrée sur Des Grieux : « *Tous les mouvements de son âme semblaient se réunir dans ses yeux. Elle les tenait fixés sur moi* » (p. 196) ; si elle pleure sur leurs conditions de vie misérables, ce n'est plus par regret du luxe, mais « *de tendresse et de compassion* » pour son amant (p. 202). Le mariage proposé par Des Grieux et qu'elle accepte avec joie (alors qu'elle l'avait refusé au tout début du récit, craignant sans doute les revers de fortune de son jeune prétendant) est la marque symbolique de cette unité retrouvée : Manon refuse désormais de se voir et d'être vue comme un objet de désir et comme un corps sans âme, pour se recentrer sur l'amour partagé avec Des Grieux. Leur fuite dans le désert prend également le sens symbolique d'un resserrement sur le couple, qui tente désespérément d'échapper à la société et à ses tentations, aux codes et aux lois qui les ont finalement empêchés d'être eux-mêmes.

Dans cette perspective, on comprend bien pourquoi Prévost a placé en tête du récit la rencontre de Manon sur sa charrette de déportée avec l'homme de qualité : ce n'est pas seulement un stratagème d'écrivain pour accrocher le lecteur mais une véritable clé* de lecture du personnage de Manon. En effet, Renoncour est sensible d'emblée à la discordance entre la déchéance sociale et la nature profonde de cette « *belle personne, qui ne* [lui] *paraît point faite pour le triste état où* [il] *la voi*[t] » (p. 15) ; il invite donc le lecteur à ne pas juger sur les apparences et à ressentir « *du respect et de la pitié* » pour cette fille perdue qui apparaît comme « *une personne du premier rang* » (p. 14). Ce premier narrateur insiste paradoxalement sur la « *modestie* » de Manon (terme qui à l'époque désigne la retenue, la pudeur et la simplicité), alors qu'elle est déportée pour dévergondage ; ce témoignage moins suspect que celui de Des Grieux, car dépourvu de passion, semble montrer la vraie nature de Manon transfigurée par l'amour, au-delà du vernis social et de la conduite infamante...

* *Cf.* Lexique.

Lexique d'analyse littéraire

Baroque Mouvement artistique et culturel européen, de la fin du XVIᵉ à la moitié du XVIIᵉ siècle (entre la Renaissance et le classicisme), marqué dans la forme par le goût du déséquilibre, de l'excès, de la complexité. Les thèmes baroques récurrents sont l'illusion, l'instabilité de l'homme et du monde, l'angoisse devant la mort.

Casuistique Partie de la théologie morale qui a pour objet de résoudre les cas de conscience ; les jésuites étaient passés maîtres en ce domaine, et certains se moquaient de leur facilité à excuser les fautes commises en ne tenant compte que de leur intention.

Clés (Roman à –) Roman dans lequel derrière les personnages fictifs se cachent des personnes réelles, que le lecteur prend plaisir à reconnaître.

Direct (Discours –) Façon de rapporter les paroles d'un personnage directement, entre guillemets.

Énonciateur (ou locuteur) Celui qui produit un énoncé.

Épicurisme Doctrine du philosophe grec Épicure (341-270 av. J.-C.) prônant une vie délivrée de la crainte des dieux et de la mort, fondée sur la recherche de plaisirs simples et naturels. Cette doctrine a été souvent déformée par la suite et réduite à la quête de plaisirs.

Épique Registre de l'épopée, caractérisé par la célébration de héros hors du commun, la présence du surnaturel, le recours à l'amplification, la répétition, et l'emploi de phrases amples à la langue soutenue...

Éponyme Qui donne son nom à l'œuvre (*ex. :* Candide).

Euphémique Qui se rapporte à l'euphémisme, figure de style consistant à remplacer un terme désagréable ou choquant par une formulation adoucie.

Figure de style Voir *Rhétorique (Figure de –)*.

Hyperbole Figure de style consistant à amplifier, à exagérer (*ex. :* « Je souffre mille morts »).

In medias res Expression latine signifiant « au milieu des choses » ; désigne un type de narration qui plonge d'emblée le lecteur dans une intrigue déjà commencée.

Indirect (Discours –) Façon de rapporter les paroles d'un personnage sans guillemets, avec un verbe introducteur (*ex. :* « Il dit que... »).

Ironie Mise à distance ou moquerie qui procède par allusions et dans laquelle on laisse entendre autre chose ou même le contraire de ce que l'on dit.

Ironique Voir *Ironie*.

Jansénisme Du nom de son premier théoricien, le théologien hollandais Cornélius Jansen Jansénius (1585-1638) ; cette doctrine chrétienne, qui s'est développée au XVIIᵉ siècle, est marquée par une forte conscience du péché et une vision pessimiste de la nature humaine qui est en proie aux passions et aux illusions des sens et ne peut être sauvée que par Dieu.

Janséniste Voir *Jansénisme*.

Jésuite Membre de la Compagnie de Jésus, fondée par Ignace de Loyola au XVIe siècle ; les jésuites sont connus pour leur mission d'éducation ou d'évangélisation. S'opposant à la rigueur et au pessimisme jansénistes, ils portent sur la nature humaine un regard plus positif et indulgent ; ils ont beaucoup développé l'introspection pour aider à la croissance spirituelle et au discernement des motivations profondes de l'être.

Lexical (Champ −) Ensemble des termes d'un texte se rapportant à une même notion ou un même thème (le champ lexical de la mort, de la nature...).

Métaphysique Partie de la philosophie qui porte sur ce qui est « au-delà de la physique » (selon l'étymologie du mot) et ne peut être perçu par les sens, c'est-à-dire ce qui concerne Dieu, l'au-delà, les causes premières, le destin...

Omniscience En littérature, qualité du narrateur qui connaît tout de la réalité qu'il décrit et de ses personnages (leur passé, leurs pensées, leurs motivations).

Omniscient Voir *Omniscience*.

Oraison (funèbre) Discours, généralement élogieux, prononcé lors des obsèques de quelqu'un.

Pathétique Qui vise à susciter la pitié chez le lecteur ou le spectateur.

Périphrase Figure de style consistant à remplacer un mot par une formule plus longue (*ex. :* le lion devient « le roi des animaux »).

Picaresque Caractéristique d'un genre littéraire né en Espagne au XVIe siècle et qui met en scène un héros populaire et sans scrupule, affrontant de nombreuses aventures pour faire son chemin dans la société ; la narration, pleine de rebondissements, présente des personnages variés et pittoresques, ainsi qu'une peinture très critique de la société.

Précieux Voir *Préciosité*.

Préciosité Mouvement porté par les femmes de la haute société qui, au début du XVIIe siècle, revendiquaient plus de raffinement et de délicatesse dans les mœurs, le langage ou l'expression du sentiment, et plus de respect pour les femmes. Du point de vue littéraire, les œuvres précieuses (romans et poésie) sont caractérisées par le goût de l'excès, une écriture très recherchée, une grande idéalisation dans les personnages et l'invraisemblance des intrigues.

Prolepse Anticipation, évocation ou récit d'une action à venir ; est le contraire du flash-back (ou analepse).

Récit-cadre Récit premier, où le narrateur cède la parole à un personnage qui devient le narrateur d'un nouveau récit, enchâssé dans le premier. Dans *Manon Lescaut*, le récit-cadre est celui du Marquis de Renoncour.

Rhétorique (Figure de –) Forme caractéristique d'expression, motivée par la recherche d'un effet d'expressivité, qui donne à un énoncé une valeur littéraire ou poétique (*ex. :* hyperbole, métaphore, litote, oxymore...).

Rhétorique Ensemble des techniques et procédés concernant l'art de bien parler et de persuader.

Symbolisme Mouvement littéraire de la fin du XIXe siècle qui s'inscrit contre le matérialisme scientiste et le naturalisme. Pour les symbolistes, le monde est à déchiffrer à travers des symboles, des correspondances entre les choses et les êtres. Ses plus illustres représentants furent Verlaine, Mallarmé, Cros, Laforgue.

Topos Scène ou motif qui revient souvent dans les œuvres littéraires (ou picturales, cinématographiques...) jusqu'à constituer un thème attendu, un « passage obligé » : dans un roman, le *topos* de la rencontre amoureuse ; en peinture, la jeune fille à sa toilette ; dans un film policier, la poursuite en voiture...

Le transport des filles de joie à l'hôpital.

Bibliographie, adaptations

Biographies et études critiques

– André Billy, *L'Abbé Prévost*, Flammarion, 1969.
– Jean Sgard, *Prévost romancier*, José Corti, 1968.
– Jean Sgard, *L'Abbé Prévost : labyrinthes de la mémoire*, PUF, 1986.

Adaptations

Opéras

– 1856 : *Manon Lescaut*, opéra-comique d'Auber.
– 1884 : *Manon*, opéra de Jules Massenet.
– 1893 : *Manon Lescaut*, opéra de Giacomo Puccini.
– 1951 : *Boulevard Solitude*, opéra de Hans Werner Henze.

Films et séries télévisées

– *Manon*, film d'Henri Georges Clouzot (1949), avec Cécile Aubry (Manon) et Michel Auclair (Robert Desgrieux).
– *Manon 70*, film de Jean Aurel (1968), avec Catherine Deneuve (Manon) et Sami Frey (Des Grieux).
– *Histoire du Chevalier Des Grieux et de Manon Lescaut*, série télévisée par Jean Delannoy (1978), avec Fanny Cottençon (Manon) et Frank David (Des Grieux, sous le nom de Franck David).
– *Manon Lescaut*, série télévisée de Félix Breisach (2005), avec Barbara Havemann (Manon) et Neil Shicoff (Des Grieux).
– *Manon Lescaut*, film de Gabriel Aghion (2009), avec Céline Perreau (Manon) et Samuel Theis (Des Grieux).

Chanson

– *Manon* de Serge Gainsbourg, pour le film *Manon 70* de Jean Aurel.